JN324047

Sammlung 〈Ausführliche Praktische Deutsche Grammatik〉 1
Herausgeber: Nagatoshi Hamasaki, Jun Otomasa, Itsuhiko Noiri
Verlag: Daigakusyorin

Die deutsche Grammatik im Überblick

ドイツ語文法研究概論

浜崎　長寿
乙政　　潤　著
野入　逸彦

浜崎長寿・乙政　潤・野入逸彦編集〈ドイツ語文法シリーズ〉1

東京　大学書林　発行

「ドイツ語文法シリーズ」刊行のことば

　ドイツ語の参考書も時代とともにいつしか種類が大いに変わって，初心者向きのものが多彩になるとともに，中級者や上級者のためのものは種類が減ってしまった．かつては書店のドイツ語参考書の棚でよく見かけた著名な中・上級向けの参考書はほとんど姿を消してしまっている．
　ドイツ語の入門者の要求がさまざまであることに対応して，さまざまに工夫された参考書が刊行されていることは，ドイツ語教育の立場からして大いに歓迎されるべきことである．しかし，入門の段階を終えた学習者がその次に手にするべき参考書の種類が乏しいことは，たんに中・上級へ進んだ人々が困るという問題であるばかりでなく，中・上級の学習者層が育たない原因にもなりかねず，その意味ではドイツ語教育の立場から憂わしい状態であると言うことができよう．
　私たちは，ドイツ語文法の入門課程を終えた人々が中・上級者としての知識を身につける基礎を提供することによって今日のわが国におけるドイツ語教育に寄与したいと考えた．そして，『ドイツ語文法研究概論』と題するハンドブックを第1巻として，他は品詞を単位に，あるいは「格」や「副文」のような文法項目を単位に，またあるいは「語彙」，「造語」，「発音」，「綴字」，「表現」，「文体」など中級者が語学力のうちに数えるべき分野を単位に，すべてを10巻にまとめ，「ドイツ語文法シリーズ」のタイトルのもとに刊行することにした．
　また，第II期分として，第I期に盛ることができなかった品詞や文法項目や分野を網羅してさらに引き続いての10巻にまとめる計画も立てている．
　初級の文法知識をマスターして実地にそれらの知識を適用しながらさらに勉強を続けている人は，勉強して行くうちにさまざまな問題に出会って，自分の持っている知識をさらに深めたいと思っているはずである．あるいは特定の品詞や項目や分野について体系的な知識を得たいと望んでいると思われる．あるいはまた，自分が教えている現代ドイツ語の語形がどのようにして成立したのかという歴史的な由来も中級的な知識の一端として知りたいと考えられることもあろう．そのような希望に応えて，中・上級学習者の実地に役立つ知識を提供することが私たちの第一の願いである．そして，その際に

刊行のことば

　記述がみだりに固くて難解にならないよう配慮し，いわば噛んで含めるように述べ，かつまた，きちんと行き届いた説明をすることが，私たちが心がけた第一の点である．

　各巻には巻末に参考文献を挙げ，索引を付けた．読者はこれらの文献を利用すれば，問題の品詞や項目や分野についてさらに広範で深い知識を得ることができる．読者はまた索引によって，日頃出会う疑問に対する解答を容易に見つけることができるであろう．そして索引はそればかりではなく，問題の品詞や項目や分野についてどのような研究テーマがあるのかを知るためにも役立てることができるであろう．

　私たちの「文法シリーズ」は，こうして，なによりも中・上級ドイツ語の学習者に実地に役立つことを目指してはいるけれども，同時にそれは現在すでに教壇に立たれ，ドイツ語を教えておられる方々にも必ずやお役に立つと信じる．授業を進められるうちに，自分の知識を再度くわしく見直したり，体系的に整理されたりする必要はしばしば生まれると考えられるからである．各巻の詳しい説明はその際にきっと役に立つであろう．また，各巻に添えられた文献表や索引もさらに勉強を深められるうえでお役に立つと信じる．

　私たちのこのような意図と願いは，ドイツ語学の若手研究者として日々篤実な実績を積まれている方々の協力によって，ここに第Ⅰ期10巻として実り，逐次刊行されることとなった．各執筆者の協力を多とするとともに，このような地味なシリーズの刊行を敢えて引き受けて下さった大学書林の御好意に対して深く謝意を表明するものである．

1999年　夏

浜崎長寿
乙政　潤
野入逸彦

まえがき

　「ドイツ語文法シリーズ」の第1巻として，ここに『ドイツ語文法研究概論』を編纂した．構成は第Ⅰ部が「理論編」，第Ⅱ部が「記述編」，そして第Ⅲ部が「変化表」である．「理論編」においては，ドイツ文法の考え方やその分野を示し，主な文法範疇や文法事項の解説を試みた．さらに「記述編」においては「理論編」に盛った文法範疇ならびに文法事項を体系的に記述した．記述にあたっては，それらの詳細を網羅的に，変化表や用例とともに示した．第Ⅲ部の「変化表」はドイツ語の語形変化 Flexion の総括的な一覧である．本書全体の有機的な活用のために，随所に関連項目を→の印で示した．この三部構成の全体においては場合によっては重複するところ，あるいは配列の異なるところ(たとえば品詞の配列順)，あるいはとらえ方の異なるところもあるが，それらは，不統一というよりは，むしろ重要事項の再掲，あるいは，異なった立場・態度の提示と受け止めていただきたい．本書が，これから，ドイツ文法の研究を学問的に志そうとする方々の手引きとして，また，ドイツ文法の輪郭を一通り承知していて，さらに学習を深めたいと考える読者の知識の整理のために，あるいは，またすでにドイツ語の教師として活躍しておられる方々にとってのハンドブックとして役立つことができれば幸いである．巻末には事項索引を添えた．検索の便に活用していただきたい．

　基礎となる原稿の第Ⅰ部は野入が，第Ⅲ部は浜崎が，そして第Ⅱ部は浜崎の用意した骨子に基づいて野入が作成した．その後，乙政も加わり，三名で全体を総合的に検討し，加筆修正の上，それを三人の共著として刊行する．この「総論」的な第1巻に続く，「各論」としてすでに第9巻『副文・関係代名詞・関係副詞』が刊行されたが，他の巻も引き続いて準備中である．それらも上記の趣旨で読者に受け入れられるならば，それは著者にとっての大きな喜びである．

　最後に，この「ドイツ語文法シリーズ」の刊行をお引き受け下さり，また原稿完成を辛抱づよくお待ち下さった大学書林の佐藤政人氏に深い感謝の意を表したい．

　　　　　　　　　　　　　　　　　　　　　　　1999年　夏

　　　　　　　　　　　　　　　　　　　　　　　　著　者

本書の利用上の注意

「まえがき」にも記したように，本書は第Ⅰ部　理論編，第Ⅱ部　記述編，第Ⅲ部　変化表という三部からの構成である．随所に→の印で関連の参考箇所を指示した．その他の主な記号の使い方は次の通りである．

斜線および・は次の意味を表わす：

/	例：	gerundet/ungerundet	対立の併記
		der See/die Seen	単数形と複数形の併記
		haben/sein	haben または sein という併記
・	例：	性・数・格	性，数，格の並列

カッコは次の意味をあらわす：

[ ]	例：	ein[e]s	[ ]の中の e は省略可能
〈 〉	例：	lernt 〈lerne〉	〈 〉の直前の語あるいは語句と取り替え可能
( )	例：	Punkt 4 (Uhr)	( )の中の語・語句は省略可能
	例：	(.)	句読点などを ( ) で包んで示す

また本文中で補足的説明を加えるために，この ( ) を用いた．

◆　本文の記述をさらに詳しく述べた解説
◇　本文の記述に関連して付け加えた補足的解説
＜　由来を示す．不等号の開いた側が本来の形であることを示す．
　　例：　am＜an dem あるいは an dem＞am

発音記号（国際音声字母）は [　　] で包んだ．
本文中の省略を...などで示した．

本書のドイツ語の綴字について

本書に記したドイツ語の用例文・引用文などの綴字は，従来の正書法のままである．それは，執筆者の私たちが参考にしたこれまでの文献あるいは作品の正書法に従ったからである．また，日本のドイツ語学習者も当分のあいだは従来の正書法で書かれたものを読むことが続くであろう．

2005年には完全に新正書法に切り替わることを目前にした時期にこのようなことわりを述べなければならないのも，正書法改定に直面した外国人の対応ぶりの歴史的な記録となることであろう．

目　　次

第Ⅰ部　理論編

1.1.1.　ドイツ文法の基礎的概念 ……………………………………………2
1.1.1.1.　「文法」Grammatik とは ………………………………………2
1.1.1.2.　文法の分野 ………………………………………………………3
1.1.1.3.　品詞　Wortart …………………………………………………5
1.1.2.　品詞概説 ……………………………………………………………8
1.1.2.1.　動詞　Verb ……………………………………………………8
1.1.2.2.　名詞　Substantiv ……………………………………………10
1.1.2.3.　代名詞　Pronomen …………………………………………12
1.1.2.4.　形容詞　Adjektiv ……………………………………………14
1.1.2.5.　冠詞　Artikel …………………………………………………15
1.1.2.6.　数詞　Numerale ………………………………………………15
1.1.2.7.　副詞　Adverb …………………………………………………16
1.1.2.8.　前置詞　Präposition …………………………………………16
1.1.2.9.　接続詞　Konjunktion ………………………………………17
1.1.2.10.　間投詞　Interjektion ………………………………………19
1.1.3.　文法範疇 ……………………………………………………………20
1.1.3.1.　人称　Person …………………………………………………20
1.1.3.2.　数　Numerus …………………………………………………21
1.1.3.3.　時称　Tempus …………………………………………………23
1.1.3.4.　法　Modus ……………………………………………………23
1.1.3.5.　態　Genera verbi ……………………………………………23
1.1.3.6.　性　Genus ……………………………………………………25
1.1.3.7.　数　Numerus …………………………………………………26
1.1.3.8.　格　Kasus ……………………………………………………26
1.1.4.　文法事項解説 ………………………………………………………30

第Ⅱ部　記述編

1.2.1.　音声・音素と表記 …………………………………………………82

目　次

1.2.1.1.	音声・調音器官	82
1.2.1.2.	母音	83
1.2.1.3.	子音	83
1.2.1.4.	ドイツ語の音素(付記：日本語の音素)	85
1.2.1.5.	ドイツ語のアルファベート	86
1.2.1.6.	綴字と発音	87
1.2.1.7.	正書法について	91
1.2.2.	品詞と造語法	94
1.2.2.1.	品詞一覧	94
1.2.2.2.	造語法	96
1.2.3.	冠詞・性・数・格	98
1.2.3.1.	定冠詞　der bestimmte Artikel	98
1.2.3.2.	不定冠詞　der unbestimmte Artikel	98
1.2.3.3.	無冠詞　Null-Artikel	99
1.2.4.	名詞の語彙・造語法と文法上の性	99
1.2.4.1.	名詞の性	99
1.2.4.2.	造語法と性	102
1.2.4.3.	文法上の性の変動・不確定	103
1.2.5.	名詞の変化方式	104
1.2.5.1.	類型表	104
1.2.5.2.	名詞変化の通則	106
1.2.5.3.	強変化Ⅰ(同尾式)	107
1.2.5.4.	強変化Ⅱ(-e 式)	107
1.2.5.5.	強変化Ⅲ(-er 式)	107
1.2.5.6.	弱変化(-n 式)	108
1.2.5.7.	混合変化	108
1.2.5.8.	特殊変化	108
1.2.5.9.	外来名詞の変化方式	109
1.2.5.10.	固有名詞	110
1.2.5.11.	複合名詞の性と変化	111
1.2.6.	人称代名詞・所有代名詞	111
1.2.6.1.	人称代名詞	111

目　　次

1.2.6.2.	人称代名詞の２格と所有代名詞	112
1.2.6.3.	前置詞との融合形	113
1.2.7.	所有代名詞	113
1.2.7.1.	付加語的用法	113
1.2.7.2.	名詞的用法	114
1.2.7.3.	述語的用法	114
1.2.8.	指示代名詞	114
1.2.8.1.	der	114
1.2.8.2.	dieser	115
1.2.8.3.	derselbe ; derjenige	117
1.2.9.	疑問代名詞	117
1.2.9.1.	wer？, was？	117
1.2.9.2.	welcher？	117
1.2.9.3.	was für ein？	118
1.2.10.	関係代名詞・関係副詞	119
1.2.10.1.	定関係代名詞　der, die, das, die	119
1.2.10.2.	不定関係代名詞　wer「およそ…する人は」，was「およそ…する物は」	119
1.2.10.3.	関係副詞	120
1.2.10.4.	その他の関係詞	120
1.2.11.	形容詞	121
1.2.11.1.	弱変化	121
1.2.11.2.	強変化	121
1.2.11.3.	混合変化	121
1.2.11.4.	形容詞に語尾を付ける場合の注意	121
1.2.11.5.	名詞的用法	122
1.2.11.6.	述語的用法	122
1.2.12.	形容詞・副詞の比較	122
1.2.12.1.	形容詞の比較変化	122
1.2.12.2.	副詞の比較変化	123
1.2.13.	数詞	123
1.2.13.1.	基数・序数	123

1.2.13.2. 分数・小数・その他	125
1.2.13.3. 西暦年数・日付・時刻・その他	126
1.2.14. 不定代名詞・不定数詞	126
1.2.14.1. 不定代名詞	126
1.2.14.2. 不定数詞	127
1.2.15. 動詞の三基本形	128
1.2.15.1. 規則動詞・不規則動詞という分け方	128
1.2.15.2. 弱変化・強変化・混合変化という分け方	129
1.2.15.3. 現代ドイツ語における母音交替	130
1.2.15.4. 複合動詞の三基本形	133
1.2.15.5. ドイツ語の時称	133
1.2.16. 直説法現在形	133
1.2.16.1. 一般形	134
1.2.16.2. 特例	135
1.2.16.3. sein, haben, werden；wissen の現在人称変化	135
1.2.17. 直説法過去形	136
1.2.17.1. 弱変化動詞（規則変化動詞）	136
1.2.17.2. 強変化動詞	136
1.2.17.3. 混合変化	137
1.2.17.4. haben, sein, werden	137
1.2.18. 複合時称	138
1.2.18.1. 現在完了形	138
1.2.18.2. 過去完了形	138
1.2.18.3. 未来形	138
1.2.18.4. 未来完了形	139
1.2.19. 時称形と意味内容	139
1.2.20. 接続法	141
1.2.20.1. 接続法 I 式現在	141
1.2.20.2. 接続法 II 式現在	142
1.2.20.3. 接続法の時称	142
1.2.20.4. 直説法の時称と接続法の時称の対応	143
1.2.20.5. 接続法の用法の概略	143

目　次

1.2.21.　話法の助動詞及び用法上それと類似の動詞	146
1.2.21.1.　変化形	146
1.2.21.2.　6時称	147
1.2.21.3.　意味と用法の概略	148
1.2.21.4.　用法上類似の動詞	149
1.2.22.　命令の表現	150
1.2.22.1.　命令法と接続法Ⅰ	150
1.2.22.2.　その他の命令的表現	151
1.2.23.　受動	151
1.2.23.1.　受動の形式	151
1.2.23.2.　能動文と受動文の対応	152
1.2.23.3.　自動詞の受動文	153
1.2.23.4.　その他の受動的表現	153
1.2.24.　再帰代名詞・再帰動詞	154
1.2.24.1.　再帰代名詞	154
1.2.24.2.　再帰動詞	155
1.2.25.　複合動詞	155
1.2.25.1.　分離動詞	156
1.2.25.2.　非分離動詞	157
1.2.25.3.　分離・非分離の前綴	157
1.2.26.　非人称動詞	158
1.2.26.1.　天候動詞	158
1.2.26.2.　心理・生理動詞	159
1.2.26.3.　その他の非人称表現	160
1.2.27.　不定詞・分詞	160
1.2.27.1.　不定詞	160
1.2.27.2.　分詞	161
1.2.27.3.　不定詞構文と分詞構文	162
1.2.28.　副詞	163
1.2.28.1.　意味上の分類	163
1.2.28.2.　形態上の分類	163
1.2.29.　前置詞	163

目　次

1.2.29.1.　2格支配 …………………………………………164
1.2.29.2.　3格支配 …………………………………………164
1.2.29.3.　4格支配 …………………………………………164
1.2.29.4.　3・4格支配 ………………………………………165
1.2.29.5.　他の語との融合形 ………………………………165
1.2.30.　　接続詞 ……………………………………………165
1.2.30.1.　並列接続詞 ………………………………………166
1.2.30.2.　従属接続詞 ………………………………………167
1.2.30.3.　配語法 ……………………………………………169
1.2.31.　　間投詞(感嘆詞) ……………………………………173
1.2.32.　　複合文 ……………………………………………173
1.2.32.1.　文の接合 …………………………………………173
1.2.32.2.　導入語 ……………………………………………174
1.2.33.　　文の種類 …………………………………………175
1.2.33.1.　内容からみた文の種類 …………………………175
1.2.33.2.　構成からみた文の種類 …………………………176
1.2.33.3.　話者の態度からの分類 …………………………177
1.2.34.　　文の構成要素 ……………………………………177
1.2.35.　　副文 ………………………………………………180
1.2.35.1.　副文の役割 ………………………………………180
1.2.35.2.　副文の位置 ………………………………………181
1.2.35.3.　副文相当の不定詞構文・分詞構文 ……………181
1.2.36.　　esの用法 …………………………………………182
1.2.37.　　省略　Ellipse ……………………………………183
1.2.38.　　格と用法 …………………………………………186
1.2.39.　　否定 ………………………………………………188
1.2.40.　　文法上の一致 ……………………………………190
1.2.41.　　補充法　Suppletivwesen/Suppletivismus ……195

第III部　変化表 ………………………………………………196

第Ⅰ部　理論編

第Ⅰ部　理論編

1.1.1.　ドイツ文法の基礎的概念

1.1.1.1.　「文法」Grammatik とは

　「文法」とは普通，常識的に，「正しい文を作るための規則」とでもいうふうに考えられているが，言語の学問において最も広い意味では，「文法」は，広く，言語現象にあらわれるすべての規則性を説明しようとするものである．とはいうものの，言語現象は非常に複雑なものであるから，そのすべてを一度に取り扱うことは出来ない．だから複雑な現象の中にいくつかのレベルを考えて，それぞれの単位を設定した上で，はじめて，その単位ごとの取り扱いが可能になって来るのである．

　このような単位としては，今，それらを小さなものから，大きなものにという順に挙げるならば，音 Laut, 語 Wort あるいは語を構成する形態，語と語が組み合わされた句 Phrase, 語や句が組み合わされた文 Satz, そしてその文を含んでいる文章／テキスト Text などがある．このことを今, 具体的な例を挙げて示そう．

　ここに一つの音の連続がある．それは（音声表記をすれば）

　[yːbər dɔytʃlant ʊnt diː dɔytʃən ...]

というものであり．それはいくつかの異なった音の組み合わせである．音の単位としては音声，音素（あるいは音韻ともいう）を考えることが出来る（音声と音素の違いについては 1.1.1.2. において述べる）．

　この音の単位の連続は（通常の表記でそれを示すならば）

　Über Deutschland und die Deutschen ...

というものであり，ここには über/Deutschland/und/die/Deutschen という語（あるいは単語）と呼ばれる五つの単位をとらえることが出来る．

　（実は「語」という単位の認定については細かな問題が色々あるが，今，ここでは普通の常識的な意味での「語」を考えることにする．→ 1.1.4. 文法事項解説 Wort）

　さて，その語は意味を持っている．たとえば Deutschland は「ドイツと呼ばれる国」を指し示す．そして，その Deutschland と他の部分とのつながりを考えるならば，それは und によって次の die Deutschen と結ばれている．この結ばれたものを句と呼ぼう．その句はさらに，その前の über とともによ

1.1.1. ドイツ文法の基礎的概念

り大きな句になり，その大きな句は，またその後に続く部分（ここにも語や句を見ることが出来るが）と一体になって

　Über Deutschland und die Deutschen soll ich heute abend zu Ihnen sprechen. (私は今晩ドイツとドイツ人について，皆さんにお話することになっております。)

という，別のまとまりを構成している．

　この最後のまとまりは，「文」と呼ばれるが，それは Thomas Mann という作家が 1945 年 5 月 29 日にアメリカ・ワシントンの国会図書館で行った講演の中の一つの文である．この文を含む講演全体を一つの文章／テキストととらえることが出来る．厳密にいえば，この講演は英語で行われており，今日我々がドイツ語で読むことの出来る Mann の講演はそのドイツ語版であるから，英語での講演とそのドイツ語版とは別々の異なった文章／テキストであるということになる．

1.1.1.2. 文法の分野

　以上，Thomas Mann の講演の中にあらわれた一つの文に則して，言語の様々なレベルでの単位を見て来たが，その，それぞれの単位に応じて，それぞれの研究領域がある．

　まず，音の単位に着目し，その音の物理的・生理的な性質を調べようとするのが「音声学」Phonetik であり，一方で，これらの音を意味を表す機能の観点から取り扱うのが「音韻論」Phonologie である．この二つの区別を具体的に述べるために「薔薇」をあらわす単語 Rose を例にとろう．ここに R の文字で表記されている語頭の子音のつくり方には 3 通りある．1)舌先のふるえ音, 2)口蓋垂のふるえ音, 3)後舌と軟口蓋による摩擦音である．これらは音声 Laut としては，それぞれ異なった音であり，[r], [ʀ], [ʁ] と表記される．このように音声は IPA (＝International Phonetic Alphabet 国際音声字母) で [ ] の中に入れて表記される．この [r], [ʀ], [ʁ] の三つの音は，このように発音の仕方の違った異なる音なのであるが，ドイツ語におけるその役割に関しては，つまり意味を示す機能においては変わりがない．Rose の語をこの三つの中のどの音を用いて発音しても「薔薇」の意味に変わりはないからである．そこで機能の観点から音を取り扱う音韻論では，音素 /r/ を設定し（音素はこのように / / の中に記される），[r], [ʀ], [ʁ] の三つの音は音素 /r/ が異な

— 3 —

りをもって実現した三つの異音 Allophon であるとする．一方，この Rose の語頭の音を [h] の音と取り替えると，そこには異なった語 Hose「ズボン」が現れる．このように [h] の音は [r] や [ʀ], [ʁ] などとは異なった意味を示す機能を果しており音素 /r/ とは別の音素 /h/ が設定されるのである．

　語という単位に着目して，その形態（さきほどの例の die Deutschen は形容詞 deutsch に定冠詞が付された複数 4 格の形である）を説明する文法の領域は「形態論」Formenlehre, Morphologie と呼ばれる．さらに語の派生や合成といった出来ぐあいを取り扱う（Deutschland は deutsch＋Land である）「造語論」Wortbildungslehre がある．語の意味を記述するのは，「辞書」Lexikon, Wörterbuch や「意味論」Semantik の仕事である．

　語は普通，単独では用いられず，他の語と組み合わされて句 Phrase を作るのに用いられたり，さらに語や句が組立られて文 Satz を作るのに用いられたりする．これらの仕組みを説明する領域は「統辞論」，「統語論」あるいは「シンタクス」Satzlehre, Syntax と呼ばれる．近年においては，さらに文を越える「文章／テキスト」Text という単位での言語の考察や，話者の言語の使用に関する「語用論」Pragmatik と呼ばれる領域での考察も行われている．

　以上，言語現象のすべてを取り扱う広い意味での「文法」の全体像とそれぞれの分野を概観したが，「文法」の語は狭義で，上のうちとくに「形態論」および「統辞論」を指すのに用いられることがある．この用法での「文法」は先に述べた常識的な「文法」の意味に近い．

　上に述べたことを整理するため，次の一覧表を示す．

文法の分野

　　音に着目して：　　音声学・音韻論　　　Phonetik/Phonologie

　　語に着目して：　　形態論　　　　　　　Morphologie　　 →狭義の文法
　　文に着目して：　　統辞論（統語論）　　Syntax

　　語の組み立てに着目して：　　造語論　　　　　Wortbildungslehre
　　意味に着目して：　　　　　　意味論　　　　　Semantik
　　語彙に着目して：　　　　　　語彙論　　　　　Lexikologie
　　文章に着目して：　　　　　　テキスト言語学　Textlinguistik
　　言語の使用に着目して：　　　語用論　　　　　Pragmatik

1.1.1. ドイツ文法の基礎的概念

1.1.1.3. 品詞 Wortart

　ものごとを説明する場合，同じ性質を持つものは同じ部類としてまとめて置くと便利である．生物学において，たとえば犬，猫，兎などは哺乳類としてまとめられ，そうでない両生類，爬虫類，鳥類などと区別される．文法においても，このような部類が考えられている．このような部類立ての第一のものは，語 Wort の分類についてのもの，すなわち「品詞」Wortart である．

　品詞は，ドイツ語においては，通常，次の 10 個が区別されている：動詞 Verb, 名詞 Substantiv, 形容詞 Adjektiv, 冠詞 Artikel, 代名詞 Pronomen, 数詞 Numerale, 副詞 Adverb, 前置詞 Präposition, 接続詞 Konjunktion, 間投詞 Interjektion．

　これらの品詞の区分には形態論的・統辞論的・意味論的という色々の視点がからみあっている．

　① **形態論的観点**　その語が形の上で変化するか，しないかという観点である．さきほどの Th. Mann の文から例を取れば sprechen（話す）という語は ich spreche, du sprichst などのように変化する．「皆さんに」を意味する Ihnen は Sie（あなた/あなた方）の 3 格の形である．このような変化を屈折 Flexion というが，その屈折のある・なしが，品詞の区分においての一つの目安になる（heute, über などは変化しないので不変化詞 Partikel と呼ばれることがある）．それから，屈折のある場合，その屈折が動詞的変化（これを活用 Konjugation と呼ぶ）であるか，それとも名詞的変化（これを曲用 Deklination と呼ぶ）であるかが問題となる．

　　◇　ここに述べた語形変化は屈折語の特徴である．今日，言語の類型として四つの区別がたてられている．それらは孤立語 isolierende Sprache, 膠着語 agglutinierende Sprache, 屈折語 flektierende Sprache, 抱合語 inkorponierende Sprache である（この四つの区別については 1.1.4. の Sprachtyp 言語の類型の項を参照されたい）．屈折語においては，このような語形変化が見られる．もとより，屈折語といっても，その言語のすべての語が屈折するわけではない．すでに見たようにドイツ語の中には変化しないことを特徴とする品詞もある．また，動詞の人称変化の語尾などには膠着的性格を見ることもできる．屈折語という名称は言語の類型論的な特徴的な性格の指摘なのであって，その性格が，その言語のすべての面に現れるというわけではない．

—5—

② **統辞論的観点**　文の組立という視点からの区別は，その語が単独で用いられうるか否かによるものである．例えば前置詞はその後に名詞（あるいは代名詞）が連続し，単独で用いられることはない．

③ **意味論的観点**　さらに，また意味の面からの区別がある．世界の中の事物を指し示すか，その事物の動きや性質を指すか，あるいは事物を指し示すことはないが，語と語のあいだの関係などを示すかなどの区別である．

先の Th. Mann の文に現れた語を例にすれば，ich は発話者をあらわし，この Mann の講演の場合にはこの講演をしている話者である Mann 自身を指し，Deutschland もこの世界の中に存在している国を指す．sprechen は，その存在している話者の行為を指す．しかし und（そして）や über（ついて）は，この世界の中に指し示すものがない．それらはこの場合，語と語との間の関係を表す役割を示すものである．

ここに挙げたいくつかの視点が渾然とからみあって，ドイツ語においては通常，10個の品詞が区別されている．実際にはこれらの基準のみによって「整然と」品詞の設定が説明できるわけではないのだが，おおよその関係は以下に掲げる表によって示すことができよう．

ドイツ語の品詞

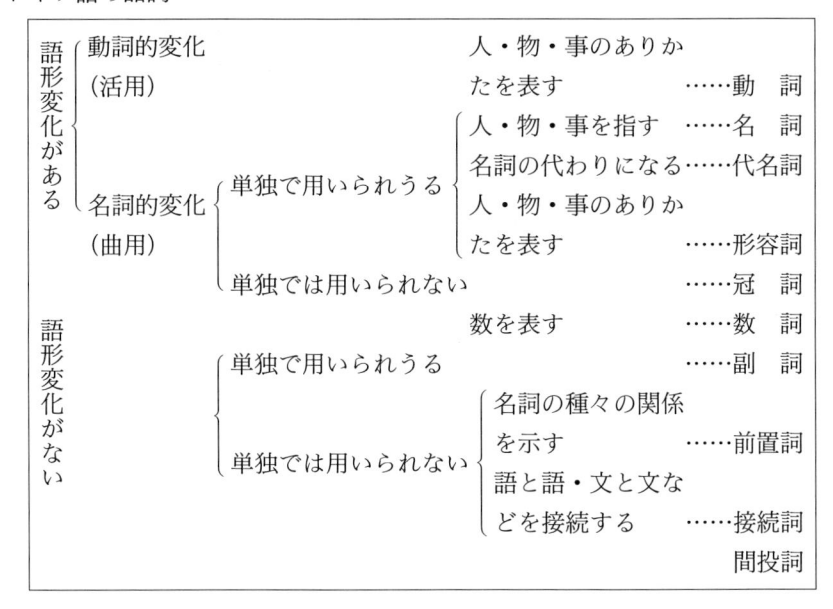

語形変化がある	動詞的変化（活用）		人・物・事のありかたを表す	……動詞
	名詞的変化（曲用）	単独で用いられうる	人・物・事を指す	……名詞
			名詞の代わりになる	……代名詞
			人・物・事のありかたを表す	……形容詞
		単独では用いられない		……冠詞
語形変化がない		単独で用いられうる	数を表す	……数詞
				……副詞
		単独では用いられない	名詞の種々の関係を示す	……前置詞
			語と語・文と文などを接続する	……接続詞
				間投詞

1.1.1. ドイツ文法の基礎的概念

◇　ここでは数詞を一つの品詞として取り扱うが,「数詞」という品詞を立てない考えもある。たとえば Duden や Helbig/Buscha の文法には「数詞」という品詞はなく, eins, zwei, drei などは「数形容詞」Zahladjektiv として形容詞の中に含められている。

◇　上の品詞のうち, 名詞, 形容詞(数詞), 副詞, 動詞を内容語 Inhaltswort, 代名詞, 冠詞, 前置詞, 接続詞を形式語 Formwort と呼ぶことがある。

◇　間投詞については→ 1.1.2.10.

◇　ヨーロッパ中世においては基礎的学芸として,「文法」を含む次の七つの学科が「自由七科」septem artes liberales と呼ばれた。ドイツ語で die Sieben Freien Künste「自由七芸」ともいう。

言語に関する trivium 三科	grammatica	文法	Grammatik
	rhetorica	修辞	Rhetorik
	logica	論理	Logik
数に関する quadrivium 四科	arithmetica	算術	Arithmetik
	geometrica	幾何	Geometrie
	musica	音楽	Musik
	astronomia	天文	Astronomie

◇　日本語における「文法」：小学館の『日本国語大辞典』(昭和 50 年) の「文法」の項目には次の四つの意味が挙げられている：1．法令の成文．2．文章を構成するきまりや文章の規範．また文章の作法．3．語句・文章に修飾や誇張をほどこすこと．文章のあや．文飾．4．言語学の対象の一つ．(以下略)．この 2．の意味の「文法」は上に述べた「常識的な」意味での「文法」，4．の意味が上に詳説した「文法」である。

第 I 部　理論編

1.1.2.　品詞概説

前節に記した 10 個の品詞についてその概略を記す．

1.1.2.1.　動詞　Verb

　文は主語 Subjekt と述語 Prädikat から成り立つが，ドイツ語においてはその述語を形成する際の核になるのは動詞である．述語の核になるという意味で動詞はドイツ文法における最も基本的な品詞である．

　意味論的には，動詞は sprechen 話す，wachsen 成長する，schlafen 眠るなどの例語が示すように，活動 Tätigkeit, 事象 Vorgang, 状態 Zustand などを表現する

　形態上，動詞は，人称 Person, 数 Numerus, 時称 Tempus, 法 Modus, 態 Genera verbi などに従って変化する．この変化を活用（→ 1.1.4. Konjugation 活用）と呼ぶ．

　動詞の活用をした形を定形 finite Form あるいは定動詞 Finitverb と呼び，そうでない形のものを不定形 infinite Form と呼ぶ．不定形には不定詞 Infinitiv と分詞 Partizip（現在分詞 Partizip　Präsens と過去分詞 Partizip Perfekt）がある．

　　例　　ich *spreche*　　　　　（定動詞：直説法・1人称・単数・現在）
　　　　　ich *sprach*　　　　　　（定動詞：直説法・1人称・単数・過去）
　　　　　ich habe *gesprochen*　（不定形：過去分詞）
　　　　　ich soll *sprechen*　　　（不定形：不定詞）

　動詞の下位区分としては，統辞論的に，まず本動詞 Vollverb, 助動詞 Hilfsverb の別がある．前者は単独で文の述語となりうるが，後者は本動詞と組み合わせて用いられる（Ich *spreche* Deutsch : Ich *kann* Deutsch sprechen）．助動詞には時称の助動詞（完了の haben, sein, 未来の werden），話法の助動詞（modale Verben といわれる dürfen, können, mögen, müssen, sollen, wollen）使役の助動詞（lassen），受動の助動詞（werden）などがある．

　brauchen（必要とする）や pflegen（……するのが常である）などは zu つきの不定詞とともに用いられ，助動詞に準じるものと位置づけられる．

　Nachricht geben「知らせる」における geben や zur Aufführung bringen

1.1.2. 品詞概説

「上演する」における bringen のように，意味の大部分を名詞にゆだねてみずからは動詞的機能のみを受け持つ動詞を機能動詞 Funktionsverb と呼ぶことがある．例にあげた geben や bringen 以外に bekommen, erfahren, erheben, finden, gelangen, geraten, kommen, sein などにも，この用法がある．

　本動詞を，他動詞 Transitiv と自動詞 Intransitiv との二つに区別することができる．ドイツ語においては4格（対格 Akkusativ）の目的語をとるものが他動詞である．従って helfen（助ける）など3格（与格 Dativ）の目的語をとるもの，bedürfen（必要とする）のように2格（属格 Genitiv）の目的語をとるものは自動詞である：Der Gnade, deren Deutschland so dringend *bedarf, bedürfen* wir alle.（ドイツがこのように切実に必要としている恩寵は，われわれすべてが必要としているものである．）（→1.1.4. Rektion 格支配）．他動詞はその4格目的語を主格に変換して受動文を作ることが出来る．

　自動詞の中の gehen や schlafen などのように，（主語以外の）何らの補足語をも必要としない動詞を主語動詞 subjektives Verb と呼ぶことがある．

　動詞の意味論的な区別としては活動動詞 Tätigkeitsverb，事象動詞 Vorgangsverb，状態動詞 Zustandsverb（以上人称動詞），生起動詞 Geschehensverb，天候動詞 Witterungsverb（以上非人称動詞）などの区別をすることが出来る．

　「人称動詞」personales Verb とはすべての人称の主語をとることができる通常の動詞であり，「非人称動詞」impersonales Verb と区別される．「非人称動詞」には形式上の es（これは3人称単数）のみが主語になるという制限がある．すなわち「非人称動詞」には es を主語とした3人称単数の変化しかない．ただし，この中の「生起動詞」では事柄を表す名詞も主語となりうる．「人称動詞」にはこういう制限がなく，すべての人称変化を行うことができる．

人称動詞 Personale（personales Verb）
  活動動詞 Tätigkeitsverb biegen（曲げる），ziehen（引っ張る），binden（結ぶ）
  事象動詞 Vorgangsverb laufen（走る），steigen（のぼる），wachsen（成長する）
  状態動詞 Zustandsverb blühen（咲く），schlafen（眠る），wohnen（住む）

非人称動詞 Impersonale（impersonales Verb）
  生起動詞 Geschehensverb geschehen（生じる），gelingen（成功する），sich ereignen（生じる）
  天候動詞 Witterungsverb regnen（雨が降る），schneien（雪が降る），donnern（雷が鳴る）

 また動詞をその三基本形（不定詞・過去基本形・過去分詞）のつくり方を基準にして，規則動詞と不規則動詞（あるいは強変化・弱変化・混合変化動詞・狭義の不規則動詞）に分ける区分がある（→ 1.2.15.）．
 また構造上，単純動詞と複合動詞の別を指摘することもできる（→ 1.2.25.）．sich freuen のように再帰代名詞 sich と結びついて，一つのまとまった動詞となったものを再帰動詞（reflexives Verb, Reflexiv）と呼ぶ（→ 1.2.24.2.）．
 ◇ 数ある品詞を列挙する際に，まず第一に何を置くかは文法の考え方や説明の仕方によって異なる．意味を重要視するならば，まず，この世界の中に存在するものを表す名詞が考えられて，次いで，それが主語となるとき，その主語についての述語を形成する動詞や形容詞が続くことになる．本書の第II部においては，このような考えから名詞類が先に置かれている．しかし，この「品詞概説」において動詞をまず最初に置くのは，先に記したように，この品詞が文の核を形成するという考えに基づく．まず最初に文の核を形成する動詞を考え，次いで，その動詞が文を形づくるときに要求する主語や目的語などを言い表す名詞を考えるという順序なのである．

1.1.2.2. 名詞 Substantiv

 「名詞」とは普通，ものの「名前」Name であると説明されるが，意味的には「この世界の中に空間を占めて存在するもの」として把握された概念を言い表す品詞が名詞である．生物である Mensch（人），Tier（動物），Baum（木）や物である Haus（家），Tisch（机），Stuhl（椅子），Garten（庭）などがそうである．さらに，それらの上位概念である Lebewesen（生物），Möbel（家具）や，また下位概念の Mann（男），Frau（女），Junge（少年），Mädchen（少女），Kirschbaum（桜の木），Lindenbaum（菩提樹）なども名詞としていい表される．こういう名詞を以下に述べる抽象名詞 Abstraktum と区別して

1.1.2. 品詞概説

具体名詞 Konkretum と呼ぶことがある．

具体名詞の細区分：
1) 普通名詞 Gattungsname, Appellativum：Frau, Blume, Tisch, Roman
2) 固有名詞 Eigenname, Nomen proprium：Katrin, Sebastian, Schwaben, Kurfürstendam, Neckar
3) 集合名詞 Sammelname, Kollektivum：Getreide, Vieh, Volk, Studentenschaft, Publikum, Gebirge
4) 物質名詞 Stoffname, Kontinuativum：Wasser, Leder, Holz, Gold, Wein, Wolle

抽象名詞とは，生物や物の「行為」，「事象」，「状態」などをあらわすものである．「行為・事象・状態」などは「存在するもの自体」ではなく，本来は，存在するものの「あり方」を説明する動詞や形容詞としてとらえられるものであるが，それが，言語的に，あたかもこの世界の中に空間を占めて存在するものであるかのように表されたものである：Friede, Liebe, Linguistik, Meter, Jahr, Mai.

抽象名詞の中で Tat「行為」, Schlaf「眠り」などは「動作名詞」Nomen actionis と呼ばれることがある．

◇ 固有名詞について：同類中の個物についた名前は固有名詞である (Fritz, Anna, Deutschland)．従って，固有名詞には唯一の存在をいい表すという性格がある．とはいうものの，唯一の存在物であっても普通名詞として扱われることがある．Sonne（太陽）はこの地球上の人間にとっては唯一の存在であるが，個物としての名ではなく，Mond（月），Stern（星）などと並ぶ概念と捉えられている．その時，Sonne は固有名詞ではない．しかしまた，この太陽の例が暗示するように，普通名詞と固有名詞の境界は流動的であるともいえる．Sonne は普通名詞であるが，金星 Venus や木星 Jupiter は固有名詞である．さらに固有名詞が普通名詞として用いられたり（Xanthippe ソクラテスの妻のクサンティッペ→悪妻, Knigge 著述家のクニッゲ[1752-96：*Über den Umgang mit Menschen* の著作がある]→行儀作法の書物），その逆に普通名詞が固有名詞として用いられる（Theater 劇場→バスの停留所名としての「劇場前」）というような転換という現象もよく見受けられる．

名詞は動詞の主語 Subjekt や目的語 Objekt となりうる．また形容詞によって修飾されることも出来る．

ドイツ語の名詞はすべて文法上の性が定まっている（Mensch, Mann, Tisch は男性，Frau, Liebe, Freundschaft は女性，Tier, Haus, Mädchen は中性）．

名詞は形態上，数・格による変化（→1.1.4. Deklination 曲用）を行う．

  単数1格　Garten, 複数1格   Gärten

  単数1格　Mensch, それ以外の格 Menschen

名詞の性は先に述べたように，それぞれの名詞で決まっているから，性を変更する曲用はない．Freund（友達）という男性名詞をもとにして，それに-in の接尾辞をつけて性を変え，Freundin（女友達）という女性名詞を作るのは造語の手続きの派生であって，曲用ではない．

◇　Witwer 男やもめ，Bräutigam 花婿　など女性名詞をもとにした派生もある．

1.1.2.3.　代名詞 Pronomen

代名詞は形態上，名詞と同様，性・数・格による変化を行う．

この代名詞 Pronomen という名称は「名詞に代わるもの」という特徴を指す（er＜der Mann）が，この品詞の一般的役割を重視すると，むしろ「指示する機能を本質とする」品詞であるという方が適切である．

代名詞には次のようなものがある．

① 指示代名詞 Demonstrativpronomen：der, dieser, jener, derjenige, derselbe, solcher など．発話の場面の中のものを指し示す．Was ist *das*? これは何ですか？　*Dieser* Wagen fährt schneller als *der* da. この車はあの車より速く走る．

② 人称代名詞 Personalpronomen：ich, du, er, sie, es など発話の原点である話者が1人称単数の ich であり，発話の相手の2人称，話者と相手以外の3人称の区別がある．それぞれに複数形がある．1人称・2人称においては性の区別はないが，3人称においては性の区別がある．→1.1.3.1. 人称 Person

③ 疑問代名詞 Interrogativpronomen：人が誰であるかを尋ねる wer, ものが何であるかを尋ねる was, 人・ものに共通して，どれであるかを尋ねる

1.1.2. 品詞概説

welcher がある. *Wer* kommt? 誰が来るのか？ *Was* ist das? これは何か？ *Welches* Buch lesen Sie? どの本をお読みですか？

④ 不定代名詞 Indefinitpronomen：man, jemand, niemand, jedermann. これらは特定の人を指さないので「不定」代名詞と呼ばれる. Hier spricht *man* Deutsch. ここではドイツ語を話します. *Jemand* kommt. 誰か来る. *Jedermanns* Freund ist *niemands* Freund. 誰の友人にでもなれる人は誰の友人でもない（＝八方美人）.

⑤ 関係代名詞 Relativpronomen：der, welcher（これらは先行詞 Bezugswort を持つ）, wer, was（これらは通例, 先行詞をもたない）
 der Mann, *der* dort steht そこに立っている男
 Wer andern eine Grube gräbt, fällt selbst hinein. 他人に対して穴を掘る者は自分自身が落ち込む.
 Was man nicht weiß, macht einen nicht heiß. 人の知らない事は人を熱くさせない（＝知らぬが仏）.

⑥ 所有代名詞 Possessivpronomen：mein, dein, sein, ihr, sein, unser, euer, ihr, Ihr など.

⑦ 再帰代名詞 Reflexivpronomen：主語と同一物を指し示す. 特別な形としては3人称に sich があるが, 1・2人称においては人称代名詞の形がそのまま用いられる.

◇ **代名詞の指示の仕方** 発話の場面の中の人・物を直接に示す指示を「直示的」deiktisch あるいは「文脈外的」exophorisch と呼び, 発話の文脈の中のものを指す指し方を「文脈内的」endophorisch と呼ぶ. 「文脈内的指示」はさらに前出のものを指すか, 後出のものを指すかによって, 前方照応的 anaphorisch と, 後方照応的 kataphorisch とに区別される.
 直示的 Wem gehört *dieser* Wagen?（目の前にある車を指して）この車は誰のものですか？
 前方照応的 Es war einmal eine kleine, süße Dirn, *die* hatte jedermann lieb, ……昔（あるところに）一人の小さなかわいい女の子がいました, その子をみんなは好きでした……（前に出てきた Dirn を指している.）
 後方照応的 In *ihrem* amüsanten Buch ›Das Zürcher Konzertleben‹ hat Margaret Engler die Rituale und … geschildert. 彼女の興味あ

る書物「チューリヒのコンサート生活」の中でマルガレート・エングラーは儀式や……を描いた」（ここでの所有代名詞 ihr は後に現れる Margaret Engler を指している）

◇ 人称代名詞は，1人称と2人称においては直示的であるが，3人称においてはそうではない．すなわち目の前にいる男の人を指して，直接に er を用いるのは正しい用法ではない．「これが私の息子です」と言う場合には Er ist mein Sohn. ではなく，例えば Das ist mein Sohn. と言う．

1.1.2.4. 形容詞 Adjektiv

　この世界の中に存在する生物・事物（ここには言語的には事物扱いされる抽象概念もふくまれる．これらは名詞として把握される）の性質・形状などを表現する品詞である．ドイツ語では Eigenschaftswort ともいう．名詞に付加する（ドイツ語においては原則的に名詞の前に置かれる）付加的用法 (eine *schöne* Blume 一つの美しい花）と述語的用法 (Die Blume ist *schön*. この花は美しい) とがある．付加的用法においては，その後続の名詞との間に性・数・格においての一致を示す．例えば，モーツァルト作曲の題名でもある eine kleine Nachtmusik（一つの小さなセレナーデ）においては Nachtmusik が女性名詞・単数であるので，形容詞 klein は不定冠詞 ein とともに女性形を示している．この場合，格は1格あるいは4格である．

　形容詞には，比較の変化形がある．すなわち，もとの形である原級 Positiv の他に，比較級 Komparativ と最上級 Superlativ の形がある．

　Ich bin *älter* als er. 私は彼より年上である．
　Der Wasserstoff ist das *leichteste* Element. 水素は一番軽い元素である．

◇ 意味上，比較変化を行わないものもある．例 ganz 全部そろった，完璧な．

◇ ドイツ語においては，ほとんどすべての形容詞を，そのままの語形で副詞として用いることが出来る．例 Sie ist schön. 彼女は美しい．Sie singt schön. 彼女は美しく歌う（彼女の歌声は美しい）．つまり英語の形容詞 slow「ゆっくりした」に -ly の語尾をつけて slowly「ゆっくり」を作るというようなことはしない．→ 1.1.4. Wortartwechsel 品詞の転換

1.1.2. 品詞概説

1.1.2.5. 冠詞 Artikel

歴史的に見て，指示代名詞 der より転化した定冠詞 der bestimmte Artikel と，数詞の eins より転化した不定冠詞 der unbestimmte Artikel とがある．

定冠詞も不定冠詞も性・数・格において，それが付加する名詞との間に一致を示す．

◇ 不定数詞 kein を不定冠詞に準じるものとして，この品詞に加え，否定冠詞 Verneinungsartikel と呼ぶことがある．

◇ 名詞の前に冠詞が付加しない場合を無冠詞あるいはゼロ冠詞 Nullartikel と呼ぶことがある．

◇ 冠詞と同じ位置にあらわれて名詞を規定する語を冠詞類 Artikelwort と呼ぶことがある．そういうものに定冠詞，不定冠詞の他，指示代名詞，所有代名詞，疑問代名詞，上記の kein を含む不定代名詞などがある．

1.1.2.6. 数詞 Numerale

1，2，3などの自然数を表す基数 Kardinalzahl (eins, zwei, drei ...) や，最初の，2番目の，3番目の…最後のなどの順序を表す序数 Ordinalzahl (erst, zweit, dritt ... letzt)，また「三分の一」，「四分の一」などの分数 Bruchzahl (drittel, viertel ...) など様々な「数」の表現をここに一括して一つの品詞として捉えるのは，もっぱら「数」という意味的な基準によるものである．他の形態的基準や統辞論的基準を考えるならば，序数には形容詞的性格を (der *erste* Schnee 初雪)，また基数や分数には名詞的性格を認めることができる(Einmal *eins* ist *eins*. $1 \times 1 = 1$)．また Million「百万」, Billion「一兆」の様に女性としての「性」を有し，単数・複数の区別をも持ち (「二百万」は zwei Millionen,「二兆」は zwei Billionen)，正書法上もつねに大文字書きがなされて完全に名詞であるものもここに加えるとするならば，それは全く意味論的な根拠によるものである．

数詞という品詞はこのように，厳密に考えると一つのまとまった品詞としては，その存立があやうくなる品詞であるかも知れぬが(たとえば Duden や Helbig/Buscha の文法においては「数詞」という品詞はなく，形容詞の中で取り扱われている)，それを設定しておく方が，言語の学習・教授上で好都合であるという事情もある．

1.1.2.7.　副詞 Adverb

　この品詞の Adverb という名称は，ラテン語の Adverbium に基づき，それは「動詞 verb に付加されるもの」を意味する統辞論的な観点からの命名であるが，実際には文全体に付加されるものもあり（leider, hoffentlich など），様々な語がこの品詞の中には含まれている。日本語での「副詞」の名は「副う語」という意味でヨーロッパの術語の訳語である。ドイツ語ではUmstandswort とも言うが，それは「状況」を示すものとしての名称である。意味的にも以下に示すように様々なものが含まれている。

　この品詞の形態上の特徴は変化しないことである。

　場所・方向を表すもの（Lokaladverb）：hier, dort, da, hin, her ... （対応する疑問副詞は wo?, wohin?, woher?）

　時間を表すもの（Temporaladverb）：jetzt, heute, morgen, gestern ... （対応する疑問副詞は wann?）

　状況・様態を表すもの（Modaladverb）：sehr, nur, auch, so ... （対応する疑問副詞は wie?, warum?）

　疑問を表すもの（Interrogativadverb）：すでに掲げた wo, wohin, woher, wann, wie, warum の他に wodurch, wozu, wofür, weshalb, weswegen, wovon, woraus, womit などがある）

　否定をあらわすもの：nicht

　文全体に関係するもの：leider, hoffentlich

　文に相当する役割を果たすもの：ja, nein, doch ...

　近年，副詞のうちの一部は事態に対する話者の心的態度を表明するものとして捉えられ，それら（gewiß, sicher, vielleicht, hoffentlich など）を特別に Modalwort「話法詞」あるいは「話法の副詞」と呼ぶことが行われている。

　◇　副詞は上に述べたように，形態上，不変化詞であるが，比較変化だけは可能なものもある（gern, lieber, am liebsten など）。

1.1.2.8.　前置詞 Präposition

　例えば auf dem Tisch「机の上に」における auf のように名詞（あるいは代名詞）の前の位置に置かれるという特徴によって，この「前置詞」（prä-はラテン語で「前に」を，Position はドイツ語においても「位置」を意味する）の名がある。ドイツ語で Verhältniswort ともいうが，これは，その機能に

1.1.2. 品詞概説

よっての名称，つまり auf dem Tisch の場合には机の「上に」という「関係」Verhältnis を表す語という意味である．この前置詞に続く名詞はその前置詞の要求する特定の格を示さなければならない．これを前置詞の格支配 Rektion と呼ぶ（auf dem Tisch の場合には Tisch は 3 格）．

動詞の中には，特定の前置詞つきの目的語を要求するものがある：例 auf＋4 格目的語＋achten「…に注意を払う」．こういう前置詞句を「前置詞格目的語」Präpositionalobjekt と呼び，動詞 achten は前置詞格を支配するという．

同様に前置詞格を支配する形容詞もある．例 reich an et[3].…に富んでいる，stolz auf jn./et[4].…を誇りにしている，zufrieden mit jm./et.…に満足している．

◇ 前置詞の中には，名詞（あるいは代名詞）の後に置かれるものもある．例えば，entgegen「…に向かって」，gegenüber「…の向かいに」は後置されることが多く，特に代名詞と結ぶ時は常に後置，「…によれば」の意味の nach は後置されることもある．これを後置詞 (Postposition) と呼ぶこともあるが，前置詞とは別の品詞を設定しないのは，文法をいたずらに複雑なものにしないためである．前置詞を設定しておいて，その枠の中で，後置される場合のありうることを説明する方が記述の仕組みとして優れているからである．

◇ 前置詞の多くは歴史的には副詞に由来するが，中には名詞に由来するもの (statt「…の代わりに」＜Statt「場所」，mittels「…を用いて」＜Mittel「手段」の単数 2 格)や，前置詞と名詞の結合に由来するもの (infolge「…の結果として」＜in Folge, anstatt「…の代わりに」＜an Statt) もある．

1.1.2.9. 接続詞 Konjunktion

語と語，句と句，あるいは文と文などを結び，接続する機能を持つ．Bindewort ともいう．例 Tag *und* Nacht 昼と夜（語と語を結ぶ），*entweder* im Garten *oder* in der Küche 庭か台所かで（句と句を結ぶ），Wir gehen spazieren, *denn* das Wetter ist schön. 我々は散歩に行きます，なぜなら天気が良いから（文と文を結ぶ）．

文と文を結ぶものは，その結ばれる二つの文の関係によって，並列の接続

詞 die koordinierende Konjunktion, 副詞的接続詞 die adverbiale Konjunktion, 従属接続詞 die subordinierende Konjunktion と区別されることがある。

並列の接続詞：aber, allein, denn, oder, sondern, und
Karl geht in die Schule, *und* Hans bleibt zu Hause. カールは学校へ行く，そしてハンスは家にいる．（この場合，二つの文は一方が他方の成分となっているというようなことはなく，互いに対等な関係にある．）

副詞的接続詞：also, so, dann, deshalb, doch, jedoch ...
Ich denke, *also* bin ich. 我思う，故に我あり．（この場合も二つの文は対等の関係にあるが，第二の文は also（故に）で始まるので，その次は定動詞倒置の語順になる．→1.2.30.3. 配語法）

◇ この副詞的接続詞は，本来，副詞であるから，これを接続詞とは認めない立場もある．

従属接続詞：als, bevor, bis, da, damit, daß, ehe, indem, nachdem, ob, obwohl, solange, soweit, während, weil, wenn, wie
Ich weiß, *daß* ich nichts weiß. 私は私が何も知らないということを知っている．ここでは daß という接続詞が ich weiß nichts 私は何も知らないという文を従えて，それを，前の ich weiß（私は知っている）という文に接続している．そして daß 以下の文は前の文の一成分，つまり weiß の目的語となっている．最初の Ich weiß の文を主文 Hauptsatz と，そして daß に導かれた ich nichts weiß の文を副文 Nebensatz と呼ぶ．ドイツ語では副文においては定動詞が文末に置かれる．→1.2.30.3. 配語法

◇ als Freund（友人として）などにおける als は，通常，接続詞とされるが，これを前置詞とする考えもある．ただし，この als は前置詞のように格支配を行わず，als 以下の名詞はそれと関連する名詞類との間に格の一致を示す．Ich rate es dir als guter Freund. 私はそれを君に良い友人として忠告する．(guter Freund は ich と同格)：Ich rate es dir als gutem Freund. 私はそれを良い友人である君に忠告する．(gutem Freund は dir と同格．)

◇ um ... zu ... / ohne ... zu ... / (an) statt ... zu ... における um, ohne, statt を前置詞ではなくて接続詞ととらえる考えもある．

1.1.2.10. 間投詞 Interjektion

　感嘆詞ともいわれるこの品詞は従来，文法においては比較的，等閑視されているが，それはこの品詞に属する語が文を構成する要素となることなく，その文の中に挿入されたものとして取り扱われたからである．例えば Goethe の *Faust* の第一部の最初に出てくる Faust の「なげき」は次のとおりである．
Habe nun, ach! Philosophie,/Juristerei und Medizin,/Und leider auch Theologie/Durchaus studiert, mit heißem Bemühn.
　ここに省略された主語を補い，通常の表記に書き直せば
Ich habe nun, ach, Philosophie, Juristerei und Medizin, und leider auch Theologie durchaus studiert, mit heißem Bemühen.
となる．
　この現在完了の文を現在形に直し，主語と目的語のみを取り出せば
　Ich studiere Philosophie, Juristerei, Medizin und Theologie.
であり，それに任意の添加語として nun, leider, auch durchaus, mit heißem Bemühen などが加わって文が完成されている．間投詞 ach はこの枠組みの中ではその中に挿入語として「投げ込まれた」扱いである．Interjektion という名称も「間に」(inter)「投入」(iacere) された「詞」という意味である．
　しかしながら，この品詞は，この *Faust* の場合でも分かるように感情豊かな重要な品詞である．
　それらを区分すると，話者の感覚・感情を表出するもの (ah, ach, oh)，相手の注意を喚起するもの (hallo「もしもし」, pst「しいっ」)，動物の鳴き声や事物の音響などを表す叙述的なもの(muh 牛，mäh 羊，wau 犬，miau 猫；ticktack 時計，töff töff 自動車・オートバイの「ブーブー」) などとなる．

◇　動物の鳴き声を表す擬声的間投詞に由来する動詞が若干ある：

牛	Die Kuh muht.	＜muh
猫	Die Katze miaut.	＜miau
ロバ	Der Esel iaht.	＜iah
雄鶏	Der Hahn kräht.	＜kräh
鶏	Das Huhn gackert.	＜gack gack（鶩鳥も）
雛	Die Kücken piepen.	＜piep（ねずみも）
鳩	Die Taube gurrt.	＜gurr

蜜蜂　Die Biene summt.　＜summ
蛙　　Der Frosch quakt.　＜quak（あひるも）
ただし犬の鳴き声は wau, wau，犬が「吠える」は bellen である：Der Hund bellt. また馬については，その声に対する定まった間投詞はないが，動詞は wiehern である：Das Pferd wiehert. 馬がいななく．

1.1.3. 文法範疇

「文法範疇」grammatische Kategorie とは，広義には，動詞や名詞などという品詞などの部類をも指すが，狭義には語形変化をする語の形を定めるものを指す．ドイツ語の動詞の形態変化 (Konjugation 活用) は人称・数・時称・法・態によって定められる．また名詞はすでに性が定められているが，数と格によっての形態変化（Deklination 曲用）を行う．名詞に付加する冠詞は，その名詞と性・数・格において一致しなければならない．このように「文法範疇」とは語の形を定める原理である．

以下に，ドイツ語における文法範疇のそれぞれについて概説する．

1.1.3.1. 人称 Person

言語活動は，「話し手」Sprecher が「聞き手」Angesprochener にあることを話すという形で行われる．この際「話し手」・「聞き手」および「話題になっている人やもの」Person, Ding oder Sachverhalt als Thema der Aussage という区別が成り立つ．この三つの区別が人称の別であり，ドイツ語においては，それぞれ 1 人称 die erste Person，2 人称 die zweite Person，3 人称 die dritte Person とされる．この人称の区別にはさらに単数と複数の区別が重なる．すなわち聞き手が一人の時は 2 人称単数，二人以上のときは 2 人称複数，同様に 3 人称においても単数・複数の区別がある．話し手は通常一人であるから論理的には，1 人称は単数しかないはずである．もっとも同じ発言を複数の者が同時に発言するという場合を考えれば 1 人称複数も論理的に成り立つが，1 人称複数は通常，話し手＋聞き手，あるいは話し手＋3 人称の組み合わせである．1 人称複数のこの二つの場合を包括的 inklusiv（聞き手をふくむ場合）と排他的 exklusiv（聞き手を含まない場合）として区別する言語もあるが，ドイツ語にこの区別はない．

1.1.3. 文法範疇

　ドイツ語の動詞はこの「人称」と次の項目で述べる「数」との区別に応じた変化を行う．
　またこの人称の区別に応じた代名詞（人称代名詞）がある．
　名詞を主語に立てた場合には，それは3人称として取り扱われる．
　　Die Blume ist schön. = Sie ist schön.
　ドイツ語の2人称には親称 du, ihr と敬称 Sie, Sie の区別がある．敬称は歴史的には3人称複数に由来し，現在においても形態的には3人称の複数である．すなわち変化は3人称複数としての変化である．日本語においても2人称の代名詞「あなた」が「遠い所」を表す代名詞に基づくように，聞き手にへだてをおいて取り扱う話し手の姿勢が敬称 Sie の成立の背景となっている．
　◇　Ihr, Er が敬称2人称として用いられることがあった．
　　Lasset mich ein paar Worte zu *Euch* sagen, Meister, es kann geschehen, während *Ihr Eure* Hände waschet und den Rock anzieht. ちょっと貴方様にお話をさせてください，親方，貴方が手を洗い上着を着る間にすみます．(Hesse)
　　»Wart *Er* ein wenig, Schulmeister!« sagte der Deichgraf leise.
　　»*Ihr* braucht *Euch* nicht zu fürchten, Deichgraf!« erwiederte der kleine Erzähler, ...「ちょっと待って下さい，先生．」と小声で堤防監督官が言った．「御心配には及びませんよ．堤防監督官さん．」と小さな話し手は答えた．(Storm)

1.1.3.2.　数　Numerus

　数に関しての区別が言語形態の変化に現れることがある．こういう語形変化を定める数に関する区別が文法的な「数」である．言語によっては，こういう区別を全く行わない言語，1と2以上を区別する言語（1を単数 Singular, Einzahl, 2以上を複数 Plural, Mehrzahl と呼ぶ），さらに2と2以上を区別する言語（この場合2を双数あるいは両数 Dual と呼ぶ，3以上が複数である）など様々である．
　印欧語の共通祖語は単数・双数・複数の区別を持っていた．この区別はインド・イラン語派，ギリシア語（とくにアッティカ方言），スラブ語派，バルト語派に残っていたが，今日でもそれを保っているのはバルト語派のリトア

ニア語，スラブ語派のスロヴェニア語，ヴェンド語だけであるという．

◇　ドイツ語 Deutsch はゲルマン語派に属する言語である．ゲルマン語派に属する言語には，ドイツ語以外にスウェーデン語 Schwedisch，デンマーク語 Dänisch，ノルウェー語 Norwegisch，アイスランド語 Isländisch，フェーロー語 Färöisch（以上北ゲルマン），英語 Englisch，フリースランド語 Friesisch，オランダ語 Niederländisch（以上西ゲルマン，ドイツ語もこの西ゲルマンのグループに属する），それから，すでに消滅した東ゲルマンのゴート語 Gotisch などがある．

　これらのゲルマン諸言語の共通の源としてゲルマン語 Germanisch，正確にはゲルマン祖語 Urgermanisch を考えることができる．そして，そのゲルマン語は，他のインド語 Indisch，イラン語 Iranisch，アルメニア語 Armenisch，フリギア語 Phrygisch，トラキア語 Thrakisch，ヒッタイト語 Hethitisch，トカラ語 Tocharisch，ギリシア語 Griechisch，アルバニア語 Albanisch（あるいは Albanesisch），イルリア語 Illyrisch，イタリック語 Italisch，ケルト語 Keltisch，バルト語 Baltisch，スラブ語 Slawisch などとともに，さらに共通の源である印欧語 Indoeuropäisch の分岐・発達したものという推定がなされている．印欧語はまたインド・ゲルマン語 Indogermanisch と呼ばれることがある．

ドイツ語でも単数と複数との区別が行われる．

名詞類には単数と複数の形態上の区別がある．

　Kind : Kinder/ Garten : Gärten/ ich : wir

ここに示したように，名詞の場合には単数形を基礎にして，それに接辞を加えるなどの手続きで複数形を作る．言語学的には，単数形にはそれが単数であることを表す標識がないのでそれを無標，複数形にはその複数形であることの印があるので有標という．

　また動詞の形態は前に述べた「人称」の区別にあわせて，この「数」の区別にも従う（→1.1.3.7. 数 Numerus）．

　現代ドイツ語には双数の変化形はないが，双数であること自体は wir beiden「我々二人」などの表現で表すことができる．

　Bairisch の方言では2人称の複数 ihr, euch を ös, enk というが，それは古い2人称の双数形である．すなわちもとは ihr beiden, euch beiden を意味する形を ihr, euch として用いているわけである．

◇ Eltern「両親」のように（生物学の専門用語としては Elter という単数形もあるが），通常は複数形しかない名詞もある．Pocken, Masern などの病名も複数形で用いられる．

1.1.3.3. 時称 Tempus
　すべての発話は「ワタクシ」ich が「イマ」jetzt「ココ」hier で行うという性質を持っている．従ってこの三つが発話の原点とされるが，その原点の「イマ」が現在であり，その現在と発話内容との関係が様々な時間関係としてとらえられる．この現在のとらえ方，またその現在に対する様々な時間の表し方は言語によって異なる．この言語によって異なる様々な時間の表示が時称である．

　ドイツ語においては通常，現在 Präsens, 過去 Präteritum/ Imperfekt, 未来 Futur I, 現在完了 Perfekt, 過去完了 Plusquamperfekt, 未来完了 Futur II の6つの時称が考えられている．

◇ Imperfekt は未完了過去とも呼ばれ，言語によっては Präteritum 過去と区別されることもあるが（たとえばフランス語における半過去と単純過去），ドイツ語においてはこの両者は同義に用いられる．

1.1.3.4. 法 Modus
　ドイツ語では Aussageweise ともいうように，話者が述べることがらに対する話者の心的態度を言い表すときの表し方の別をいう．あることがらを事実として述べるか，それを相手に対しての要求として述べるか，あるいは単に思い浮かべた内容として述べるかなどの区別であり，その区別が動詞の変化形に現われる．ドイツ語には直説法 Indikativ・命令法 Imperativ・接続法 Konjunktiv の三つが区別される．接続法はさらに接続法Ⅰ Konjunktiv Ⅰ・接続法Ⅱ Konjunktiv Ⅱの二つの区分がなされる．

　言語によっては，この他に，希求法 Optativ がある（ギリシア語）．英語の仮定法 subjunktive はドイツ語の接続法に相当する．フランス語文法では subjonctif を接続法と呼んでいる．

1.1.3.5. 態 Genera verbi
　Genera（複数形．単数形は Genus）とは「種」の意である．この Genus

の語が名詞について用いられるときには「性」を表す（→ 1.1.3.6. 性 Genus）．

◇　「態」の代わりに「相」の語が用いられることもあるが，本書では「相」は「動作態様」を表す場合に用い，Genera verbi を表すためには「態」を用いる．

一つの動詞によって表現される事態を考える時，そこにはその動作と動作主 Agens を，そして場合によってはさらに被動作主 Patiens を考えることができる．

おおよそではあるが，被動作主をも考えることの出来る動詞を他動詞 Transitiv，そうでない場合を自動詞 Intransitiv として区別することができる．ドイツ語の場合には，被動作主が 4 格 Akkusativ の目的語である動詞のみを他動詞として他と区別する．→ 1.1.2.1. 動詞 Verb

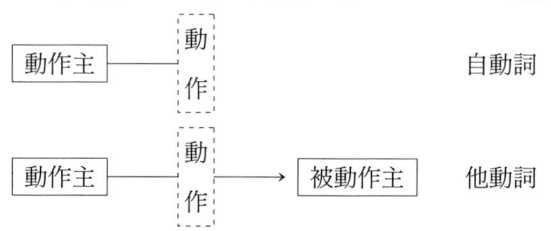

```
動作主 ─┬動┐                    自動詞
        └作┘

動作主 ─┬動┐→ 被動作主         他動詞
        └作┘
```

この動作主を主語とする表現（他動詞の場合には，その動作が被動作主に及ぶ）を**能動** Aktiv と捉え，その逆に，被動作主を主語として，動作主よりその動作が被動作主に及ぶという形をとる形式が**受動** Passiv である．ドイツ語はこの受動は「受動の助動詞＋過去分詞」の形式によって表現する．

Er schneidet den Kuchen.　　Der Kuchen wird (von ihm) geschnitten.
　彼はケーキを切る．　　　　　　ケーキは（彼に）切られる．
Der Bauer pflügt das Feld.　Das Feld wird (von dem Bauern) gepflügt.
　農夫は畑を耕す．　　　　　　　畑は（農夫に）耕される．

1.1.3. 文法範疇

能動　Aktiv　　　　　　　　受動　Passiv

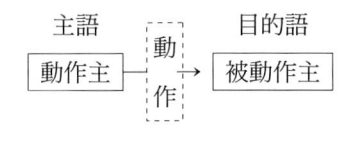

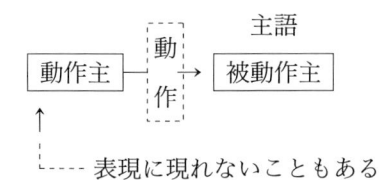

```
主語        目的語                        主語
動作主 ─動→ 被動作主      動作主 ─動→ 被動作主
        作                      ↑  作
                                └──── 表現に現れないこともある
```

上に掲げた例文は現在時称で示したが，さらに他の時称形も存在する．

◇　ギリシア語には能動・受動・中動 Medium の三つがある．「中動相はある意味においてその名称の示すように，能動相と受動相との間の中間的な機能をもつ相であるとも言えるが，その本来の意義はむしろ能動相である．ただ中動相には能動相の場合に比べて，動詞の表す動作がその主語に対して利害その他の点で何か特別に深い関係をもっている場合が多い」(田中美知太郎/松平千秋『ギリシア語入門』52-53 ページ).

　　　ギリシア語　能動 λούω　　　　私は洗う
　　　　　　　　　受動 λούομαι　　　私は洗われる
　　　　　　　　　中動 λούομαι　　　私は自分の身を洗う

このギリシア語の中動に相当する形式をドイツ語で考えるならば，それは**再帰**的 reflexiv な表現である (→ 1.2.24. 再帰動詞).

　　　Ich wasche mich.　　　　私はからだを洗う．
　　　Ich wasche mir die Hände.　　私は手を洗う．

1.1.3.6.　性 Genus

名詞にはすべて「性」がある．ドイツ語では「男性」Maskulinum,「女性」Femininum,「中性」Neutrum の三つの区別がなされる．この「性」は文法的なものであって，必ずしも名詞が表す対象の自然の性と一致するとは限らない．たとえば「父」Vater は男性，「母」Mutter は女性，「子供」は中性である．これらにおいては自然の性と文法的性とが一致していると考えられるが，「少女」Mädchen,「未婚の女性」Fräulein,「女」Weib などは中性であって，自然の性と文法的な性とが一致していない．また自然的には全く性を考えることの出来ない無生物を表す名詞も，たとえば「机」Tisch が男性，「壁」Wand が女性，「家」Haus が中性というように，すべて何れかの性を持って

いる．

性の異なりに従って，冠詞や付加する形容詞などの変化形が異なる．

  der/ein Vater （父）   der/ein Tisch （机）
  die/eine Mutter （母）   die/eine Wand （壁）
  das/ein Kind （子ども） das/ein Haus （家）

ein klein*er* Mann eine klein*e* Frau ein klein*es* Kind

ただし，複数形の場合には性の異なりは形の上にはあらわれない．定冠詞は共通に die が用いられる．不定冠詞は，その「一つの」という意味上，複数形がないので，無冠詞の形となる．

  die Väter/Väter   die Tische/Tische
  die Mütter/Mütter   die Wände/Wände
  die Kinder/Kinder   die Häuser/Häuser

◇ 名詞を受ける人称代名詞（3人称）には単数形で性の区別がある：er, sie, es．複数形ではこの区別が失われ，すべて sie となる．

◇ 自然の性を Geschlecht，英 sex といい，文法上の性を Genus，英 gender という．

◇ 性の区分や割り振りは言語によって異なる．たとえばフランス語での性は男性と女性の二つである．そして「太陽」die Sonne はドイツ語においては女性であるが，フランス語では le soleil は男性，また逆に「月」はドイツ語においては男性 der Mond であるが，フランス語の la lune は女性である．

1.1.3.7. 数 Numerus

すでに述べたように（→ 1.1.3.2．数 Numerus）ドイツ語には単数と複数の区別があり，この区別が動詞の人称変化を規定するだけでなく，名詞および代名詞の形態上の変化にも関係する．

1.1.3.8. 格 Kasus

名詞が文中で他の語と関係して果たす役割を「格」という．

ドイツ語においては四つの「格」が区別される：1格（主格）Nominativ，2格（属格）Genitiv，3格（与格）Dativ，4格（対格）Akkusativ．

  1格 *Der Vater* arbeitet.   **父は**働く．

1.1.3. 文法範疇

2格　Das ist der Wagen *des Vaters*.　これは父の車です．
3格　Das Kind dankt *dem Vater*.　子供は父に感謝する．
4格　Die Tochter liebt *den Vater*.　娘は父を愛する．

　例文（およびそれに添えた日本語の訳文）で示したように，日本語では主として「格助詞」によって示される文中の名詞の働きはドイツ語では四つの格で示される．→1.2.38. 格と用法

　インド・ヨーロッパ語には，さらに，位置を示す「位格」Lokativ，道具・手段を示す「具格」Instrumental[is]，「…から／より」を示す「奪格」Ablativ，および呼び掛けに用いる「呼格」Vokativ があった．このようなことを考えあわせると，今日のドイツ語の前置詞による表現の中にも意味的には「格」の表示であると考えられるものがある．

Ich wohne in der Stadt.　　　私はこの町に住んでいる．　（位置）
Ich schreibe mit dem Bleistift.　私は鉛筆で書く．　　　　（道具）

◇　それぞれの言語によっていくつの「格」があるか，またどのような形式で表示されるかは異なる．

たとえば，ラテン語には六つの格がある：

主格　domin-us　　　主人が
呼格　domin-e　　　 主人さま
属格　domin-i　　　 主人の
与格　domin-o　　　 主人に
対格　domin-um　　　主人を
奪格　a domin-o　　 主人から（a は前置詞）

世界の言語の中で「格」の数が一番多いのはフィンランド語であるという．そこには次のような「格」（英語での名称を付記）がある．名詞の対格(accusative)としては主格または属格の形が用いられるので，名詞に対格を認めない考えがある．

フィンランド語の 14 の格（対格を認めれば 15 の格）

主格　nominative　talo　　　家
属格　genitive　　talo-n　　 家の
分格　partitive　 talo-a　　 家
内格　inessive　　talo-ssa　 家の中で
出格　elative　　 talo-sta　 家の中から

— 27 —

入格	illative	talo-on	家の中へ
接格	adessive	talo-lla	家で
奪格	ablative	talo-lta	家から
向格	allative	talo-lle	家へ
様格	essive	talo-na	家として
変格	translative	talo-ksi	家に（なる）
欠格	abessive	talo-tta	家なしで
共格	comitative	talo-ine-	家と一緒に（常に所有接尾辞がつく）
具格	instructive	talo-in	家でもって

◇ フィルモアの「格文法」においては表層格とは別に基底にある深層格として次のようなものが考えられている．

動作主格	Agent	ある動作を引き起こす者の役割
経験者格	Experiencer	ある心理現象を体験する者の役割
道具格	Instrument	ある出来事の直接原因となったり，ある心理事象と関係して反応を起こさせる刺激となる役割
対象格	Object	移動する対象物や変化する対象物．あるいは，判断，想像のような心理事象の内容を表す役割
源泉格	Source	対象物の移動における起点，および状態変化と形状変化における最初の状態や形状を表す役割
目標格	Goal	対象物の移動における終点，および状態変化や形状変化における最終的な状態，結果を表す役割
場所格	Locative	ある出来事が起こる場所および位置を表す役割
時間格	Time	ある出来事が起こる時間を表す役割，

◇ 格を名詞類の形態変化によってあらわされるものと定義するならば，屈折語ではない日本語には格はない．しかし，格を名詞類の文中における機能をあらわすものと定義するならば，膠着的性格を示す日本語にも格はある．そしてそれは格助詞で表される．格助詞は現代日本語においては，ガ，ノ，ニ，ヲ，ヘ，ト，ヨリ，カラ，デの九個である．文語にはデの原型であるニテがあり，さらに上代の日本語にはユ，ユリ，ヨ，ツなどがあった．

◇ ドイツ語の四つの格および前置詞による格の表現が日本のドイツ語学

1.1.3. 文法範疇

習者の脳裏において次の様に対応させられる傾向があると考えられる．

ドイツ語		日本語
1格	Nominativ	ガ
2格	Genitiv	ノ
3格	Dativ	ニ
4格	Akkusativ	ヲ
前置詞	Präpositionen	ヘ，ト，ヨリ，カラ，デなど

従って，例えば，日本語の「ヲ」による表現に対応するものは，ドイツ語では4格 Akkusativ であり，「ニ」による表現に対応するものは，ドイツ語では3格 Dativ であるという意識が生まれ，ドイツ語の運用に際して，そこに日本語の干渉（→ 1.1.4. Interferenz 干渉）の生じる可能性がある．そういう影響を除去するためには，たとえば次に掲げるように，日本語の「ヲ」による表現と対応するドイツ語表現のまとめをしておくことはドイツ語教授上に有意義であろう．

日本語の「ヲ」表現に対応するドイツ語表現

1) 4格 Akkusativ

   Ich *schreibe einen Brief*. 私は手紙を書く．

   そのほか，例はきわめて多い．

2) 2格 Genitiv

   Er *bedarf der Ruhe*. 彼は安静を必要とする．

   その他 gedenken（…を思い出す），sich enthalten（…を止める），sich rühmen（…を自慢する），sich bedienen（…を用いる），sich bewußt sein（…を意識している），sich schämen（…を恥じる）など．

3) 3格 Dativ

   Bitte helfen Sie mir! どうか私を助けてください．

   その他 jm. ausweichen（…を避ける），beistehen（…を助ける），drohen（…を脅かす），fluchen（…をのろう），glauben（…を信じる），nachblicken（…を見送る），trauen（…を信用する），vertrauen（…を信用する），mißtrauen（…を信用しない），zusehen（…を眺める）．

4) 前置詞 auf

   Sie *erwartet auf* seine Rückkehr. 彼女は彼の帰りを待っている．

   その他 auf et. hoffen（…を希望する），sich auf et. freuen（…を楽し

みにする），auf et. verzichten（…を断念する），auf et. achten（…を顧慮する），auf et. hindeuten（…を指し示す），auf et. stolz sein（…を誇っている）など
前置詞 an
Das Flugzeug *gewann* immer mehr *an* Höhe. 飛行機は次第に高度を増した．

日本語の「ヲ」表現に対応しないドイツ語の4格
 1) 動詞の目的語
    Ich traf ihn im Theater. 私は劇場で彼に出会った．
    その他 jn. bedienen（…に奉仕する），bekämpfen（…とたたかう），fragen（…に尋ねる），grüßen（…に挨拶する）
 2) 副詞としての4格
    den ganzen Tag　　一日中
    nächsten Sonntag　次の日曜日に

1.1.4. 文法事項解説

これまで，前の二つの節 1.1.2. と 1.1.3. において，ドイツ語の品詞とドイツ語の形態変化に関係のある文法範疇について概観して来た．本節 1.1.4. では，形態変化に関係のない文法範疇や，その他の重要な文法現象を順次，解説することにする．項目の配列はドイツ語の ABC 順とする．ドイツ語項目のあとに日本語を添えた．また関連の項目を → で示したので適宜参照されたい（その項目が，この「文法事項解説」の中の場合には 1.1.4. の数字は省略してある）．

Abhängigkeit 依存関係　→ Valenz
Ablativ 奪格
　ドイツ語にはないが，ラテン語などにある格の一つ．「…から，…によって」などの意味を表す．→ 1.1.3.8. 格
Ablaut 母音交替，母音転換，転母音
　インド・ヨーロッパ語には量的・質的に異なる母音が語原の共通な語の中に交替して現れる様式があった．それがドイツ語においては，強変化動詞の三基本形の作り方に典型的に現れている．動詞と同原の名詞にこの交替が現

1.1.4. 文法事項解説

れていることもある．
　動詞の三基本形である 不定詞－過去基本形－過去分詞 を A-B-C と表した場合
　1) ABC のそれぞれの幹母音が異なるもの　　例 binden-band-gebunden
　2) B と C との幹母音が等しいもの　　　　　例 bleiben-blieb-geblieben
　3) A と C との幹母音が等しいもの　　　　　例 geben-gab-gegeben

というふうに整理することも出来るが，次のような母音交替の系列 Ablautreihe が現代ドイツ語にもあることを理解しておくべきであろう．

→ 1.2.15.3. 現代ドイツ語における母音交替

1 (a) ei : ie : ie	bleiben	blieb	geblieben
	steigen	stieg	gestiegen
	schreiben	schrieb	geschrieben など
(b) ei : i : i	leiden	litt	gelitten
	greifen	griff	gegriffen
	reiten	ritt	geritten など
2 (a) ie : o : o	biegen	bog	gebogen
	bieten	bot	geboten
	fliegen	flog	geflogen など
(b) ie : o : o	fließen	floß	geflossen
	gießen	goß	gegossen
	schießen	schoß	geschossen など
3 (a) i : a : u	binden	band	gebunden
	finden	fand	gefunden
	trinken	trank	getrunken
	singen	sang	gesungen など
(b) i : a : o	beginnen	begann	begonnen
	rinnen	rann	geronnen
	schwimmen	schwamm	geschwommen など
(c) e : a : o	nehmen	nahm	genommen
	brechen	brach	gebrochen
	helfen	half	geholfen
	sterben	starb	gestorben

第Ⅰ部　理論編

			sprechen	sprach	gesprochen など
4	e : o : o		fechten	focht	gefochten
			heben	hob	gehoben
			scheren	schor	geschoren など
5	e(i) : a : e		geben	gab	gegeben
			lesen	las	gelesen
			sehen	sah	gesehen
			essen	aß	gegessen など
6	a : u : a		graben	grub	gegraben
			fahren	fuhr	gefahren
			tragen	trug	getragen
			schlagen	schlug	geschlagen など

7	a, au, ei, o, u : ie : a, au, ei, o, u	halten	hielt	gehalten
		raten	riet	geraten
		schlafen	schlief	geschlafen
		laufen	lief	gelaufen
		heißen	hieß	geheißen
		stoßen	stieß	gestoßen
		rufen	rief	gerufen

◇　この Ablaut によって動詞との関連性を示している名詞も数が多い．以下にその主要なものを掲げる．

Binde　　「包帯」，Band　「巻，冊 m.，リボン，テープ n.」
　　　　　　　　　　　（参考　binden-band-gebunden）
Bogen　　「湾曲，弓」　　（参考　biegen-bog-gebogen）
Bruch　　「破損，かけら」（参考　brechen-brach-gebrochen）
Gang　　「足取り，進行」（参考　gehen-ging-gegangen）
Gebot　　「戒律，命令」　（参考　gebieten-gebot-geboten）
Geburt　　「誕生」　　　（参考　gebären-gebar-geboren）
Getränk　「飲み物」　　（参考　trinken-trank-getrunken）
Grab　　「墓」　　　　　（参考　graben-grub-gegraben）
Stand　　「立っている状態，位置」（参考　stehen-stand-gestanden）
Tat　　　「行為」　　　　（参考　tun-tat-getan）

1.1.4. 文法事項解説

  Zug   「列車，行列」   （参考 ziehen-zog-gezogen）
  Zwang 「強制」   （参考 zwingen-zwang-gezwungen）

Ableitung 派生，派生語 → 1.2.2.2. 造語法

Abstraktum 抽象名詞（→具体名詞 Konkretum）→ 1.1.2.2. 名詞 Substantiv

Ach-Laut ach の音
 [x] の音（軟口蓋無声摩擦音）．ドイツ語においては ch の文字で表記され，同様に ch の文字で表記される [ç] の音と並んで /x/ の異音→ Allophon とされる．その前に立つ母音が a, o, u, au である場合には [x] の音があらわれ，それ以外の場合は [ç] の音が現れる．例：Buch [buːx], Büchlein [byːçlaın].
→ 1.2.1.6. 綴り字と発音

Adjektiv 形容詞 → 1.1.2.4. 形容詞 Adjektiv

adnominal 名詞付加の
 たとえば ein schönes Mädchen 美しい少女 における schön の働きをいう．動詞付加の → adverbal と区別される．

Adverb 副詞 → 1.1.2.7. 副詞 Adverb

adverbal 動詞付加の
 たとえば Sie singt schön.（彼女は美しく歌う）における schön の用法．

adverbial 副詞的な

Affix 接辞 → 1.2.2.2. 造語法

Affrikata 破擦音 → 1.2.1.3. 子音

Agens 行為者／動作主（→ Patiens）→ 1.1.3.5. 態 Genera verbi

agglutinierende Sprache 膠着語 → Sprachtyp 言語の類型

Akkusativ 対格，4格．Wenfall ともいう．→ 1.1.3.8. 格

Aktant 行為者／共演成分 → Ergänzung

Aktionsart 動作態様
 動詞の語彙的意味に関して，主として，その時間的な性格をいう．動作相ともいう．
 まず持続的 durativ であるか，点的 punktuell であるかの二つの区別がなされる．例えば dauern「継続する」については，Die Sitzung dauerte zwei Stunden.（会議は二時間続いた）の例も示すように，その「経過する」という意味の中には時間の「持続」がある．そこで動詞 dauern を「持続相」あるい

は「継続相」の動詞と呼ぶ．これに対してfinden「見つける」については，探すのには時間がかかったかも知れないが，その事よりも，探しものが見つかるのは瞬間的な出来事であることに着目して点的と考え，findenを「瞬間相」の動詞と呼ぶ．（探す間を問題にするのは持続相であるsuchen「探す」である．）

　durativの例：bleiben「…のままである」，wohnen「住む」，essen「食べる」，schlafen「眠る」

　punktuellの例：fassen「つかまえる」，treffen「出会う・ぶつかる」，blitzen「ピカリと光る」，platzen「破裂する」，knallen「パン・ドンなど音をたてる」

　　◇　もっとも，blitzenにも物理的には微小な時間の経過はあるが，言語のとらえ方では，その長さを考えない．

　　◇　「点的」と「持続的」の区別はまた「完了的」perfektivと「非完了的」nicht-perfektiv, imperfektivの区別としても捉えられる．動作態様の完了と非完了の別は，完了形をつくる際の助動詞haben/seinの選択に関係することがある．→1.2.18.1.　現在完了形

　一般的に言って動作態様が形態論・統辞論に切実なかかわりを持つのは，このような完了の助動詞haben/seinの選択の場合で，それはまた意味論上にも重大な影響がある．

　Er hat gut geschlafen.　彼はよく眠った（今は起きている）．

　Er ist schon eingeschlafen.　彼はもう眠り込んだ（今は眠っている）．

　この二つはともに現在完了による文であるが事態はまったく異なっている．前者は持続相の動詞schlafen「眠（ってい）る」の完了形で，その行為は終了しており，後者は点的（完了態）の動詞einschlafen「眠り込む」の完了形で，その行為が実現・成就した現在の状況を表しているのである．（→1.2.18.）

　上に述べた二区分に加えて，次のような動作相が考えられている．

起動的 ingressiv/inchoativ schlafen「眠る」に対してeinschlafen「眠り込む」のようにその動作や行為の始まることを意味する．動作や行為の始まる瞬間をとらえているので点的である：erblassen「青ざめる」，entbrennen「燃え上がる」

終出的 egressiv，結果的 resultativ，効果的 effektiv ある動作や行為の終結や結果に着目するもの：aufessen「たべつくす」，erschlagen「打ち殺す」，

1.1.4. 文法事項解説

　　verklingen「鳴り止む」．これらも点的である．

帰結的 terminativ 行為に始まりの時点があり，ついで行為があって，ある時点で終わることを表す：holen「行って取って，持って来る」，bringen「持って来る」，kaufen「買う」

反復的 iterativ 同一行為の反復を表す：atmen「呼吸する」，fliegen「飛ぶ」，graben「掘る」，sticheln「縫いものをする」，streicheln「なでる」

強調的 intensiv 行為の強調を表す：fasssen「つかまえる」に対する packen「ぐいとつかまえる」，werfen「投げる」に対する schleudern「（力をこめて）投げる」

縮小的 diminutiv/deminutiv 行為の縮小を表す：lachen「笑う」に対して lächeln「微笑む」，stechen「刺す」に対して sticheln「針仕事をする」

　　◇　sitzen に対する setzen などを作為相 kausativ/faktitiv と呼ぶこともある．

Aktiv 能動態（→ Passiv）1.1.3.5. 態

Akzent アクセント・強勢

　語の一つの音節に他の音節よりも力点を置いて発音すること．その力点の置き方には言語によって様々な様式がある．①強さアクセント dynamischer/qualitativer　Akzent：他よりも強く発音される．②高さアクセント musikalischer　Akzent：他よりも高く発音される．③長さアクセント quantitativer Akzent：他よりも長く発音される．

　ドイツ語のアクセントは英語と同様，①の強さアクセントであるが日本語のアクセントは②の高さアクセントである．

Allomorph 異形態

　一つの形態素が環境によって異なった形として現れるもの．例えば，弱変化動詞の過去を表す語尾は，lernen の場合には -te であるが，arbeiten の場合には -ete という異なった形で現れる．

Allophon 異音

　同一の音素が異なった形で実現されたもの．喉音の [x] と舌音の [ç] は音素 /x/ の異音，舌のふるえによる [r] と口蓋垂のふるえによる [R] は音素 /r/ の異音．　　　　　　　　　　　　　　　　　　　　　　　　→ 1.2.1.4.

Analogie 類推

　たとえばドイツの幼児（あるいはドイツ語を学ぶ外国人）が er hieß という

べき場合に er heißte と誤っていることがある．これは強変化動詞である heißen の過去形の形を，数で優る規則的な弱変化の動詞にならってこしらえた誤った形である．このように優勢な型にならって言語形式が形成されることを類推という．青年文法学派は「音韻法則」とこの「類推」を「言語変化」の基本的な二つの説明原理とした．

ドイツ語において Gast や Hand の複数形はウムラウトによる Gäste, Hände である．これにならって，もともとウムラウトには縁のなかった Kranz, Hals までもが Kränze, Hälse という複数形をもつにいたった．

H. Paul は類推による新語形成を比例式 Proportionengleichung（あるいは Proportionsgleichung）を解くようなものとして説明した．比例式 A：B＝C：X における未知の項である X を既知の A, B, C の三項によって解くものである．上に掲げた er heißte の形は er sagt：er sagte＝er heißt：X という比例式を解いて X＝er heißte としたものである．また F. de Saussure は類推について「分析と再構」（Lommel 訳によると Zergliederung と Wiederzusammenfügung）という説明をしている．これに従えば er heißte の形は er sagte などの形から，過去をあらわす語尾 -te が「分析」され，それを heißen の語幹 heiß- とともに用いて heißte の形が「再構」されたことになる．

類推は「誤った形」や「新形式」をつくるだけではなく，一般に「文法」を形作る基礎となる精神的な働きである．

anaphorisch 前方照応的（→ kataphorisch）→ 1.1.2.3. ◇代名詞の指示の仕方

Angabe 添加語

依存関係文法で必須（義務的 obligatorisch）ではない，（場所・時・様態・原因・理由などを表す）任意的（fakultativ）な成分をいう．必須の成分は補足語 Ergänzung と呼ばれる．→ Satzbauplan, Valenz

Anlaut 語頭音 → Auslaut, Inlaut

ドイツ語においては，語頭音の母音はその前に声門閉鎖音（→ Kehlkopfverschlußlaut）を伴う．

Antonym 反義語・反対語

その意味が反義・反対関係にある語．その反義・反対関係には次の三つの場合がある．①対極的反対関係(kontradiktorisch, 相補関係によるものでその両極の中間を考えることができない）例：Mann/Frau, Leben/Tod など，

1.1.4. 文法事項解説

②相対的反対関係（konträr，その両極の中間を考えることができる）例：gut/schlecht，warm/kalt，dick/dünn など，③相関的反対関係(konvers，両者の間の関係が逆) 例：kaufen/verkaufen, Eltern/Kinder など． → Synonym

Aphärese 語頭音消失
  たとえば 's となった es の e 音の消失． → Apokope

Apokope 語末音脱落
  たとえば nach Hause の語末の e が脱落して nach Haus となったような場合をいう．

Apostroph アポストロフ
  省略記号 Auslassungszeichen の(')．'s＜es，'s Röslein＜das Röslein などのように用いる．

Appellativum 普通名詞 → 1.1.2.2. 名詞

Apposition 同格
  たとえば Karl der Große における der Große は先行する Karl に対しての付加語であり，Karl と同じ格である．このように先行の名詞と同じ格である名詞の付加語は同格の関係にあるという．

Artikel 冠詞 → 1.1.2.5. 冠詞

Aspekt アスペクト
  「アスペクト」とは「ものの見方」とでもいう意味である．スラブ語においては，この「ものの見方」は，動詞の形式が「完了相」であるか「未完了相」であるかを規定する文法範疇である．たとえばロシア語で Ja procital roman〈私は小説を読んでしまった〉は完了相であり，Ja cital roman〈私は小説を読んでいた〉は未完了相である．前者がその行為が完了したこと，すなわちその本を読み終えたことを意味するのに対して，後者はただ，ある時間，本を読んで過ごしたことを意味する．

  ドイツ語においては，こういう「ものの見方」の差は，すでに見た「法」→1.1.3.4.や「態」→1.1.3.5.などのように形態の変化に関係することはない．従ってロシア語に見られるような「アスペクト」の区別はドイツ語にはないと一応言うことができる．しかし，この概念を「一つの事態を眺める話し手の視点」（Perspektive, unter der der Sprecher einen Vorgang sieht）という意味で用いて，たとえば次の二つの例文の差を「アスペクト」の差に

よって説明することがある：

 Er wurde ins Krankenhaus aufgenommen. (1)

 Er wurde im Krankenhaus aufgenommen. (2)

 Helbig/Buscha の文法では(1)の文は zielgerichtet-richtungsbetont（目的地への方向づけがあり，方向が強調）と，そして(2)の文は zielgerichtet-zielbetont（目的地への方向づけがあり，目的地が強調）と説明されている．動詞 aufnehmen によって言い表されている行為「収容する」には目的地があるわけだが，(1)の方では，病院への方向性に力点があり，(2)の方ではその目的地である病院が強調されているとの趣旨である．(1)は「病院へと収容された」，(2)は「病院に収容された」とでも訳し分けることができようか．

 次の二つにおいては

 Er durchbohrte das Brett. (3)

 Er bohrte das Brett durch. (4)

 (3)(4)いずれも「彼が板に穴をあけたこと」を述べているが，Erben の文法では(3)を punktuell-resultativ（点的結果的），(4)を phasenhaft-konklusiv（局面的終結的）と説明している．(3)においては「板に穴があいた」瞬間に視点が当たり，(4)においては「板に穴をあけはじめてあけ終わるまで」の全行程に視点が当たっているという意味であろう．

 このように一つの事柄を表現するときに複数の手段がある場合，その手段の使いわけが，よく，このアスペクトの違いとして取り扱われる．他に Er versank in die Tiefe./Er versank in der Tiefe.（いずれも「彼は深みに沈んだ」の意味であるが，前者の方には「再び浮上することがなかった」という趣が加わる．）Er trat ihm auf den Fuß./Er trat ihn auf den Fuß.（いずれも「足を踏んだ」の意味であるが，目的語が4格になっている後者の方には「意図的に彼の足を踏んだ」の意味が加わる．）Er las das Buch./Er las in dem Buch.（前者は「本の全部」を読んだ，後者は「本の一部」を読んでいたの意味．）などの差が，この種の異なりであると説明されている．

 ◇ 「アスペクト」に似た概念に「動作態様」Aktionsart がある．Aspekt は話者の視点を説明するものであるが，「動作態様」は一つの語の意味を説明するものである　→ Aktionsart　動作態様

 ◇ 完了 Perfekt はドイツ語においては時称の一つであるが，ここには「完了」というアスペクトが現れていると考えることができる．

1.1.4. 文法事項解説

Assimilation 同化
　たとえば mhd. の zimber は nhd. Zimmer となっているが，ここでは b 音が先行する m 音と同一音になっている(完全同化)．ウムラウトの現象は起原的には後続の i 音への不完全同化現象である．ahd. gasti の a が後続音 i の影響で，(完全に i ではなく)e に変化している．Zimmer の場合のような先行音への同化を順行的 progressiv な同化，ウムラウトの場合のような後続音への同化を逆行的 regressiv な同化と呼ぶ．→ Dissimilation 異化

asyndetisch 連結されていない，接続詞を用いていない
　たとえば次の例のように，連結の接続詞なしで二つの文が結ばれている場合をいう：Die Sommerwochen vergingen schnell und leicht, das Semester war schon im Ausklingen. (H. Hesse) 夏の幾週かが早くも軽やかに過ぎた，学期はもう終わろうとしていた．→ syndetisch

Attribut 付加語
　名詞を修飾する形容詞，副詞，2 格の名詞など：*eine schöne* Blume, *der* Mann *da, das* Buch *des Lehrers*. 通常，文肢（→ Satzglied）には数えない．

Aufforderungssatz 要求文
　Befehlssatz 命令文と Wunschsatz 願望文を指す．またこの二つ以外にも様々な表現形式（→ 1.2.22.2.）がある．

Auslassungszeichen 省略記号　→ Apostroph

Auslaut 語末音
　ドイツ語においては語末の b,d,g,s は無声音になる．　→ Anlaut, Inlaut

Ausrufesatz 感嘆文　→ 1.2.33. 文の種類

Ausrufungssatz＝Ausrufesatz

Aussagesatz 叙述文，平叙文　→ 1.2.33. 文の種類

Aussageweise＝Modus　→ 1.1.3.4. 法 Modus

Äußerung 発話，発語
　人がものを言うこと，あるいは，その言ったものいい．発話は一つの語 Wort からなることもあるが，一つの文 Satz であることもあり，また二つ以上の文で成り立っていることもある．

Aussprache 発音　→ 1.2.1. 音声・音素と表記

Bedeutung 意味
　言語形式の内容を指す．英語では meaning，フランス語では sens という．

しかしドイツ語には Bedeutung の他に Sinn という語もある．この Sinn と区別して，Bedeutung を「意義」，Sinn を「意味」と訳し分けることがある．Hermann Paul は語の意味 Wortbedeutung に慣用的意味 usuelle Bedeutung と臨時的意味 okkasionelle Bedeutung を区別したが，前者は Bedeutung に，後者は Sinn に当たるといってよい．また前者はラングとしての意味，後者はパロルとしての意味だといってもよい．

Bedingungssatz＝Konditionalsatz → 1.2.33. 文の種類

Befehlssatz 命令文 → 1.2.33. 文の種類

Bestimmungswort 規定語

　複合語の中で基礎語 Grundwort を説明する部分．Handschuh における Hand の部分．Schuh が基礎語．

Betonung＝Akzent

Beugung＝Flexion

Bezugswort 先行詞，先行語

　関係代名詞の先行詞，同格語の関係語，zu 不定詞や daß に導かれる副文を前もって受ける es などをいう．

Binde-s＝Fugen-s

Brechung 母音混和（音の折れ）

　母音交替や変母音とは別にゲルマン共通基語の時代に生じたとされる e → i, o → u の変化を背景にして，同一動詞の変化形や同原の語の間に e と i が，あるいは o と u が混じって現れることを指す．例 ich nehme : du nimmst；Erde : irden; für (＜furi) : vor

casus obliquus＝obliquer Kasus

Dativ 与格，3格．Wemfall ともいう．（→ freier Dativ）

deiktisch 直示的 → 1.1.2.3. 代名詞 Pronomen

Deixis 直示，場面内指示，指呼

　発話の場面の中にあるものを直接に指し示すことをいう．人称・場所・時間のダイクシスが区別される．ich, du, er などの人称代名詞；hier, dort, da などの副詞，dieser, jener などの指示代名詞；jetzt, damals などの副詞がその言語的表現形式である．手で指し示すことも Deixis に含める．→ 1.1.2.3.

Deklination 曲用

　屈折 Flexion の一つで，名詞，代名詞，形容詞の変化．性・数・格に応じ

1.1.4. 文法事項解説

て変化する．Sah ein Knab' ein Röslein stehn. における ein Knab' は男性・単数・1格，ein Röslein は中性・単数・4格の形を示している．→ Flexion

deminutiv＝**diminutiv**

Demonstrativpronomen 指示代名詞 → 1.1.2.3. 代名詞 Pronomen

Derivation 派生＝Ableitung

Diminutiv 縮小形

たとえば Haus に対する Häuschen や Buch に対する Büchlein など．この例に見るように -chen や -lein，また南部の方言に見られる Kindl における -l が縮小形をつくる接尾辞である．

diminutiv 縮小的

「縮小形に関する」という意味の他，Aktionsart の説明に用いられることがある．→ Aktionsart

Diphthong 二重母音（いわゆる複母音）

ドイツ語には [aɪ]，[aʊ]，[ɔʏ] の三つがある．ai, ei, au, eu, äu の文字で表記される．→ Monophthong

Dissimilation 異化

一語の中の同一ないし類似の音のうちの一つが他の音に変わること．たとえばドイツ語の Kartoffel の語は，イタリア語の tartufolo に由来するが，このイタリア語の語形の中の二つの t 音のうちの一つである語頭の t 音が k 音に変わっている．→ Assimilation

distinktiv 示差的，弁別的

意味を区別する働きをいう．たとえば音素 /b/ がもつ「有声」という特徴は /p/ がもつ「無声」と対立して意味を区別するのに役立つ．こうして backen「パンを焼く」と packen「包装する」が区別される．この区別する役割をはたしている特徴を弁別的特徴 distinktives Merkmal という．

Doppeldeutigkeit 二義性

一つの語が二つ以上の意味を持つこと．→ Mehrdeutigkeit

Doppellaut＝**Diphthong**

Druckakzent 強さアクセント → Akzent

Dual 双数，両数 → 1.1.3.2. 数 Numerus

durativ 継続的な，持続的な → Aktionsart

effektiv 効果的 → Aktionsart

egressiv 終出的 → Aktionsart
Eigenname＝Nomen proprium 固有名詞 → 1.1.2.2. 名詞 Substantiv
Eigenschaftswort＝Adjektiv
eingliedriger Satz 一項文
　主語と述語の二項からなる文に対して，そうでない Feuer! 火事だ！　のような一項からなる構造の文をいう．ドイツ語では文は原則的に主語＋述語の構造でなければならず，日本語での「雨だ」という一項文に対して，ドイツ語では es regnet のように，指示力のない es を立ててすら二項文にしなければならない．ドイツ語における Feuer! などの一項文は省略の結果として説明される．Einwortsatz ともいう．→ Ellipse
Einschaltung 挿入語句
Einwortsatz＝eingliedriger Satz
Elision 音の脱落 → Aphärese, Apokope, Synkope
Ellipse 省略 → 1.2.37. 省略
Endung 語尾
　屈折 Flexion に際して付加される屈折語尾 Flexionsendung を指す．Fräulein における -lein や Lehrerin における -in などが，俗に縮小語尾，女性形をつくる語尾などと呼ばれることがあるが，これらは厳密には接尾辞 Suffix と呼ぶべきである．
Entlehnung 借入，借入語
　外国語の要素（音・語・意味など）が採り入れられる過程，あるいは採り入れられた結果の形をいう．→ Lehnwort
Entscheidungsfrage 決定疑問
　ja, nein, doch によって答えることの出来る疑問．疑問詞を用いた補足疑問に対しての名称．→ 1.2.33.1. 内容からみた文の種類
Epenthese 語中音添加
　一語の途中に音が加わること．例えば今日の eigentlich の語形は mhd. eigenlich の途中に t 音が加わって生じたものである．→ Synkope 語中音消失，Apokope 語末音脱落
Epithese 語末音添加
　語末に音が加わること．例えば Mond や jemand における語末の d 音は後に加えられた音である．

1.1.4. 文法事項解説

Erbwort 本来語，在来語

　外来語 Fremdwort や借入語 Lehnwort に対しての名称．本来からその言語に固有であった単語．ドイツ語においてはインド・ヨーロッパ祖語あるいはゲルマン祖語から受け継がれた語，たとえば Vater, Mutter など．

　インド・ヨーロッパ祖語に由来するとされる語に次のようなものがある：

　　der, dich, du, er, ich, mich, sie, uns, wer, wir などの代名詞

　　eins, zehn, hundert, viel などの数詞

　　Ahorn, Birke, Buche, Eibe, Eiche, Erle, Esche, Espe, Fichte, Linde などの樹木名

　　Ähre, Stroh, Korn, Roggen, Hafer, Flachs, Acker, Samen, säen, Pflug, pflügen, Furche, bauen, Wagen, Rad, Achse, Deichsel, Joch, mahlen, schroten など農耕生活を暗示している語

　　Biber, Elch, Fuchs, Hase, Hirsch, Otter, Wolf, Ziege, Bock, Hund, Kuh, Ochse, Schaf, Schwein, Aar, Ente, Gans, Häher, Hahn, Huhn, Kranich, Rabe, Star などの獣や鳥の名

　ゲルマン祖語に由来するとされる語

　　Nord, Ost, Süd, West の方位

　　Mast, Kiel, Sturm, Ebbe, Steuer などの航海用語

　　Rind, Kalb, Roß, Lamm, Bär, Wisent, Aal, Storch などの動物名

　　Ding, Volk, König, Adel, Sache, Dieb, Sühne, schwören などの社会生活に関する語

　　Krieg, Friede, Schwert, Schild, Helm, Bogen など戦に関する語

Ergänzung 補足語

　動詞が単独では述語を形成しえないとき，それを補う名詞・代名詞・空間や時などをあらわす句などを指す．目的語 Objekt は補足語の一つである．結合価 Valenz の考えによると主語 Subjekt も補足語の一つと考えられる．Duden の文法では主語以下，11種の補足語を設定している．→ Satzbauplan

Ergänzungsfrage 補足疑問文

　wer, wo, was, wann, warum, wie などの疑問詞を用いた疑問文．Ja, Nein などで答えられる Entscheidungsfrage 決定疑問文に対する．

Explosiv 破裂音，閉鎖音 → 1.2.1.3. 子音

Faktitiv＝Kausativ 作為相 → Aktionsart

faktitiv 作為〈相〉の，原因となる → Aktionsart
fakultativ 任意的
　義務的 obligatorisch ではないことをいう．依存関係文法の→ Angabe 添加語は任意的なものである．→ obligatorisch
Femininum 女性 → 1.1.3.6. 性 Genus
Finalsatz 目的文
　「……するために」という目的を表す文．接続詞 damit などで導かれる．
finite Verbform 動詞定形・定動詞形
　動詞が活用した形．不定形に対していう．→ 1.1.2.1. 動詞 Verb
Finitverb 定動詞
　活用をした動詞．→ 1.1.2.1. 動詞 Verb
flektierende Sprache 屈折語 → Sprachtyp 言語の類型
Flexion 屈折
　語が文法的な役割に従って行う形態上の変化を屈折と呼ぶ．動詞の屈折を活用 Konjugation と呼び，名詞・代名詞・形容詞などの名詞的品詞の屈折を曲用 Deklination と呼ぶ．ドイツ語では，活用は人称・数・時称・法・態によって，曲用は性・数・格によって規定される．
Formwort 形式語 → Inhaltswort
Fragesatz 疑問文 → 1.2.33. 文の種類
freier Dativ 自由な3格
　述語の動詞や形容詞あるいは前置詞などの格支配によらずに，文中に現れる3格を「自由な3格」という．主として「人」を表す語の3格が用いられ，何らかの意味で「その人のために」を表す．次のような場合がある．
　　所有の3格 possessiver Dativ：
　　　Ich klopfe *ihm* auf die Schulter.　私は**彼の**肩を叩く．
　　利害の3格　Dativ des Interesses, Dativus commodi/incommodi：
　　　Öffnen Sie *mir* die Tür!　ドアを**私のために**開けて下さい．
　　　Das Kind zerbrach *den Eltern* die Vase.　子どもは**両親の大切にして**いた花瓶を割った．
　　判断者の3格 Dativ des Maßstabs：
　　　Das ist *mir* ein Rätsel.　それは**私には**謎だ．
　　関係の3格 Dativ der Beziehung

1.1.4. 文法事項解説

Es war einmal ein kleines Mädchen. *Dem* waren Vater und Mutter gestorben. 昔，(あるところに)一人の女の子がいました．その子の父と母は亡くなっていました．

関心の3格 ethischer Dativ：

Falle *mir* nicht! 落ちないでくれよ！

Fremdwort 外来語

外来の語であって，本来語 (→ Erbwort) や借入語 (→ Lehnwort) から区別される．元の言語の性質を残しているので，発音や語形変化の形式などで本来語や借入語の場合とは異なるところが多い．

Frikativ 摩擦音 → 1.2.1.3. 子音

Fugen-s 接合の s

複合名詞形成の際に Lebenslauf 履歴〈書〉の場合のように Leben＋Lauf の形式の中に -s- が挿入されることがある．この -s- は歴史的には男性や中性の単数2格の語尾に起因するが，Liebesbrief 恋文におけるように女性名詞にも付加する場合がある．

Funktionsverb 機能動詞

意味の大部分を名詞にゆだねて，みずからはもっぱら文を作る際の述語動詞となる機能をはたす動詞．

1) Rotkäppchen bringt der Großmutter Kuchen und Wein.
2) Er bringt die Kreide zur Tafel.
3) Man *bringt* das Wasser *zum Kochen*.
4) Er *bringt* das Stück *zur Aufführung*.

上の文例1)，2)の動詞 bringen は具体的にあるものをあるところに運ぶことを意味する．しかし，3)，4)では，具体的に「運ぶ」という動きはない．ここでの意味は「沸かす」「上演する」などである．これらの動詞の意味の表現は zum Kochen や zur Aufführung という前置詞句の中の名詞に方に委ねられていて，bringen は具体的な意味を失い，ただ動詞としての機能を果しているだけだ，といえる．このような場合の bringen を機能動詞と呼び，その機能動詞を含む zum Kochen bringen や zur Aufführung bringen などの句全体を機能動詞構造 Funktionsverbgefüge と呼ぶ．

以下，5)～12)に同じ動詞が普通の動詞として用いられている場合と機能動詞として用いられている場合の例を対にして挙げるが，いずれも，イタリッ

— 45 —

クの部分が機能動詞構造である．
   5) Die Mutter setzt das Kind auf ihren Schoß.
   6) Der Zug *setzte* sich *in Bewegung*.
   7) Ich stelle einen Teller mit Obst auf den Tisch.
   8) Ich *stelle* Ihnen gern meinen Wagen *zur Verfügung*.
   9) Das Kind kommt zum Essen.
   10) Das Wasser *kommt zum Kochen*.
   11) Da steht ein Lindenbaum.
   12) Das Zimmer *steht* dir *zur Verfügung*.
この他にも次のような機能動詞構造がある．

Beobachtung anstellen	＝beobachten
(auf jn./et.) (einen) Einfluß ausüben	＝beeinflussen
sich im Bau finden	＝gebaut werden
den/einen Auftrag bekommen	＝beauftragt werden
die Frechheit besitzen	＝frech sein
in Betrieb bleiben	＝betrieben werden
eine Verbesserung erfahren	＝verbessert werden
(die/eine) Antwort erhalten	＝geantwortet werden
zu Ende führen	＝beenden
zur Aufführung gelangen	＝aufgeführt werden
Respekt genießen	＝respektiert werden
Kenntnis haben	＝kennen
Hilfe leisten	＝helfen
Eindruck machen	＝beeindrucken
Abschied nehmen	＝sich verabschieden
in Gang sein	＝gehen
die/eine Wahl treffen	＝wählen
Verrat üben	＝verraten
in Zweifel ziehen	＝bezweifeln

→ 1.1.2.1. 動詞 Verb

Futur 未来

通常，未来が Futur I (eins) と，未来完了が Futur II (zwei) と呼ばれる．

1.1.4. 文法事項解説

→1.2.18.3.
Gattungsbezeichnung＝Appellativum 普通名詞
Genitiv 属格，2格
　Wesfall ともいう．→1.1.3.8. 格 Kasus
Genus 性 →1.1.3.6. 性 Genus
Genus des Verbs 態 →1.1.3.5. 態 Genera verbi
Grammatik 文法→1.1.1. ドイツ文法の基礎的概念
grammatischer Wechsel 文法的交替
　同一変化系列中の f：b（例 dürfen：darben），h：g（例 ziehen：gezogen），d：t（例 schneiden：schnitt），s：r（例 meist：mehr）などの交替をいう．
Grundform 原形
　動詞の不定詞 Infinitiv, 名詞の主格 Nominativ, 形容詞の原級 Positiv など変化形のもとになると考えられる形．
Grundwort 基礎語
　複合語のうち規定語によって説明を受ける部分．Handschuh における Schuh．→ Bestimmungswort
Handlungsverb 行為動詞＝Tätigkeitsverb →1.1.2.1. 動詞 Verb
Hauptsatz 主文
　複合文において，副文(→ Nebensatz)の上位に立ち，それを従えている文．
Hilfsverb 助動詞
　動詞の中でも，本動詞 Vollverb のように，単独では述語 Prädikat を形成することができず，本動詞と組み合わせて用いられる動詞．時称の助動詞 haben, sein, werden, 受動の助動詞 werden, 使役の助動詞 lassen, 話法の助動詞 müssen, können, dürfen, mögen, wollen, sollen などがある．→1.1.2.1. 動詞 Verb
Hilfszeitwort＝**Hilfsverb**
Homograph 同形異義語
　綴り字が同じで意味の異なる別語を指す．Homonym と一致することもあるが，狭義では，綴り字は同じであるが，発音の異なるものを指す．der Tenor「テノール」：der Tenor「主旨」，Band「リボン」：Band「楽団」→ Homonym, Homophon

第Ⅰ部　理論編

Homonym 同音同形異義語

　たとえば名詞 Strauß[1]「花などの束」，Strauß[2]「激戦」，Strauß[3]「駝鳥」の三つは同じ形を示しているが，これらの三つの意味のあいだには何らの連がりも認められず，これらは三つの別語である．このような関係を Homonym という．厳密にいえば，Strauß[3] は複数形のつくり方において他の二つとは異なるのでまったくの同形ではないが，普通そこまでは問題にしない．従って，中性名詞の Steuer「舵」（複数も Steuer）と女性名詞の Steuer「税金」（複数は Steuern）も Homonym とされる．→ Homograph, Homophon → 1.2.4.3. 文法上の性の変動・不確定

Homonymie 同音異義

Homophon 同音異義語

　同音であるが意味を異にする語をいう．普通 Homonym と区別して，綴り字を異にするものを指す．例 Seite「側」：Saite「弦」，malen「描く」：mahlen「粉をひく」 → Homonym, Homograph

Hypotaxe 従属関係　→ Parataxe

Ich-Laut ich の音

　[ç] の音（硬口蓋無声摩擦音）．Ach-Laut に対する．これらの音の現れ方については→1.2.1.6. 綴字と発音

Imperativ 命令法　→ 1.1.3.4. 法 Modus/1.2.22.1. 命令法

Imperfekt 未完了過去

　ドイツ語においては Präteritum 過去と同じ．

imperfektiv 未完了的　→ perfektiv → Aktionsart

Impersonale 非人称動詞　→ 1.1.2.1. 動詞 Verb

inchoativ 起動的な　→ Aktionsart

Indefinitpronomen 不定代名詞　→ 1.1.2.3. 代名詞 Pronomen

Indikativ 直説法　→ 1.1.3.4. 法 Modus

infinite Form 不定形　→ 1.1.2.1. 動詞 Verb

Infinitiv 不定詞　→ 1.1.2.1. 動詞 Verb

Infix 接中辞　→ 1.2.2.2.　造語法

ingressiv 起動的・入始的　→ Aktionsart

Inhaltswort 内容語

　品詞のうちで，名詞，形容詞（数詞），副詞，動詞など，現実界に存在する

1.1.4. 文法事項解説

もの，あるいはその存在のあり方を指し示す語をいう．代名詞，冠詞，前置詞，接続詞などの形式語Formwortと区別される．→1.1.1.3. 品詞Wortart

inkorponierende Sprachen 包合語 → Sprachtyp 言語の類型

Inlaut 語中音 → Anlaut, Auslaut

Instrumentalis 具格 → 1.1.3.8. 格 Kasus

intensiv 強調的 → Aktionsart

Interferenz 干渉

たとえばドイツ語の4格はおおむね日本語の格助詞ヲの意味に相当する．そこで「私は彼女を愛する」をドイツ語で表現するとき，日本語の知識を頼りにして，4格を用いて Ich liebe sie. という文を作る．これは幸いに正しい文である．一方「私は彼を助ける」を，やはり日本語では格助詞ヲを使うからと考えて，4格を用いて，Ich helfe ihn. としたとする．しかし，この文は正しくない．この例のように，一見，有効でありそうな知識が，役に立たず，妨げとして働くとき，その作用を「干渉」と呼ぶ．

Interjektion 間投詞 → 1.1.2.10. 間投詞 Interjektion

Interpunktion 句読法

Interpunktionszeichen 句読点

点 Punkt(.), コンマ Komma(,), コロン Doppelpunkt, Kolon(:), セミコロン Semikolon(;), 感嘆符 Ausrufezeichen(!), 疑問符 Fragezeichen(?), 引用符 Anführungszeichen, Gänsefüßchen („ "), ダッシュ Gedankenstrich(―)など．その他に，さまざまな括弧 Klammer(〈 〉, ( )など)や省略記号 Auslassungspunkt(sah es>sah's における '), ハイフン Bindestrich(-)もある．

Interrogativpronomen 疑問代名詞 → 1.1.2.3. 代名詞 Pronomen

Intonation イントネーション・音調

談話の流れの中で音の高さがさまざまに変わること．ドイツ語においても平叙文では文末が下がり，疑問文においては文末が上昇する．wer, wasなどの疑問詞ではじまる文は，文末が下降するのが標準的であるが，この場合にも南ドイツでは上昇のアクセントを用いることがある．

Intransitiv 自動詞 → 1.1.2.1. 動詞 Verb

Inversion 倒置，定動詞倒置

動詞が主語の前に置かれ，「述語＋主語」の順になること．疑問文をつくる

語順であり，また平叙文でも主語以外のものが文頭に位置するとこの語順になる．→ 1.2.30.3. 配語法
Irrealis 非現実話法 → 1.2.20.5. 接続法の用法の概略
isolierende Sprache 孤立語 → **Sprachtyp** 言語の類型
iterativ 反復相の → Aktionsart
Kardinalzahl 基数 → Ordinalzahl 序数
Kasus 格 → 1.1.3.8. 格 Kasus
kataphorisch 後方照応的（→ anaphorisch）→ 1.1.2.3. ◇代名詞の指示の仕方
kausal 因由的な
Kehlkopfverschlußlaut 声門閉鎖音
　語頭の母音の前に，この音のあることがドイツ語の特徴の一つである．国際音声字母 IPA では [?] で表記される．しかし，この音は通常の音声表記では省略される．→ 1.2.1.3. 子音
Klammer 括弧 → Rahmenbau
Kollektivum 集合名詞 → 1.1.2.2. 名詞 Substantiv
Komparation 比較変化 → 1.1.2.4. 形容詞 Adjektiv
Komparativ 比較級 → 1.1.2.4. 形容詞 Adjektiv
Komposition 合成 → 1.2.2.2. 造語法
Konditionalsatz 条件文 → 1.2.33. 文の種類
　接続詞 wenn や falls などによって導かれる．主語と述語動詞の倒置で始まる見かけの主文であることもある．→ verkappter Nebensatz
Kongruenz 一致
　一つの文の中で，主語と述語，修飾語と被修飾語の間など，関係しあう語の間で，人称，数，性，格などの点で互いに相呼応する現象をいう：
主語と述語の間で，人称と数において一致する：
　　Ich hole das Buch.　私は本を取って来る．（1人称単数という点で一致）
　　Er holt das Buch.　彼は本を取って来る．（3人称単数という点で一致）
　　Die Studenten holen das Buch.　学生たちは本を取って来る．
　　　　　　　　　　　　　　　　　（3人称複数という点で一致）
主語と述語内容詞の間で，数と格において一致する：
　　Ich bin *Student./ Wir* sind *Studenten.*

1.1.4. 文法事項解説

（主語の数と格が述語内容詞の数と格を決めている．）
修飾語と被修飾語の間で（性，数，格において）
ein großer Hund / eine große Katze / ein großes Pferd
große Hunde / große Katzen / große Pferde
（名詞の性・数に応じて不定冠詞や形容詞の形が決められる．）

◇ 一致が破れると非文，すなわち文法的に正しくない文となる．
ただし，意味が尊重されて，形式上の一致がなくても非文とはされない場合がある．これを「意味構文」Synesis と呼ぶ．例えば Regen und Wind trieben die Leute nach Hause.（雨と風が人々を家に追いやった→雨と風のために人々は家に帰った）に於いて主語 Regen und Wind は複数だから，動詞は trieben（複数）になっているが，Regen und Wind を意味の上で一つのまとまりととらえて，すなわち意味の上の単数として，動詞を trieb とすることも行われる．

◇ 語形の上での一致のみならず，Der Bach fließt. におけるように主語が液体「水の流れである川」であり，動詞「流れる」も主語が液体であることを前提としているというような関係を E. Leisi は意味論的一致 semantische Kongruenz と呼んでいる．

　日本語での「ヒトガイル・ホンガアル」などにおける「イル・アル」の使い分けの原則も，「生物」が主語の場合には生物を主語とする動詞「イル」が，「無生物」が主語の場合には無生物を主語とする「アル」が用いられる．この使い分けも一致と考えることができる．

→ 1.2.40. 文法上の一致

Konjugation 活用
　動詞の屈折を活用と呼ぶ．動詞は法・人称・数・時称・態（相）に従って活用する．たとえば ich liebe における liebe の形は動詞 lieben の直説法・1人称・単数・現在・能動の活用形である．　→ Flexion

Konjunktion 接続詞
　接続詞の中でも，とくに並列接続詞を指す場合がある．その場合には従属接続詞は Subjunktion と呼ばれる．→ 1.1.2.9. 接続詞 Konjunktion

Konjunktiv 接続法　→ 1.1.3.4. 法 Modus
Konkretum 具体名詞　→ 1.1.2.2. 名詞 Substantiv
Konsonant 子音　→ 1.2.1.1. 音声・調音器官

Kontamination 混成

　二つの語句や構文が部分的に混じり合ったもの．英語には smoke と fog との混成で smog が出来た例がある．ドイツ語では zumindest と mindestens とから zumindestens が出来ている．

Kontext 文脈，脈絡，コンテクスト

kontinuativ 持続的 → Aktionsart

Kontinuativum 物質名詞 → 1.1.2.2. 名詞 Substantiv

Konversion 品詞の転換 → Wortartwechsel

Konzessivsatz 認容文

　「……にもかかわらず」というように，あることが十分な理由にならないことを言い表す文．obgleich, obwohl などの接続詞で導かれる．

Koordination 並列 ＝Parataxe

　語や文などが対等の関係で並べられること．→ Subordination/→ 1.2.30.1. 並列接続詞/1.2.32.1. 文の接合

Kopula コプラ，繋辞，繋(合)詞＝kopulatives Verb

kopulatives Verb コプラ動詞，連結動詞，繋合動詞

　sein, bleiben, werden などのように主語と述語内容詞とを連結する動詞．他に sich dünken, heißen, scheinen などがある．これらは Duden の基本文型（→ Satzbauplan）における 6. および 9. の文を作る．

Korrelat 相関詞，相関語

　後に続く daß に導かれる副文を前もって指し示している es.

　また，entweder ... oder .../sowohl ... als auch におけるように互いに関連しあっている語を指す．

　Tag と Nacht や Mann と Frau のように意味的に対をなす語を指すこともある．→ Antonym 反意語，対義語

kursiv＝durativ → Aktionsart

　この語には，また，「イタリック体の」という意味もある．

Kurzwort 短縮語・省略語

　Automobil が短縮されて出来た Auto のような語．他に Universität＞Uni, Fotografie＞Foto, Omnibus＞Bus などの例がある．

Lateral 側面音 → 1.2.1.3. 子音

Laut 音・音声

1.1.4. 文法事項解説

言語活動に用いられる音をいう．音声を作る器官を調音器官 Artikulationsorgane という．→1.2.1. 音声・音素と表記
Lautlehre 音論
　広義では，音声学 Phonetik と音韻論 Phonologie の両方を含む．しかし，通常は音声学の方を指す．
Lautmalerei 擬声擬態・擬声擬態語・オノマトペ →1.1.2.10. 間投詞
Lautsymbolik 音象徴
　語には意味があるが，語を構成する音声自体には，本来，意味はない．しかし，それでも，ある音がある意味を表すのにふさわしいと感じられるような場合がある．そのような現象を音象徴と呼ぶ．たとえば Goethe の Erlkönig「魔王」の詩の中の In dürren Blättern *säuselt* der Wind.（乾いた木の葉に風がざわめいている）における säuselt の音には，そのような現象が感じられるという．
　もっとも，säuseln には猫や牛の鳴き声を表す miauen や muhen などの場合と同様な擬音的性格を認めるべきかも知れない．しかし，擬音語ではない spitz「尖った」，klar「澄んだ」，Schreck「驚き」，weich「柔らかな」などにおいても音形式とその意味との間に「結びつきがふさわしい」と指摘されることがある．
　また，音には「大小」（o の方が i よりも大）や「明暗」（k の方が r よりも明るい）などの印象的な性格が感じられることもある．
Lehnwort 借入語・借用語
　外来の語であるが，外来語 Fremdwort がもとの外国語の性格を残しているのに対して，発音や文法の上で在来語 Erbwort に等しいと感じられる語．例えば Wein, Bier, Fenster, kaufen などはラテン語起原の借入語である．この他にもラテン起原のものに Straße, Kammer, Mauer, Kalk, Ziegel, Pfeiler, Keller, Tisch, Kirsche, Käse, Pflanze, Pfund, Mühle, Kiste, Zoll, Korb, Münze, Kupfer, Kampf, Pfeil などの借入語がある．
Lokalangabe 場所の添加語
　たとえば Ich mache in der Stadt Einkäufe. における in der Stadt のように場所を示す添加語をさす．これは必須の文成分ではない．必須の文成分である Lokalergänzung 場所の補足語に対していう．→ Angabe
Lokalergänzung 場所の補足語

たとえば Ich wohne in der Stadt. における in der Stadt のように必須な成分である場所の規定詞をいう。Raumergänzung ともいう。→ Ergänzung

Lokativ 位格 → 1.1.3.8. 格

Maskulinum 男性 → 1.1.3.6. 性

Medium 中間態・中動態 → 1.1.3.5. 態

Mehrdeutigkeit 多義〈性〉
　一つの形式が二つ以上の意味をもつこと。→ Doppeldeutigkeit

Metathese 音位転換
　日本語のサンザカ（山茶花）の音の位置が入れ代わってサザンカが出来たような現象。英語の third は 16 世紀までは thrid の方が普通であった。ドイツ語における山の名 Vogesen（ラテン名 Vosegus）にもこの転換が見られる。

Mitspieler 共演成分＝Aktant, Ergänzung
　依存関係文法で述語の核になる動詞とともに現れる成分。動詞が主役で、それとともに現れる共演者という意味でつけられた名。→ Satzbauplan

Mittelfeld 中域
　枠構造の中で枠部分に挟まれた領域→ Stellungsfeld

modal 話法の，様態の

Modaladverb 状況・様態の副詞 → 1.1.2.7. 副詞 Adverb

Modalangabe 様態の添加語 → Satzbauplan

Modalität 様相・様態
　話者が自分の発話内容に対して示す心的態度。それを表現する手段に Modus, Modalverb, Modalwort などさまざまなものがある。

Modalverb 話法の助動詞 → 1.2.21. 話法の助動詞及びそれと類似の動詞

Modalwort 話法詞
　hoffentlich や vermutlich など，陳述内容に対する話者の主観的態度を表す副詞。つぎの二種類の区別をすることができる：
　1) 付加的に用いることが出来ず，比較変化もないもの：allerdings, freilich, hoffentlich, leider, sicherlich, vielleicht, wahrlich, wohl, zweifellos など
　2) 付加的に用いることが出来，従って形容詞にもなりうるもの：angeblich, bestimmt, gewiß, natürlich, scheinbar, sicher, vermutlich, wahrscheinlich, wirklich など。

1.1.4. 文法事項解説

Modus 法 → 1.1.3.4. 法 Modus
Monophthong 単母音 → Diphthong
Morphem 形態素
　意味を担う最小の言語単位．Rose のように語 Wort と一致することもあるが，verkaufen の場合のように一つの語が ver-（前綴り），kauf（語幹），-en（語尾）の三つの形態素に分けることの出来る場合もある．
Morphologie 形態論
　伝統文法では Formenlehre ともいわれる．
Nachfeld 後域
　枠構造で右端を形成する枠部分よりも後に残された領域．たとえば Hast du gewußt von diesen holländischen Instrumenten?「君はそのオランダの道具について知っていたか？」(Brecht) という文においては hast と gewußt で枠が構成されているが，その gewußt よりも後の領域が後域である．→ Stellungsfeld
Nasallaut 鼻音 → 1.2.1.3. 子音
Nebensatz 副文 → Hauptsatz 主文に対していう． → 1.2.32. 複合文
Negation 否定 → 1.2.39. 否定
Neutrum 中性 → 1.1.3.6. 性
Nomen 名詞類
　名詞だけでなく，曲用を行う名詞的品詞すべて（代名詞・形容詞・数詞・冠詞）を指す．
Nomen actionis 動作名詞 → 1.1.2.2. 名詞 Substantiv
Nomen proprium 固有名詞 → 1.1.2.2. 名詞 Substantiv/1.2.5.10. 固有名詞
Nominativ 主格，1 格
　Werfall ともいう．→ 1.1.3.8. 格
Numerus 数 → 1.1.3.2. 数/1.1.3.7. 数
Objekt 目的語
　補足語の一種である．4 格目的語，3 格目的語，2 格目的語，前置詞格目的語（あるいは前置詞つき目的語ともいう）などがある．→ Ergänzung 補足語
obligatorisch 義務的

第Ⅰ部　理論編

　Ich wohne seit drei Jahren in dieser Stadt. の文における前置詞句 in dieser Stadt は，それがないと，動詞 wohnen を述語とするこの文が文法的に成立しない．このように，文を文法的に成立させるのに必須であることを義務的という．一方 seit drei Jahren の方は，同じ前置詞句ではあるが，それがなくても，この文は文法的に成立するので義務的ではなく，任意的 fakultativ と呼ばれる．→ fakultativ 任意的，Satzbauplan 基本文型

obliquer Kasus 斜格
　主格以外の格をいう（ラテン語では casus obliquus. 主格のことを casus rectus 直格という）．

Ordinalzahl 序数　→ Kardinalzahl 基数
Orthographie 正書法　→ 1.2.1.7. 正書法について
Paradigma 連合関係，語形変化表，範例
　この語は，本来は，本書の第Ⅲ部に揚げたような，名詞や動詞の「語形変化表」を意味する．「範例」という意味もそこに由来する．しかし「連合関係」という意味は Syntagma「統合関係」の対であって，一つの実現している形式と潜在的に対立しているすべての形式との間の関係を意味する．例えば Ich trinke Bier. という文においては，ich という主語は，そこに実現していない du, er, sie, es, ... 等と，また trinke という変化形は，そこに実現していない他の人称変化形と，また Bier は他の飲み物である Wein や Whisky や Milch や Saft や Wasser などと対立している．このような，実現していない形式との対立関係を Paradigma は意味する．時間の流れの線の上に並んだ Ich, trinke, Bier の間にある関係が「統合関係」であるが，この関係を「横の関係」と呼ぶならば，Paradigma は「縦の関係」といってもよい．

　　　ich　——　trinke　——　Bier
　　　(du)　　　(trinkst)　　(Wein)
　　　(er)　　　(trinkt)　　 (Whisky)
　　　(wir)　　 (trinken)　　(Milch)
　　　(ihr)　　 (trinkt)　　 (Saft)
　　　(sie)　　 (trinken)　　(Wasser)

　→ Syntagma 統合関係

paradigmatisch 連合的，範例的　→ syntagmatisch 統合的
Parataxe 並列＝Koordination

1.1.4. 文法事項解説

たとえば Karl geht in die Schule, und Hans bleibt zu Hause. におけるように，二つの文の関係が対等であることをいう．ところが，この und を während に換えると並列の関係はなくなり，後の文が前の文に従属することになる．この場合の関係を従属関係→ Hypotaxe, Subordination と呼ぶ．

Partikel 不変化詞

広義では屈折をしないすべての品詞を指すが，普通，間投詞は除かれるので，具体的には副詞・接続詞・前置詞である．狭義では副詞の一部を指すがその内容は文法家によって異なる．Abtönungspartikel/Modalpartikel 心態詞（Das ist *ja* unerhört!「それは前代未聞だよね」における ja や denn, doch, wohl など）；Fokuspartikel 焦点化詞（auch, eben, nur など）；Intensivpartikel 強意詞（sehr, ziemlich, ganz）；Antwortpartikel 応答詞（ja, nein, doch など）という指摘や名称もある．

Partizip 分詞

動詞の不定形 infinite Form (en) の一つ．動詞の語幹（→ Wortstamm）から造られ，形容詞の働きをする語形をいう．その成り立ちから理解出来るように，もとの動詞の示す意味を持っており，動詞的性格と形容詞的性格とを「共有」している．インド・ヨーロッパ語の諸言語に存在する．

ドイツ語においては「現在分詞」Partizip Präsens/Partizip I と「過去分詞」Partizip Perfekt/Partizip II の二種がある．現在分詞は動詞の語幹に -end（動詞によっては -nd）の語尾を付加して造る．過去分詞は，強変化動詞の場合は母音交替（→ Ablaut）の型に従って変化した語幹に前綴 ge- および語尾 -en を付加して，弱変化動詞の場合には語幹に前綴 ge- および語尾 -t（動詞によっては -et → 1.2.16.1.）を付して造る．

現在分詞は現在的・不完了的な意味を持つ．例 lieben「愛する」＞liebend「愛している」．

過去分詞は完了的な意味を持ち，他動詞の場合にはさらに受動的な意味が追加される．例 kommen「来る」＞gekommen「来た」；lieben「愛す」＞geliebt「愛された」．

  ◇ 「分詞」Partizip の名称はラテン語 Participium に由来する．その Participium の語は，ギリシアの文法家 Dionysius Thrax がメトケ Metoche「共有」と名付けた名称のラテン語訳である．

  ◇ zu＋現在分詞の形を「未来受動分詞」と呼ぶことがある：ein leicht *zu*

— 57 —

　　　　　　　　第Ⅰ部　理論編

　　*lesend*es Buch「読むにやさしい本」→ 1.2.23.4.
Partizipialkonstruktion 分詞構文
　→ 1.2.27.3. 不定詞構文と分詞構文
Passiv 受動態
　Leideform ともいう．→ Aktiv → 1.1.3.5.態 Genera verbi /1.2.23. 受動
Patiens 被行為者・被動作主　→ Agens → 1.1.3.5. 態 Genera verbi
Perfekt 完了
　ドイツ語ではとくに現在完了を指す．→ 1.2.18.
perfektiv 完了的　→ Aktionsart
Perfekt Präsens 現在完了 → 1.2.18. 複合時称
Periode 総合文，複雑複合文，双対文
　主文，副文，挿入文などで複雑に構成されている文．
Person 人称　→ 1.1.3.1. 人称 Person
Personale 人称動詞　→ 1.1.2.1. 動詞 Verb
Personalpronomen 人称代名詞　→ 1.1.2.3. 代名詞 Pronomen
Pertinenzdativ 所有の3格　→ freier Dativ 自由な3格
Phonetik 音声学　→ 1.1.1.2. 文法の分野
Phonem 音素
　意味を区分する機能を果たす最小の言語単位．1.1.1.2. 文法の分野/→ 1.2.1.4. ドイツ語の音素
Phonologie 音韻論　→ 1.1.1.2. 文法の分野
Phrase 句
　語が組み合わされて文を構成する単位となったもの．
Phraseologismus 慣用句
Plosiv 破裂音，閉鎖音　→ 1.2.1.3. 子音
Plural 複数
　Mehrzahl ともいう．→ 1.1.3.2. 数 Numerus
Plusquamperfekt 過去完了　→ 1.2.18.2. 過去完了
Polysem 多義語　→ Polysemie
Polysemie 多義性
　一つの語が複数の意味を持っていること．たとえば Zug の語には，「列車，

1.1.4. 文法事項解説

行列，行進，傾向，隙間風，呼吸，（チェスなどの）指し手，筆跡」などの意味がある．このような語を多義語Polysemと呼ぶ．→ Homonymie 同音異義

Positiv 原級 →1.1.2.4. 形容詞 Adjektiv

Possessiv＝**Possessivpronomen**

Possessivpronomen 所有代名詞 →1.1.2.3. 代名詞 Pronomen/1.2.7. 所有代名詞

Postposition 後置詞，後置

　前置詞（→ Präposition）はその名前の通り，名詞の前に置かれるが，中には常に名詞の後に置かれるもの（der Ordnung *halber* 秩序のために）や，置かれることもあるもの（*entgegen* dem Befehl/dem Befehl *entgegen* 命令に逆らって）もある．そのような前置詞，またその位置をいう．

　日本語の助詞なども後置詞と呼ばれることがある．

　名詞を修飾する形容詞が Röslein rot や Hänschen klein のように名詞の後に位置することをもいう．

Poststellung 後置＝Postposition

Prädikat 述語

　主語 Subjekt について述べる文要素を述語と呼ぶ．文は普通，主語と述語から成る．ドイツ語においては動詞が述語の中核を形成する．動詞によっては単独で述語になりうるものもあるが，目的語 Objekt などの補足語 Ergänzung を要求するものもある．動詞が単独では述語になりえない連結動詞 kopulatives Verb（sein, bleiben, werden など）である場合には述語内容詞 Prädikativum が必要とされる．

　このような様々な動詞の多様性に従って，様々な文型が生じる．→ Satzbauplan 基本文型/Valenz ヴァレンツ

Prädikativ＝**Prädikativum**

prädikativ 述語的な

　形容詞の用法で付加語的 attributiv な用法に対していう．

述語的：Die Blume ist *schön*.　付加語的：die *schöne* Blume

Prädikativum 述語内容詞

　連結動詞 kopulatives Verb（sein, bleiben, werden など）が述語となるとき，それを補って主語の内容を言い表す成分．Duden の基本文型における同定1格 Gleichsetzungsnominativ, 様態の補足語 Arterg änzung など．

Präfix 接頭辞，前綴　→ 1.2.2.2. 造語法
Pragmatik 語用論，実用論
　言語の使用者と言語の関係，たとえば，代名詞の使用法や敬語の問題などを取り扱う領域．社会言語学や発話行為理論などと関連がある．
Präposition 前置詞　→ 1.1.2.8. 前置詞 Präposition
Präpositionalphrase 前置詞句
Präsens 現在　→ 1.2.19. 時称形と意味内容
Präsenspartizip 現在分詞　→ Partizip
Präteritum 過去　→ 1.2.17. 直説法過去形/1.2.19. 時称形と意味内容
Präteritopräsens 過去現在動詞
　過去形が，その意味の上から現在形として用いられるようになった動詞．たとえば「知った」という過去の出来事を表す形がその結果として「知っている」という現在の事実を表す形になったものである．
　wissen がその典型であり，現在人称変化が強変化動詞の過去人称変化の語尾と同様の変化をする．wollen 以外の話法の助動詞もこれに含まれる（wollen は来歴が特殊）．
Pronomen 代名詞　→ 1.1.2.3. 代名詞 Pronomen
punktuell 点的な　→ Aktionsart
Rahmenbau 枠構造
　Klammer, Satzklammer ともいう．文を構成する部分のうち，特定の二つが間隔を置いて配置され，他の文要素を「枠」Rahmen でくくってしまうように見えること．ドイツ語構文の特徴であり，次のような場合がある．
　① 　述語動詞において：
　a)　助動詞＋不定詞：Ich *möchte* gern etwas *trinken*.
　b)　助動詞＋過去分詞：Ich *habe* das Buch *gelesen*.
　c)　分離動詞の基礎動詞と前綴：Der Zug *fährt* vom Bahnsteig 3 *ab*.
　d)　機能動詞構造において：Man *bringt* das Stück *zur Aufführung*.
　e)　述語と述語内容詞：Er *wird* nächstes Jahr *Vater*.
　f)　述語と文否定の nicht：Er *besucht* den Lehrer trotz der Einladung *nicht*.
　② 　副文において副文を導くもの（たとえば従属接続詞）と文末の定動詞とで：*Weil* das Wetter schlecht *ist*, bleiben wir lieber zu Hause.

1.1.4. 文法事項解説

③　冠詞＋名詞 *der* ihm vertraute und jederzeit hilfsbereite *Kollege*

Raumergänzung＝Lokalergänzung

Rechtschreibung 正書法＝Orthographie

Rede 話法

　他者の発話を伝達する形式をいう．その発話をそのままに伝達する直接話法 direkte Rede と，（接続法などを用いた）間接話法 indirekte Rede が区別される．そのほかに体験話法 erlebte Rede という文体もある．

　　直接話法：Er dachte:｢Morgen gehe ich ins Theater."
　　　　　　彼は「明日，芝居に行こう」と考えた．
　　間接話法：Er dachte (daran), daß er am anderen Tag ins Theater gehe.
　　　　　　彼は次の日に芝居に行こうと考えた．
　　体験話法：… Morgen ging er ins Theater. …
　　　　　　（過去形の文脈中で「彼」の想念として）明日，芝居に行こう．

Redeteil＝Wortart

reflexiv 再帰的な

reflexives Verb 再帰動詞

　「自分自身」を表す再帰代名詞 sich と緊密に結びついていて一語とみなされる動詞：sich freuen「喜ぶ」，sich erkälten「風邪をひく」など．
「座る」を意味する sich setzen のように普通の他動詞 setzen「座らせる」が再帰代名詞 sich と結びついた用法も，この再帰動詞に準ずるものと考えられる．

Reflexivpronomen 再帰代名詞

　主語と同一のものを表す代名詞．→ 1.2.24.1. 再帰代名詞

Reibelaut 摩擦音　→ 1.2.1.3. 子音

Rektion 格支配

　例えば動詞が目的語をとる場合，lieben（愛する）の目的語は4格でなければならない．一方，helfen（助ける）の目的語は3格でなければならない．このように動詞がその目的語に対して特定の格であることを要求することを，その動詞の格支配と呼ぶ．

　格支配は動詞だけではなく前置詞にも（→ 1.1.2.8. Präposition），形容詞にも認めることができる．

第Ⅰ部　理論編

◇　ドイツ語では4格を支配する動詞のみを他動詞とする．
→ 1.2.38. 格と用法
Relativadverb 関係副詞　→ 1.2.10.3. 関係副詞
Relativpronomen 関係代名詞　→ 1.1.2.3. 代名詞 Pronomen/1.2.10. 関係代名詞・関係副詞
Relativsatz 関係文
　関係代名詞や関係副詞により導かれる副文．→ 1.2.32. 複合文
resultativ 結果的な　→ Aktionsart
Rhema レーマ，解題成分，展述
　言語表現は，あることについて，その内容・様子などを述べるという形式をとる．この「あることについて」の部分をテーマ（→ Thema 主題）と呼び，それについて内容・様子などを述べる部分をレーマと呼ぶ．
　テーマ・レーマの関係は「既知の情報・未知の情報」という関係でとらえることが出来る．
rückbezüglich＝reflexiv
Rückbildung 逆成
　派生（→ Ableitung）の逆の現象．派生では基礎語，たとえば Japan から派生語 Japaner が造られる．これとは逆に本来は派生語ではない Ausländer から Ausland が造られたような現象を指す．
Rückumlaut 逆ウムラウト
　いわゆる混合変化（→ 1.2.15.2.）と呼ばれる動詞の中の brennen, kennen, nennen, rennen, senden, wenden について，かつて主張された誤った見解．たとえば brennen の三基本形は brennen-brannte-gebrannt である．この過去の a は不定詞の幹母音の e が後続の a 音により e→a の変化をしたもの（ahd. 過去形は branta）と，あやまって説明され，それが逆ウムラウトと呼ばれた．真相は不定詞（ゴート語で brannjan）の a が後続の i 音のために e となったものである．（→ Umlaut）
sächsischer Genitiv ザクセン2格
　Schubert の Wiegenlied（子守歌）の中の一節，Leise wiegt dich *deiner Mutter Hand*（＝die Hand deiner Mutter）にも見られるような，名詞の付加語として，被修飾語である名詞の前に置かれる2格は，とくにわが国のドイツ語教育界では，「ザクセン2格」と呼ばれることがある．この名称は英語

1.1.4. 文法事項解説

の領域で，of＋名詞の形による付加語（被修飾語の名詞に後置される）に対して，'s による形（名詞に前置される）を指したものであり，古くは angelsächsischer Genitiv ともいった．このような起原による名称であるから，これを，ザクセン語に限らず古くから見られる前置された付加語を指すのにドイツ語の領域で使用するのは適切だとはいえない．

この前置された2格のあとの被修飾語の名詞には冠詞類はかぶせない．
Sammelname＝Kollektivum
Satz 文
「文」を定義することは困難であるが，「文」は，意味の上で，また音声形式の上で一つのまとまりをもっていて，それを構成要素である文肢（→ Satzglied）に分けることができる．

文は機能の上で，叙述文 Aussagesatz, 疑問文 Fragesatz, 要求文 Aufforderungssatz（さらに，命令文 Befehlssatz と願望文 Wunschsatz に分けられる），感嘆文 Ausrufesatz の4種に分けることができる．

動詞の位置に着目して，定動詞が文頭に位置する前額文 Stirnsatz, 定動詞が二番目に位置する中核文 Kernsatz, そして定動詞が文末に位置する緊張文 Spannsatz の3種に分けることもある．このうち，中核文のとくに主語＋動詞の配置を標準的と考えて，この配置を正置 Grundstellung, 前額文の場合を倒置 Inversion, Gegenstellung, 緊張文の場合を後置 Endstellung と呼ぶことがある．

また文は，その構成上，単一文 Einfacher Satz と複合文 Komplexer Satz/zusammengesetzter Satz に分けられる．複合文はさらに文結合（重文，対結文ともいう）Satzverbindung と（狭義の）複合文（付結文ともいう）Satzgefüge とに分けられる．この狭義の複合文において，主なる文を主文 Hauptsatz, そして，それに従属している文を副文 Nebensatz と呼ぶ．副文は主文の一つの文成分すなわち文肢に相応し，補文 Teilsatz とも呼ばれる．ドイツ語の副文は原則として定動詞が後置され，それを導く従属接続詞とこの後置された定動詞でいわゆる枠を形成する．→ Rahmenbau/ → 1.2.33. 文の種類

Satzadverb 文副詞 → Modalwort
Satzbauplan 基本文型（Duden 文法の基本文型）
Duden の文法には以下に示す37個の文がドイツ語の基本文型の例文とし

第Ⅰ部　理論編

て掲げられている。これらの基本文型は，述語動詞の Valenz を基礎にしているが，以下に，それらがどういう手続きで導き出されたかを概説する。

1. Die Rosen blühen.
2. Der Gärtner bindet die Blumen.
3. Der Sohn dankt dem Vater.
4. Ich harre seiner.
5. Inge achtet auf ihre Schwester.
6. Karl ist mein Freund.
7. Das Buch liegt auf dem Tisch.
8. Die Beratung dauerte zwei Stunden.
9. Die Rose ist schön.
10. Das Verbrechen geschah aus Eifersucht.
11. Werner schenkt seiner Mutter Blumen.
12. Der Richter beschuldigte ihn des Diebstahls.
13. Er verriet ihn an seine Feinde.
14. Ich hänge das Bild an die Wand.
15. Er zog das Gespräch in die Länge.
16. Die Mutter macht die Suppe warm.
17. Er handelt niederträchtig an ihm.
18. Es geht lustig zu auf der Festwiese.
19. Klaus nennt mich einen Lügner.
20. Herr Meier lehrt uns die französiche Sprache.
21. Ich rate dir zum Nachgeben.
22. Es geht mir schlecht.
23. Er sprach zu den Kindern über seine Reise.
24. Ich bin diesem Mann fremd.
25. Er ist des Diebstahls schuldig.
26. Ich bin auf deinen Bericht gespannt.
27. Er ist mir an Ausdauer überlegen.
28. Er ist in München ansässig.
29. Der Spalt ist einen Fuß breit.
30. Er wirft den Ball 70 m weit.

1.1.4. 文法事項解説

31. Er geht die Treppe hinunter.
32. Sie warfen ihn die Treppe hinunter.
33. Dem Kind blutet die Hand.
34. Er streichelt ihr die Wangen.
35. Der Arzt richtet ihr die Nase gerade.
36. Ich klopfe ihm auf die Schulter.
37. Er legt ihm die Hand auf die Schulter.

ここに掲げる37個の文はDuden文法の1984年版による．この版と先の1973年版とでは，例文やその他にも若干の異同がある．すなわち，これらの文型1.～23.には1973年版においてもHauptpläneの項目のもとに同じ番号が付されている．しかし，24.～37.は，73年版においてはNebenpläneのもとに収められ，1.～14.の番号が付されている．また4.，12.，21.，23.，27.，35.，36.，37.の例文は1973年版のものと若干の異なりを示している．

基本文型を導く出発点は述語動詞のValenzである．そのことが次のように述べられている：

Zentral für die Begründung von Satzbauplänen ist der Begriff der V a l e n z. Bezogen zunächst auf das Verb meint er dessen Fähigkeit, um sich herum bestimmte Stellen zu eröffnen, die in einem Satz durch Satzglieder zu besetzen sind. (S.602 項目 1082 の冒頭)

（基本文型の設定にとって中心的なものは「結合価」の概念である．その概念はまず動詞に関連するものであって，動詞が，自己の回りに特定の場所を設ける能力を意味する．その特定の場所は文中で文肢によって埋められなければならない．）

基本文型設定作業のために次のような概念が必要とされる：

a) 空位 leere Stelle
ある動詞のまわりに開かれていて，文を作るときに埋められなければならない空いた場所．たとえば，この空位はblühenには一つ，liegenには二つある．

b) 空位占有者 Stelleninhaber（共演成分 Mitspieler, 行為者 Aktant, 補足語 Ergänzung ともいわれる）
この空位を埋めることの出来るもの．例えばdie Rosen blühenにおいてblühenの空位を埋めている主語であるdie Rosen．

c) 義務的 obligatorisch
Der Gärtner bindet *die Blumen.* における die Blumen が位置している空位は必ず埋められねばならない．この空位が埋められていない der Gärtner bindet という形は欠陥のある文である．このように必ずそこが埋められなければならないという場合を義務的という．

d) 任意的 fakultativ
義務的ではないことをいう．たとえば Der Bauer pflügt (den Acker). における den Acker の占めている空位は場合によって埋められなくても文としては成立する．このように，埋められても埋められなくてもよいということを任意的という．この義務的と任意的の区別をも考慮に入れると区分が複雑になるので，文型としては上の二つの文，つまり Der Gärtner bindet die Blumen. と Der Bauer pflügt den Acker. とは同じ文型と考える．

e) 補足語 Ergänzungen
動詞の結合価が要求する成分を補足語と呼ぶ．
Ergänzungen としては次の 11 種を考える：

主語	Subjekt
同定 1 格	Gleichsetzungsnominativ
同定 4 格	Gleichsetzungsakkusativ
4 格目的語	Akkusativobjekt
3 格目的語	Dativobjekt
2 格目的語	Genitivobjekt
前置詞格目的語	Präpositionalobjekt
空間の補足語	Raumergänzung
時の補足語	Zeitergänzung
様態の補足語	Artergänzung
理由の補足語	Begründungsergänzung

f) 自由な添加語 freie Angabe/freie Umstandsangabe
動詞の結合価とは無関係に文に現れうる成分．これを補足語と区別する．補足語は動詞の意味と関係していて不可欠の文成分であるのに対して，自由な成分である添加語は動詞の意味との関係によらずに，文全体に場所 Raum, 時 Zeit, 様態 Art und Weise, 原因・理由 Grund などの情報

1.1.4. 文法事項解説

をつけ加えるものである．自由な添加語の有無は文型を変えない．
　◇　自由な成分と補足語の区別：Ich wohne in der Stadt.（私は町に住んでいる）という文における「場所」の in der Stadt は，wohnen「住む」という動詞の意味との関係において必要な成分であり，「場所の補足語」である．しかし，同じく場所を表しても Ich mache in der Stadt Einkäufe.（私は町で買い物をする）という文においての in der Stadt は「買い物をする」という意味との間の結びつきを持たないので，これは「自由な成分」である．
　g) 自由な3格　freier　Dativ は文に不可欠な成分とはみなさない．→ freier Dativ　自由な3格

　以上を考慮して，まず設定されたのが 1. から 23. までの文型である．
　次いで第二次の依存関係 Zweitabhängigkeit を考える．「第二次」の依存関係というのは，1. から 23. までにおいては，まず，動詞との依存関係を考えたのに対し，これから，さらに，次に示すように，1. から 23. までの文型の文の中に現れる形容詞の結合価を顧慮しようとするものである．すなわち
　Wolfgang machte mich auf dieses Mädchen aufmerksam.（ヴォルフガングは私にその少女に注目させた）の文は，16. の文 Die Mutter macht die Suppe warm. と同一文型であるが，この中の形容詞 aufmerksam（注目した）に関連して前置詞句 auf dieses Mädchen が現れている．このような形容詞や副詞のヴァレンツを考慮して 24. から 32. までの9個の文型が付け加えられたものである．
　そして，さらに，g)の項目では，自由な成分とされている「自由な3格」の中の「所有の3格」Pertinenzdativ を特に顧慮することにして 33. から 37. までの5つの文型を追加した．Duden 文法の計 37 個の基本文型はこのようにして設定されたものである．　→ Valenz

Satzgefüge 複合文，付結文
　主文と副文よりなる複合文．主文と副文の間には従属の関係 Hypotaxe がある．並列的な接合による（広義での）複合文は→ Satzverbindung 重文・対結文と呼ばれる．

Satzglied 文肢
　文の構成要素．通常，主語 Subjekt，述語 Prädikat，目的語 Objekt，副詞規定詞（状況語）Adverbiale の四つをいう．述語内容詞 Prädikativum は述

語の一部と取り扱われる．付加語 Attribut は文肢を修飾するものであり，文肢に加えないのが普通である．→ Attribut

　Duden 文法は，述語を文の核と考えていて，他の文肢とは異なるものという扱いをしている．

Satzreihe＝Satzverbindung

Satzteil＝Satzglied

Satztyp 文のタイプ →1.2.33. 文の種類

Satzverbindung 重文，対結文，文結合

　主文が並列的に結合された広義の複合文．→ Satzgefüge

schwach 弱変化の

　名詞の弱変化→1.2.5.1. 類型表/形容詞の弱変化→1.2.11.1. 弱変化/動詞の弱変化→1.2.15.2. 弱変化・強変化・混合変化・その他 → stark

Seitenlaut 側面音 →1.2.1.3.

Semem 意義素

　語の意味を表す．Phonem 音素や Morphem 形態素にならっての造語．

Singular 単数 →1.1.3.2. 数

Spannsatz 緊張文，張り枠文

　定動詞が文末に位置する文．→ Satz

Sprachtyp 言語の類型

　世界の諸言語を類型に従って分類することが行われている．孤立語，膠着語，屈折語，抱合語などの区別がある．

　孤立語 isolierende Sprache：中国語がその代表である．この言語では単語は形態上の変化を示さず，文法関係は語順によって示される．wo ai ni（我愛你）はドイツ語の ich liebe dich に相当するが，同じ三つの語を語形変化なく語順を入れ替えた ni ai wo（你愛我）は du liebst mich を意味する．

　膠着語 agglutinierende Sprache：日本語，朝鮮語．トルコ語などのように実質的な意味を示す独立の単語に，文法的な意味を示す接辞（日本語の場合の格助詞など）が膠着して，文法的機能が示される．

　屈折語 flektierende Sprache：孤立語や膠着語と異なり，この類型の言語には屈折（→ Flexion）が見られる．ドイツ語の所属するゲルマン語，さらに広くインド・ヨーロッパ語は屈折語である．

　抱合語 inkorponierende Sprache：文を構成するすべての要素が密接に結

1.1.4. 文法事項解説

合して，一語であるかのように見える言語．エスキモー語がその典型．
　kavfiliorniarumagaluarpunga「私は喜んでコーヒーをつくりましょう」
　kavfi＋-lior-〈する，つくる〉＋-niar-〈するつもり〉＋-umagaluar-〈喜んでしましょう〉＋-punga〈一人称単数の接尾辞〉（田中春美他『言語学演習』大修館書店 1982 28頁による）
　「私が彼を好きなのだ」は assikaqa．これは一つの単語であって，品詞は動詞である．ここでは「私，彼」などの主語や目的語の代名詞的な概念が接尾語で表されており，これを一つの文として使うことが出来る．（宮岡伯人『エスキモー　極北の文化誌』岩波新書 1987 22頁による）

◇　上に掲げた四つの類型的区分はそれぞれの言語の基本的な性格の指摘によるものであるから，細かく観察すると，屈折語とされる言語にも，部分的には膠着的性格を認めることが出来る．たとえばドイツ語は屈折語であるが，これは動詞の人称変化や名詞の格変化などに見られる性格の指摘であり，前置詞には膠着的な性格を，また副詞には孤立的な性格を指摘することが出来る．現代の英語は孤立語的性格を強めているし，日本語の動詞や形容詞の活用には屈折的性格を認めることもできる．

Stamm 語幹 → Wortstamm
stark 強変化の
　弱変化（→ schwach）に対していう．名詞の強変化→1.2.5.1. 類型表/形容詞の強変化→1.2.11.2. 強変化/動詞の強変化→1.2.15.2. 弱変化・強変化・混合変化・その他
Steigerung＝Komparation
Stelleninhaber＝Mitspieler
Stellungsfeld 文域
　枠構造が形成されて区分される三つの領域をいう．すなわち枠構造の左枠部分より前の領域を Vorfeld 前域，枠構造の左右の枠部分で挟まれた領域を Mittelfeld 中域，枠構造の右枠部分より後の領域を Nachfeld 後域と呼ぶ．

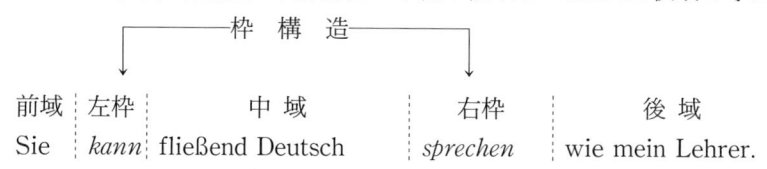

前域	左枠	中域	右枠	後域
Sie	*kann*	fließend Deutsch	*sprechen*	wie mein Lehrer.

（枠構造：左枠→右枠）

Er	*hat*	mit keinem anderen	*gesprochen*	als mit meinem Vater.
Ich	*habe*	gestern noch im Büro	*gearbeitet*	bis spät in die Nacht.

stimmhaft 有声の

stimmlos 無声の

Stoffname 物質名詞　→ 1.1.2.2.

Subjekt 主語

　ドイツ語の文は，Feuer! 火事だ！　などの一語文の場合を除き，必ず，主語と述語を含んでいる．Er kommt. では er が主語，kommt が述語である．

　意味論的には，それについて述べられるものが主語であり，主語について述べるものが述語である．

　主語は1格の名詞・代名詞によって表現される．

　指示機能を持たない es を仮の主語として，後に真の主語が現れる構文もある：*Es* war einmal *ein König*.

　Es regnet. 雨が降る　のように指示内容のまったくない es のみを主語とする非人称動詞といわれる動詞もある．→ 1.2.26. 非人称動詞

　主語は必ずしも，表現の主題 Thema であるとは限らない．→ Thema 主題

subjektives Verb 主語動詞

　たとえば gehen や schlafen のように主語以外の何ら補足語を要求しない動詞をいう．→ 1.1.2.1.

Subjektsatz 主語文

　主語になる副文→ 1.2.35.1. 副文の役割

Subjunktion 従属接続詞　→ 1.2.30.2. 従属接続詞

Subordination = **Hypotaxe** → **Parataxe**

Substantiv 名詞　→ 1.1.2.2. 名詞 Substantiv

Suffix 接尾辞，後綴　→ 1.2.2.2. 造語法

Superlativ 最上級

　形容詞・副詞の比較変化のカテゴリーの一つ．かつて，わが国のドイツ語界では最高級と呼ぶのが普通であった．→ 1.2.12. 形容詞・副詞の比較

Suppletivwesen/Suppletivismus 補充法

　語形変化形の体系に不足する項がある場合，それを補うために体系的には別の他の語の変化形を充当すること．→ 1.2.41. 補充法

1.1.4. 文法事項解説

Suppositiv 仮定法 → 1.1.3.4. Modus
syndetisch 連結された，接続詞を用いた
　接続詞を用いた文の結合については→ 1.2.30. 接続詞/→ asyndetisch
Synesis 意味構文
　形式よりも意味の方が尊重されて形式上の一致がなくても非文とはされない構文．例えば das Mädchen を受ける代名詞として，性の一致した，中性の es を用いずに，女性の sie を用いるような場合．→ Kongruenz 一致．
Synkope 語中音消失
　語中のアクセントのない母音の消失．gleich の古形は gelîch(e) であったが，後に語中の e 音が脱落した．(語末の e の脱落は→ Apokope と呼ばれる．) Gleis, Gnade, Glaube なども同様に語中の e 音を消失している．
Synonym 同義語・類義語
　Junge と Knabe, Auto と Wagen, beginnen と anfangen などのようにほぼ等しい意味を持つ語を指していう．→ Antonym
Syntagma 統合関係，シンタグマ
　言語単位が時間の流れにそって線的に結びつくこと，また結びついたもの．たとえば Ich trinke Bier. という文においては三つの語が時間の流れにそって線的に結びついている．このような関係を統合関係と呼ぶ．しかし ich の位置には他の人称代名詞が，trinke の位置にはそれぞれの人称変化形が，Bier の位置には Wein, Milch などの形が代って実現されることが考えられる．つまり，そこには実現してはいないけれども，実現しうる可能性として，実現した形と対立している形がいくつも考えられる．この関係を範例関係→ Paradigma と呼ぶ．
syntagmatisch 統合的・シンタグマ的 → paradigmatisch
Syntax シンタクス・統語論 → 1.1.1.2. 文法の分野
Tätigkeitsverb 活動動詞 → 1.1.2.1. 動詞 Verb
Teilsatz 部分文・補文
　文全体の一部をなす文．→ Nebensatz 副文と同義．→ Satz
temporal 時の，時に関する
Tempus 時称 → 1.1.3.3. 時称 Tempus
terminativ 帰結的な，終動相の → Aktionsart
Thema 主題（主題提示部分，提題）

第Ⅰ部　理論編

　談話が何かについて述べるとき，この何かが主題である．「何かについて述べる」という言い方では，その何かは主語と同じように聞こえるが，主語は述語動詞との関係における概念であって主題と主語とは別物である．主題が主語の形で提示されることもあるが，必ずしも，主語が主題であるとは限らない．たとえば，

　Morgen komme ich nicht.「明日は私は参りません」においては morgen「明日は」が聞き手にとって「既知の情報」であるという意味で主題である．その主題の「明日は」について，そこで何が起こるか，どうであるかについて「参りません」という聞き手にとって「未知の情報」が述られている．この主題について述べている部分をレーマ Rhema と呼ぶ．→ Rhema

Transitiv 他動詞 → 1.1.2.1. 動詞 Verb

Umlaut ウムラウト・変母音

　元来，a, o, u などの母音が後続の i- 音の影響を受けて音質が変化したことを指し，現代語の文字表記の上では a → ä，o → ö，u → ü，au → äu の四通りがある（日本では，この字母・文字のことを「a- ウムラウト」，「o- ウムラウト」……などと呼んでいる）．

　古期高地ドイツ語においては，gast「客」（現代語の Gast）の複数形は gasti であった．この語末の -i 音が先行の a 音に影響を与え，a 音が e 音に変わる（a 音の i 音への不完全同化）．次いで，語末母音の弱化が生じて，gasti は gesti を経て geste となった．後にこの変化した e 音は ä と表記されるようになって（ä は ae の簡略化），現代の Gast の複数形は Gäste と表記される．ここに見るように「変母音」は「後続の i 音への不完全同化」と定義できる．言語学上，これを i-Umlaut という．ウムラウトというのは本来，このように音韻が変質する現象のことであって，ä, ö, ü などの字母・文字の名称ではない（名称は，それぞれ [ɛː], [øː], [yː] である）．後になって類推（→ Analogie 類推現象）により，古語においてはあとに i 音が続いていなかったところにも，ウムラウトが現れることがある（Nagel の複数形の Nägel, Kranz の複数形の Kränze, Hals の複数形の Hälse など）．その結果，変母音は音声面での現象というよりは，むしろ，文法的現象と考えられる場合も生じている．

　現代のドイツ語において，この変母音は次のような場合に現れる．
　1) 屈折において
　　a) 複数の表示として：Vater/*Vä*ter；Mutter/*Mü*tter

— 72 —

1.1.4. 文法事項解説

　　b）強変化動詞の人称変化における
　　　　2・3人称単数形において：(ich trage)，du tr*ä*gst, er tr*ä*gt
　　　　接続法第II式において：ich n*äh*me
　2）造語において
　　a）-lein, -chen の接尾辞を付すとき：Fräulein「お嬢さん」＜Frau，Häuschen「小さな家」＜Haus．
　　b）-in の接尾辞を付すとき： Gräfin「伯爵夫人」＜Graf（ただし Malerin「女流の画家」）
　　c） Ge- の前綴によって集合名詞をつくるとき：Gebäude「建物」
　　d）形容詞に -e 語尾を付して抽象名詞をつくるとき：Güte「善意」＜gut, Röte「赤さ」＜rot．
　　e）-de, -nis, -ling の接尾辞を付して名詞をつくるとき：Gemälde「絵画」，Begräbnis「埋葬」，Jüngling「若者」
　　f）-lich, -isch, -en の接尾辞により形容詞をつくるとき：häßlich「醜い」，zänkisch「口論ずきの」，gülden「金の，金製の」（ただし golden もある）
　　g）-er の接尾辞を付して職業名を造るとき：Gärtner「庭師」
　　h）-ig の接尾辞を付して形容詞を造るとき：mächtig「力のある」＜Macht（ただし gewaltig「暴力的な」においては変音しない．これは接尾辞 -ig が古期高地ドイツ語において -īg あるいは -ag であったことに由来する．）
　　i）形容詞の比較級・最上級の形において：kalt-kälter-kältest
　　　　ただし dummer/dümmer, gesunder/gesünder のように変音する形としない形が並存している場合もある．
　3）弱変化動詞の語幹において：küssen「接吻をする」, grüßen「挨拶する」
　◇　küssen は Kuß よりの派生，逆に grüßen より Gruß が造られた．

ungrammatisch 非文法的
　文法的に正しくないこと．そのような文を非文と呼び，*Ich denkt. のように左肩に＊の印（アステリスク Asteriskus, Sternchen ともいう）をつける習慣がある．なお，この印は比較言語学においては *ser-「流れる」のように比較の手続きによって得られた推定形につける．→一致 Kongruenz

unpersönliches Verb 非人称動詞＝Impersonale → 1.1.2.1. 動詞 Verb

第Ⅰ部　理論編

Unterordnung 従属＝Subordination
Valenz 結合価

　Karl Bühler は *Sprachtheorie* 1934 の中で次のように記している：

　Es bestehen in jeder Sprache Wahlverwandtschaften; das Adverb sucht sein Verbum und ähnlich die anderen. Das läßt sich auch so ausdrücken, daß die Wörter einer bestimmten Wortklasse eine oder mehrere *Leerstellen* um sich eröffnen, die durch Wörter bestimmter anderer Wortklassen ausgefüllt werden müssen. (S. 173)

　どの言語にも親和力が存在している．副詞はその動詞を求め，同じようなことが他の品詞の語にもある．次のようにも言えよう．特定の品詞の語は自分の回りに一個あるいは複数個の空位を開いていて，その空位は他の品詞の語によって埋められなければならない（173頁）．

　このような考えに従えば，ある一つの動詞にはその回りに「空いた場所」があり（それを「空位」と呼ぶ），それが他の語によって埋められなければならない．たとえば blühen という動詞はその回りに空位が一つあり，それが埋められて，例えば Die Rosen blühen. という文が出来る．欠陥のない文を成立させるためには，この空位は必ず埋められなければならない．ここに述べたような語（ここでは動詞）の性質のことを Tesnière や Brinkmann は Valenz「ヴァレンツ」と，Erben は Wertigkeit「結合価」と，そして Admoni は Fügungspotenz「結合能力」あるいは Fügungswert「結合価」と呼んでいる．結合価によって結び合わされる語と語の間の関係を**依存関係** Abhängigkeit と呼ぶ．

　この依存関係を重視すると，次の二つの文は，どちらも主語＋動詞＋前置詞句という一見同一の形であるようだが実は文型が異なっていることが分かる．

　　1) Das Buch liegt auf dem Tisch.
　　2) Die Rosen blühen im Garten.

　すなわち，1) においての liegen は二つの空位（つまり liegen する主体と liegen する場所）をもっていて，その二つが埋められて初めて文が成立する．従って前置詞句 auf dem Tisch は文を成立させるために必ず現れねばならず，もしもこれが欠けると，この文，つまり Das Buch liegt. は欠陥のある文となる．これに対して 2) の blühen の方は埋められるべき空位が一つ（つまり

1.1.4. 文法事項解説

blühen する主体) しかなく，かりに前置詞句 im Garten がなくてもこの文は欠陥のない完全な文として通用する。blühen の空位が一つ，liegen の空位が二つであることを，blühen は 1 価 einwertig/einstellig の動詞，liegen は 2 価 zweiwertig/zweistellig の動詞といって表現する。また 1) の liegen の空位を埋めるべき auf dem Tisch を必須の成分，あるいは補足語 Ergänzung と呼び，それがなくても文が成り立つ 2) の文の im Garten を任意添加語 freie Angabe と呼ぶ。

　このようなヴァレンツについての若干の文法家の考えを覗いてみよう。
Brinkmann は動詞について次のような区分を行っている。
nullstellig（零価）：Es *friert*. 凍てつく（ここで主語の非人称の es は補足語としての扱いを受けていない）。
beschränkt einstellig（制限された 1 価）：Der Versuch ist *mißglückt*. 試みは失敗した（主語となる名詞に制限がある）。
einstellig（1 価）：
　　Der Vater *schläft* 父は眠っている。
　　Die Rose *blüht*. 薔薇は咲いている。
erweitert einstellig（拡大された 1 価）：1 格・4 格以外の格は空位を埋めるものとはみなされず，拡大するものという二次的な扱いである。
　　Das Buch *gehört* mir. この本は私のものである。
　　Ich *helfe* dir. 私は君を助ける。
　　Zuerst *gedachten* wir der Toten. まず我々は死者たちを追悼した。
zweistellig（2 価）：能動形での目的語が受動形で主語となりうる動詞，いわゆる 4 格支配の他動詞
　　Hast du den Brief *geschrieben*？
　　2 価の動詞が 1 価になることがある：
　　受動文の場合
　　Der Brief ist *geschrieben*. 手紙は書かれた。
　　第二の空位が視野の外に置かれる場合
　　Der Vater *liest*. 父は（本を）読んでいる。
　　Mein Bruder *malt*. 私の兄は（画を）描く。
　　Die Mutter *bügelt*. 母は（洗濯物・シーツ・ハンカチに）アイロンをかける。

第Ⅰ部　理論編

　　　　Der Bauer *pflügt*. 農夫は（畑を）耕す．
　　　　（受動文の場合には主動者は必要成分ではなくなる．もちろん必要な場合には補うことは出来るが，最小限の文を成立させるための必要成分ではない．また第二の空位が視野の外に置かれ，いわゆる目的語が省略出来る場合にも必要成分が一つ減じることになる．従って結合価が一つ減じることになるわけである．）
erweitert zweistellig（拡大された2価）：
　　　　Ich habe ihm ein Buch *geschenkt*. 私は彼に本をプレゼントした．
　　　　（sagen, zeigen, erklären や geben, nehmen, など「伝達」や「授与」を表す動詞．3格の ihm は Brinkmann においては空位を埋めるものに数えられていない．）
　　　　　　Brinkmann: *Die Deutsche Sprache* 1972^2 210頁以下による．
Erben の文法 *Deutsche Grammatik* 1968 の120頁には次のように示されている．

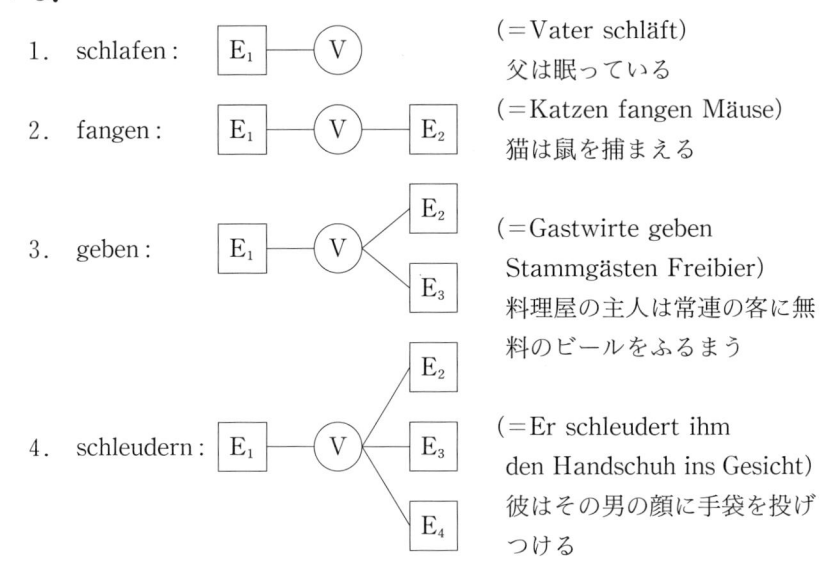

1．schlafen： E_1 — V　　（＝Vater schläft）
　　　　　　　　　　　　　　父は眠っている

2．fangen： E_1 — V — E_2　（＝Katzen fangen Mäuse）
　　　　　　　　　　　　　　猫は鼠を捕まえる

3．geben： E_1 — V ＜ E_2 / E_3　（＝Gastwirte geben Stammgästen Freibier）
　　　　　　　　　　　　　　料理屋の主人は常連の客に無料のビールをふるまう

4．schleudern： E_1 — V ＜ E_2 / E_3 / E_4　（＝Er schleudert ihm den Handschuh ins Gesicht）
　　　　　　　　　　　　　　彼はその男の顔に手袋を投げつける

この動詞の結合価および依存関係の考えを取り入れて Duden の文法の1973年版には次のように記された．
Die Grenze zwischen Objekten und Umständen der traditionellen Gram-

1.1.4. 文法事項解説

matik gibt es also nicht mehr. Der Valenzbegriff läßt es nur noch zu, zwischen Ergänzungen und freien Angaben zu unterscheiden. *Duden Grammatik* 1973 S. 504 伝統文法の目的語 Objekt と状況（語）Umstand との境界は，従って，もはや存在しない．結合価の概念が許容するのは，いまはただ，補足語 Ergänzung と任意の添加語 freie Angabe との区分だけである．→ Satzbauplan　基本文型

　Valenz の考えはドイツ語と日本語を対照的に考察するときにも役立つ．

　1) Die Rosen blühen im Garten.
　2) Die Rosen blühen.
　3) Das Buch liegt auf dem Tisch.
　4) *Das Buch liegt.

1)の文の im Garten を削除しても 2)のように文はなりたつ．しかし，3)の文の auf dem Tisch を削除すると，4)のように非文となる．3)の auf dem Tisch は義務的な場所の成分であるからである．そのようなことは 5)～8)のいずれをも許容する日本語を母語とする学習者には貴重な情報である．

　5) 薔薇は庭に咲いている．
　6) 薔薇は咲いている．
　7) 本は机の上に置いてある．
　8) 本は置いてある．

次の 9)の文の auf den Tisch を削除して 10)をつくると，それは非文になる．しかし，日本語では 11)，12)ともに非文ではない．

　9) Ich lege das Buch auf den Tisch.
　10) *Ich lege das Buch.
　11) 私は本を机の上に置く．
　12) 私は本を置く．

日本語では話し手や聞き手を指す言葉は自明な場合には表現されないが，ドイツ語においてはそれが義務的成分であれば，削除することが出来ない．その事情を漱石「夢十夜」の中の一文とそのドイツ語訳の相当部を 13)，14)として掲げる．

　13) 死んだら埋めて下さい．
　14) Bitte begrabe *mich*, wenn *ich* tot bin.

依存関係は否定文における nicht の位置にもかかわる．

15) Ich treffe ihn dort.
16) Ich treffe ihn dort *nicht*.
17) Ich lege das Buch dorthin.
18) Ich lege das Buch *nicht* dorthin.

nicht が16)では文末におかれ18)では dorthin の前に置かれることも，15)，16)の dort が任意の成分であるのに対して，17)，18)の dorthin が必須の成分であることにかかわりがあるからである．

Variante 異形

同一の記号が異なった形であらわれたもの．異音 Allophon, 異形態 Allomorph などがある．また同一の語が異なった意味をもつとき，たとえば助動詞 werden は単なる未来をあらわすこともあれば，現在の時点における推測をあらわすこともある．その異なった意味をもつそれぞれの werden を異形と呼ぶことがある．

Verb 動詞 → 1.1.2.1. 動詞 Verb

Verba dicendi 伝達動詞

sprechen, meinen, wissen, leugnen など，叙述・主張・否定などの「伝達」を意味する動詞．

Verba sentiendi 知覚動詞

sehen, hören, fühlen など知覚・感覚を表す動詞．これらの動詞は zu のない不定詞とともに用いられて助動詞的な構文をつくることがある．→ 1.2.21.4. 用法上類似の動詞

Verbum＝Verb

verkappter Hauptsatz 偽装主文，みかけの副文

形式上は副文であるが，その機能は主文であるもの．次の例においては，従属接続詞 als に導かれた副文が，表現の内容上は主文である： Kaum hatte er einige Schritte gemacht, *als er einen Schuß hörte.* (彼が二，三歩歩いたかと思うと銃声が聞こえた．)

verkappter Nebensatz 偽装副文，みかけの主文

形式上は主文であるが，その機能は副文であるもの．
Ich glaube, sie sagt die Wahrheit. (私は彼女が本当のことを言っていると信じる)において，下線部は主文の形式になっているが，glauben の目的語の役割を果しており，その機能は daß sie die Wahrheit sagt という副文に等

しい．Ist das wahr, so helfe ich ihr nicht mehr.（もしそれが本当なら，私はもう彼女の手助けはしない）においても下線部は Ist das wahr? という決定疑問文と同じ語順であるが，表現上は従属接続詞 wenn に導かれた副文である条件文に等しい．

Verkleinerungsform＝Diminutiv

Verschlußlaut 閉鎖音 →1.2.1.3．子音

Vokal 母音 →1.2.1.1．音声・調音器官

Vokativ 呼格

呼びかけに用いる格．ラテン語では Quo vadis, *domine*?「主よ，何処に行きたまうや」の domine のように，主格 (dominus) とは異なった形であらわれるが，ドイツ語では主格の形であらわれる．例：*Du liebes Kind*, komm, geh mit mir! (Goethe : Erlkönig); Wo warst du, *Adam*? (H. Böll の作品の題名)→1.1.3.8．格

Vollverb 本動詞

単独で文の述語となりうる動詞．Hauptverb とも言う．→ Hilfsverb

Vordersatz 前置文

主文の前に置かれた副文→1.2.35.2．副文の位置

Vorfeld 前域

枠構造の左枠部分の前の領域．→ Stellungsfeld

Vorgangsverb 事象動詞 →1.1.2.1．動詞 Verb

Vorsilbe＝Präfix

Witterungsverb 天候動詞 →1.1.2.1．動詞 Verb

Wort 語

定義しがたいために，学問的な響きを失ってしまった観もあるが，文法を考える上で最も重要な概念である．語とは何かの定義を困難にしている事情には，ドイツ語においての場合，屈折 (→ Flexion) のそれぞれの変化形と代表形をどのように把握するか，同音異義語 (→ Homonym) と一語の多義 (→ Polysemie) をどのように区別するか，分離動詞 (→1.2.25.1.) をどの程度において認めるか，再帰動詞 (→1.2.24.) と普通の動詞の再帰的用法をどのように区別するかなど，さまざまな問題がある．

Wortart 品詞 →1.1.1.3．品詞 Wortart

Wortartwechsel 品詞の転換

ドイツ語においては，通常の形容詞は英語のように特別な語尾をつけることなしに副詞として用いることができる：Er spricht langsam. 彼はゆっくり話す（langsam は本来形容詞．参考：英語では He speaks slowly. 副詞 slowly は形容詞 slow に語尾 -ly を付加して作られている．→ 1.2.28.)

形容詞は名詞化することができる：der Kranke「病人(男性単数)」, die Deutschen「ドイツ人たち」→ 1.2.15.5.

またドイツ語では，すべての品詞を中性名詞として用いることができる：

動詞を名詞として：*Leben* ist *Kämpfen.* 人生は闘争である．

副詞を名詞として：Ja 肯定，賛成 Nein 否定，反対

接続詞を名詞として：Aber 異議

代名詞を名詞として：Ich 自我，Jemand 誰か

◇ Vergißmeinnicht「ワスレナグサ」や Rührmichnichtan「キツリフネ」などの花の名は命令文が名詞になったものである．

◇ 次のように完了不定詞句が名詞になった用例もある：Der Führer blieb stehen und blickte still herüber, ohne Vorwurf, aber mit diesem seinem furchtbaren Verstehen, mit diesem schwer zu ertragenden Wissen, Ahnen, *Schon-im-voraus-verstanden-haben*. (H. Hesse) 案内人は立ち止まって静かにこちらを見ていた．咎めるでなく，しかし，あの彼の恐ろしい理解をもって，あの耐えがたいほどの知識と予知と，**すでに前もって分かってしまっているぞという態度**をもって．

Wortbildung 造語 → 1.2.2.2. 造語法

Wortstamm 語幹

屈折する語において，屈折（→ Flexion）の語尾を取り除いた部分を指す．例えば動詞 bringen においての bring- の部分．

Wortstellung 語順 → 1.2.30.3. 配語法

Wunschsatz 願望文 → 1.2.33. 文の種類

Zahlwort 数詞 → 1.1.2.6. 数詞 Numerale／1.2.13. 数詞

Zeitwort＝Verb

Zitterlaut 顫動音，ふるえ音 → 1.2.1.3. 子音

Zusammenbildung 共成 → 1.2.2.2. 造語法

Zusammensetzung 合成・複合＝Komposition → 1.2.2.2. 造語法

Zustandsverb 状態動詞 → 1.1.2.1. 動詞 Verb

第II部　記 述 編

1.2.1. 音声・音素と表記

1.2.1.1. 音声・調音器官

呼気によって音声 Sprachlaut がつくられる．呼気の通路の構えが広く，噪音 Geräusch をともなわないで発音される場合が母音 Vokal，呼気の通路が閉ざされるか，あるいは狭められて発音される場合が子音 Konsonant である．声帯 Stimmbänder の振動のある音を声（こえ）Stimme と呼び，声のある場合を有声 stimmhaft，ない場合を無声 stimmlos と呼んで区別する．

口の形と舌の位置が変わることによって，さまざまな母音がつくられる．

また，調音器官/発声器官 Artikulationsorgane および調音位置 Artikulationsstelle や調音方式 Artikulationsart の異なりによってさまざまな子音がつくられる．

調音器官にはつぎのようなものがある：

1) 鼻腔　Nasalraum
2) 唇　Lippen/Labia
3) 歯　Zähne/Dentes
4) 歯茎　Zahndamm/Alveolum
5) 硬口蓋　harter Gaumen/Palatum
6) 軟口蓋　weicher Gaumen/Velum
7) 口蓋垂/懸壅垂/のどひこ　Zäpfchen/Uvula
8) 口腔　Mundraum
9) 舌　Zunge
10) 舌尖　Zungenspitze/Apex
11) 舌背　Zungenfläche/Dorsum
12) 咽頭　Rachen/Pharynx
13) 喉頭　Kehlkopf/Larynx
14) 声門　Stimmritze/Glottis（左右の声帯間の関門）
15) 声帯　Stimmbänder
16) 気管　Luftröhre

音声を記すために国際音声字母 International Phonetic Alphabet (IPA と略記される) が用いられる．またこの IPA という略記は国際音声学会 Inter-

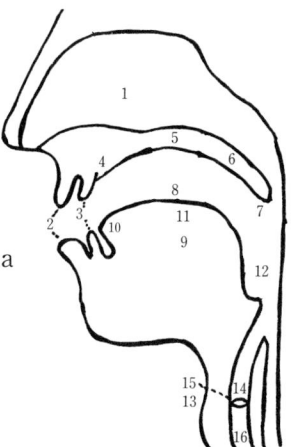

1.2.1. 音声・音素と表記

national Phonetic Association をも意味する．

1.2.1.2. 母　　音
　さまざまな母音の区別は次の三つの要素の異なりによる．
　1) 舌の盛り上がりが高いか低いか（hoch/niedrig）
　2) 舌の盛り上がりの最高点が唇に近い（前方）か，あるいは喉に近い（後方）か vorn/hinten
　3) 唇の形が円いか円くなくて平たいか（gerundet/ungerundet）
　ドイツ語の母音の舌の位置や唇の形については下の図形のように示すことができる．(左が前方，上が上方を表す)．

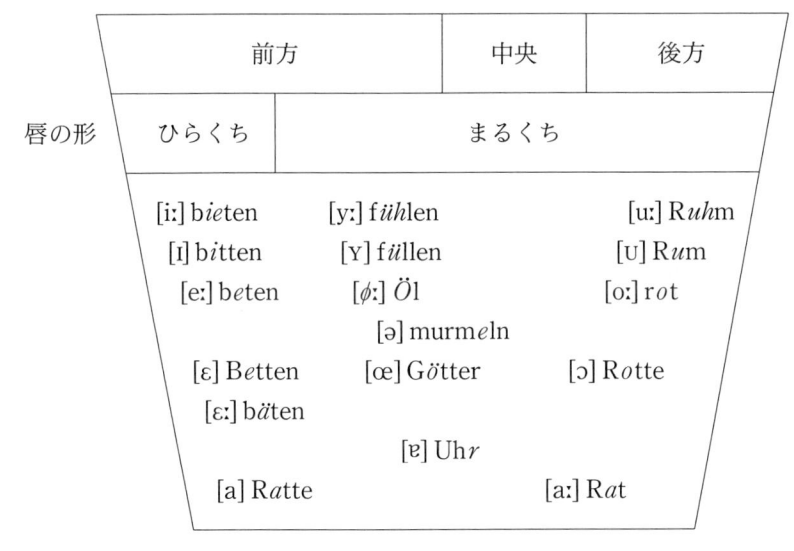

	前方	中央	後方
唇の形	ひらくち	まるくち	
	[iː] b*ie*ten	[yː] f*üh*len	[uː] R*uh*m
	[ɪ] b*i*tten	[ʏ] f*ü*llen	[ʊ] R*u*m
	[eː] b*e*ten	[ø:] *Ö*l	[oː] r*o*t
		[ə] murm*e*ln	
	[ɛ] B*e*tten	[œ] G*ö*tter	[ɔ] R*o*tte
	[ɛː] b*ä*ten		
		[ɐ] Uh*r*	
	[a] R*a*tte		[aː] R*a*t

　　　　　　　　　　　　　Hadumod Bußmann：
　　　　　　　　　　　　　Lexikon der Sprachwissenschaft
　　　　　　　　　　　　　Stuttgart 1990² S. 838 による

1.2.1.3. 子　　音
　次の表はドイツ語の子音をその調音方式と調音器官（ないしは調音位置）の関係によって整理したものである．表中の調音器官の欄には 82 ページの図における対応する数字を添えた．

第II部　記述編

調音方式＼調音器官	2)両唇	2)と3)唇と歯	4)歯茎	4)と5)歯茎硬口蓋	5)硬口蓋	6)軟口蓋	7)口蓋垂	14)声門
a. 閉鎖音	p b		t d			k g		ʔ
b. 鼻音	m		n			ŋ		
c. 摩擦音		f v	s z	ʃ(ʒ)	ç j	x	ʁ	R
d. 破擦音	pf		ts	tʃ(dʒ)				
e. 顫動音			r				R	
f. 側面音			l					

　　　　　（　）内のものは外来語に現れる音である

調音方式

a. 閉鎖音 Verschlußlaut：調音器官によって呼気の通路が閉ざされたのち，破裂して生じる音．国際音声字母では破裂音 plosive（英語）という名称を用いる．ドイツ語では Plosiv/Plosivlaut/Explosiv(laut) などという．

b. 鼻音 Nasallaut：呼気が鼻腔を通過する音．

c. 摩擦音 Reibelaut/Engelaut/Frikativ/Spirant：呼気が狭められた通路を通る際に唇・口蓋などとの摩擦によって作られる音．[f]，[v]，[ç]，[x] など．

d. 破擦音 Affrikata/Affrikate：閉鎖音の直後に摩擦音が続き，両者が一体となって発音されるもの．[pf]，[ts] など．

e. 顫動音，ふるえ音 Zitterlaut/Schwinglaut：舌や唇や口蓋垂などのふるえによって生じる音．[r]，[R]

◇ 弾き音 Flap：日本語のラ行音は弾き音である．舌先が硬口蓋前部または歯茎を一回かぎり弾くようにしてつくられる音．[ɾ] で表される．この音はドイツ語にも /r/ の異音として現れることがある．

f. 側面音 Seitenlaut/Lateral：舌先が歯茎に押し当てられたまま，その両脇から呼気が流れ出て生じる音．[l]

1.2.1. 音声・音素と表記

◇ 顫動音・側面音・弾き音をまとめて流音 Liquida, Liquidlaut と呼ぶ．
◇ 声門閉鎖音 Kehlkopfverschlußlaut [ʔ] について
　声門が完全に閉鎖して発せられる音．[ʔ] で表す．ドイツ語においては語頭（あるいは形態素 Morphem の頭）が母音で始まる場合にはこの音が現れる．音素の中には数えられないが，ドイツ語の母音の発音にとって重要な音である．たとえば Erinnerung の発音にはこの音が二度現れて [ʔɛrʔínərʊŋ] となる．[ɛrínərʊŋ] と発音してはならない．Iß endlich auch ein Ei！　さあ，卵も食べなさい！　においてはそれぞれの語頭にこの音が現れる．ただし，辞書などの通常の表記ではこの [ʔ] は略される．

1.2.1.4. ドイツ語の音素（付記：日本語の音素）

　前節においては様々な音声がつくられる様子を眺めた．本節では，その音声が言語の記号として働く仕組みを観察しよう．
　ドイツ語の [r] 音は舌の震え音であり，[ʀ] は口蓋垂の震え音，[ʁ] は口蓋垂の摩擦音であってこの三つは異なる音声である．しかし，この三つの異なりは意味の異なりを生み出さない．そのいずれで発音しても語 Rippe は「あばら骨」を意味する．しかし，その Rippe の語頭を [l] に取り替えると Lippe「唇」が現れる．[k] 音に取り替えると Kippe「（鉄棒の）蹴上がり」が，[z] に取り替えると Sippe「氏族・部族」が現れる．つまりここに挙げた [r]，[ʀ]，[ʁ]，[l]，[k]，[s] の六つのうち，最初の三つの異なりは，意味の異なりを生み出さず，あとの三つは異なった意味を生み出すのに役立っている．
　意味の異なりを示す機能に着目した音の単位を音素と呼ぶ．こうして /l/，/s/，/k/ などの音素が（音素の表記には / / が用いられる）捉えられる．一方 [r]，[ʀ]，[ʁ] の三つは同一の音素 /r/ の異音とされる．
　ドイツ語の音素は K. Bünting: *Einführung in die Linguistik* 1975 によると次の通りである．
　　母音 /a, a:, ai, au, e, e:, i, i:, o, o:, ø, ø:, oi, u, u:, y, y:/ 場合によっては /ɛ:/ と /ə/ が加わる．
　　子音 /m, n, ŋ, b, d, g, p, pf, t, ts, k, x, v, f, z, s, ʃ, l, r, h, j/
　　◇ 音素を捉えるときには意味の差を生み出す機能に着目するため，その機能に関与しない音声上の異なりが無視されるところがある．短母音の [ɪ] と長母音の [i:] の口の開きの差も顧慮されず，音素の表記において，そ

— 85 —

れぞれ /i/, /i:/ と表記されている.
- ◇ /tʃ/ と /ks/ はそれぞれ二つの音素の組み合わせとされていて，上には掲げられていない．もしもこれらをも加えるならばドイツ語の子音音素の数は 23 個となる．
- ◇ [ç] と [x] とは異なる音声ではあるが音素としては /x/ のもとにまとめられている．この二つの音 [ç] と [x] は同じ環境にはあらわれない．それぞれの音は同一音素 /x/ の異音と取り扱われる．→ 1.1.4. Ach-Laut/ Ich-Laut/ 1.2.1.6. 綴り字と発音 ch の項

  ただし，場合によっては，この二つの異音が二つの音素と取り扱われていることがある．Duden-Grammatik 1984 24 ページ参照．
- ◇ /x/ の二つの異音 [ç] と [x] のような場合の異音を組み合わせ的 kombinatorisch な異音と呼ぶ．他方，[r], [ʀ], [ʁ] のような場合の異音を任意的 fakultativ な異音と呼ぶ．

以下にドイツ語の音素と日本語の音素との対照の便宜のために，日本語の音素を掲げる．天沼寧/大坪一夫/水谷修『日本語音声学』48 頁による．ただしドイツ語の場合と合わせるために，本書では母音音素に短母音と長母音を区別した．また /y/ の表記を /j/ に改めた．/c/ はドイツ語の /ts/ に相当する．

日本語の音素
母　音 /a, a:, e, e:, i, i:, o, o:, u, u:/
子　音 /k, g, s, z, t, c, d, n, h, b, p, m, r/
半母音音素 /j, w/
特殊音素　/N(撥音), Q(促音)/

1.2.1.5.　ドイツ語のアルファベット

ドイツ語のアルファベットはラテン語のアルファベットに由来する．それ以外に変母音の字母と ß がある．配列は次の通りである．ラテン文字はドイツ文字 Fraktur に対して，Antiqua と呼ばれる．

大文字 Majuskel：

A B C D E F G H I J K L M N O P Q R S T U V W X Y Z
Ä Ö Ü

小文字 Minuskel：

a b c d e f g h i j k l m n o p q r s t u v w x y z　ä ö ü 　ß

1.2.1. 音声・音素と表記

　ＡＯＵの変音 Umlaut を表すための付点（¨）はかつてそれぞれの文字の上に å, o̊, ů と付された e の簡略化されたものである．å, o̊, ů のなごりとして今日でも ae, oe, ue などと記されることがある．一覧表においての順序では終わりに配置されるが，辞書などの配列では，それぞれ ae, oe, ue などに相当する位置に置かれている．

　ß の文字は小文字しかない．起原的には s+z の合字であって名称はそのことをあらわしている．音価は [s] であり，書換える場合には ss と書かれる．辞書等の配列においても ss として取り扱われる．なお，ss と ß の使い分けについては→90 ページ　ss/ß．

　ドイツ文字（フラクトゥーア）Fraktur を以下に掲げる．

𝕬 𝕭 𝕮 𝕯 𝕰 𝕱 𝕲 𝕳 𝕴 𝕵 𝕶 𝕷 𝕸 𝕹 𝕺 𝕻 𝕼 𝕽
a b c d e f g h i j k l m n o p q r

𝕾 𝕿 𝖀 𝖁 𝖂 𝖃 𝖄 𝖅　Ä Ö Ü
ſ, s t u v w x y z　ä ö ü　ß

1.2.1.6. 綴字と発音
(a) 母音

a	[aː]	Vater	父	Glas	ガラス，グラス
	[a]	Mann	男・夫	Affe	猿
aa, ah	[aː]	Haar	髪	Hahn	おんどり
ai, ay	[aɪ]	Mai	五月	Bayern	バイエルン
au	[aʊ]	Frau	女・妻	Haus	家
ä	[ɛː]	Käse	チーズ	Bär	熊
	[ɛ]	ändern	変える	Männer	男（複数）
äh	[ɛː]	Nähe	近辺	nähen	縫う
äu	[ɔʏ]	träumen	夢見る	Gebäude	建物
e	[eː]	geben	与える	legen	横たえる
	[ɛ]	lernen	学ぶ	kennen	知っている
	[ə]	Tante	おば	Bitte	願い

第II部　記述編

◆　この音はアクセントのない位置にのみ現れる．あいまい母音 Schwa-Laut, Murmelvokal と呼ばれる．

ee, eh	[e:]	Tee	紅茶	gehen	行く
ei, ey	[aɪ]	eins	一	Meyer	マイヤー（人名）
-er	[ər]	Fenster	窓	aber	しかし

◆　語末においてこの音は通常，母音化して発音される．[ɐr] や [ɐ] などの表記で示されることもある．

eu	[ɔY]	neu	新しい	Deutschland	ドイツ
i	[i:]	Bibel	聖書	mir	私に
	[ɪ]	in	…の中	Kind	こども
ie	[i:]	Liebe	愛	Brief	手紙
	[iə]	（外来語のアクセントのない語末音節で）			
		Familie	家族	Ferien	休暇
ih, ieh	[i:]	ihm	彼に	sieh	見よ
o	[o:]	Rose	薔薇	Sohn	子
	[ɔ]	Sonne	太陽	Tochter	娘
oo, oh	[o:]	Boot	ボート	Ohr	耳
ö	[ø:]	Öl	油	schön	美しい
	[œ]	öffnen	開く	können	出来る
öh	[ø:]	Höhe	高さ	Röhre	管
u	[u:]	Hut	帽子	Bruder	兄弟
	[ʊ]	Mutter	母	und	そして
uh	[u:]	Uhr	時計	Huhn	にわとり
ü	[y:]	fühlen	感じる	süß	甘い
	[Y]	küssen	キスする	hübsch	かわいい
üh	[y:]	kühl	涼しい	früh	早い
y	[y:]	Lyrik	叙情詩	Mythos	神話
	[Y]	Hymne	聖歌	System	組織

(b) 子音

b	[b]	Baum	樹木	sieben	七

1.2.1. 音声・音素と表記

    [p] （語末および s, t の前で）
       gelb 黄色い Herbst 秋 Abt 大修道院長
c   [k] Café 喫茶店
    [ts] Cäsar シーザー
ch [x] ach ああ doch けれども Frucht 実
      auch …もまた
    [ç] ich 私 Furcht 恐怖
    [k] Charakter 性格
    [ʃ] Chance 運

◆ 外来語は別として，ドイツ語の ch の音価には [x] と [ç] の二つがある．母音 [a, o, u, au] の後では [x] が，それ以外の場合には [ç] が現れる．

chs [ks] wachsen 成長する Fuchs 狐

◇ chs は 3 文字で，外来語の x と同じ [ks] 音を表す．ただし nächst [nɛːçst]（最も近い）においては ch の後ろに st の語尾がついたのであり，もともと chs という綴りなのではない．

ck [k] Brücke 橋 dick 太い

◇ 従来の分綴法では，例：Brük-ke のように k-k と区切る．この点がこの度の正書法の改定（→ 1.2.1.7.）で改められて Brü-cke と区切るようになった．

d   [d] Dame 婦人 Hände 手（複数）
    [t] （語末で）Land 国 Hand 手
ds [ts] Landsmann 同国人 nirgends どこにも…ない
dt [t] Stadt 町 verwandt 親類の
f   [f] finden 見つける hoffen 望む
g   [g] gut 良い grün 緑の
    [k] （語末および s, t の前で）
      Tag 日 Berg 山 mittags 正午に Vogt 代官・城守
    [ʒ] Genie 天才
ig [ɪç] König 王 Honig 蜂蜜

◆ ただし königlich は [kØːnɪklɪç] と発音する．[ɪç] の音の重複を避けるためである．

第II部　記述編

h	[h]	haben 持っている		halten 保つ	
	[無音]	（その前に立つ母音が長音であることを示す）			
		sehen 見る		nah 近い	
j	[j]	Jahr 年		jung 若い	
k	[k]	klar 澄んだ		Küche 台所	
l	[l]	lang 長い		Lippe 唇	
m	[m]	Morgen 朝		mein 私の	
n	[n]	Norden 北		nein いいえ	
ng	[ŋ]	jung 若い	Rang 等級	singen 歌う	
nk	[ŋk]	Funk 無線電信	Rank 策略	sinken 沈む	
p	[p]	Puppe 人形		Suppe スープ	
pf	[pf]	Apfel 林檎		Pfund ポンド	
ph	[f]	Philosophie 哲学		Sappho （人名）	
qu	[kv]	Quelle 泉		bequem 快い	
r	[r]	rot 赤い		Röte 赤	

◆ [r] は語末では通常，母音化する．[ɾ], [ɐ] の表記で示されることがある．
　例：Bier [biːɾ] あるいは [biːɐ]

rh	[r]	Rhein ライン川		Katarrh カタル	
s	[z]	Sand 砂		Süden 南	
	[s]	（語末で）Gras 草		Bus バス	
sch	[ʃ]	schlafen 眠る		Fisch 魚	
sp	[ʃp]	springen とぶ	spät 遅い	ただし knospe [knɔspə] つぼみ	
st	[ʃt]	Stern 星	Straße 通り	ただし ernst [ɛrnst] まじめな	
ss/ß	[s]	Fuß 足		Größe 大きさ	

◆ ss の音価は [s]．従来の表記では ss は前後に母音があり前の母音が短母音の場合に用いられる：schließen [ʃliːsən]－geschlossen [gəʃlɔsən]；Fluß [flʊs]－Flüsse [flʏsə]．今回のドイツ語正書法の改定に際しては，この点もあらためられ，ß は長母音の後，ss は短母音の後と定められた．従って Fluss－Flüsse と綴る．→ 1.2.1.7.　正書法について

— 90 —

1.2.1. 音声・音素と表記

t	[t]	Tat 行為　　bitten 頼む　　tief 深い
th	[t]	Theater 劇場　　Methode 方式
ti	[tsi]	（外来語で）Nation 国民　　Patient 患者
ts	[ts]	nichts 何も…ない
tz	[ts]	sitzen 座っている
tsch	[tʃ]	deutsch ドイツの　　Tscheche チェコ人
v	[f]	verstehen 理解する　　Veilchen 菫
	[v]	Vase 花瓶　　Universität 大学
w	[v]	Welt 世界　　Westen 西
x	[ks]	Text 本文　　Examen 試験
z	[ts]	zwei 二　　Herz 心臓

◆　x [ks] は二つの子音の連続 [k-s] である．
　ch [x/ç/k], sch [ʃ], pf [pf] などの表記は複数の文字からなるが，音としてはそれぞれ一つの子音である．pf を [p-f] と分けて発音してはならない．同様に [ts] も [t-s] と分けて発音してはならない．[pf], [ts] は Affrikata 破擦音と呼ばれる．→1.2.1.3.

1.2.1.7. 正書法について

　従来の正書法は 1901 年に Berlin で開かれた正書法会議の決議にもとづいていたが 1994 年 11 月，Wien で開かれた会議において新しい正書法が採択され，その後，1996 年 7 月に改定案が正式に決定した．当分の間は移行期間として，新旧両正書法が正しいとされるが 2005 年以降には新正書法のみが行われることになっている．

１．新正書法の大綱
　1) ss と ß について
　　短母音の後は ss，長母音の後は ß；
　　Fluss/Flüsse（従来は Fluß/Flüsse），Nässe/nass（従来は Nässe/naß），essen/isst/gegessen（従来は essen/ißt/gegessen），müssen/muss/musste（従来は müssen/muß/mußte, dass（従来は daß）；Fuß/Füße（従来のまま），Maß/Maße（従来のまま），ich aß（従来のまま）．
　2) 合成において三つの同じ子音字が重なるとき，必ず三つを記す：
　　Sauerstoffflasche, Schrotttransport, Schifffahrt, Schrittttempo（従来では三つの子音字の後が母音であると Schiffahrt のように，そのうちの一つを

— 91 —

第II部　記述編

省略して綴った)．

3) 短母音のあとの子音字重複

他の変化語形あるいは語原を同じくする他の語の語形に合わせるために子音字を重複させる：Ass (des Asses, die Asse に合わせて．従来は As)，Karamell (Karamelle に合わせて．従来は Karamel)，Messner (Messe に合わせて．従来は Mesner)，Mopp(動詞 moppen に合わせて．従来は Mop)，nummerieren(Nummer に合わせて．従来は numerieren)，Tipp(tippen に合わせて．従来は Tip)，Zigarrette, Zigarrilo(Zigarre に合わせて．従来は Zigarette, Zigarilo)，ck, tz の文字についても同様に：Stuckatur (Stuck に合わせて．従来は Stukkatur)，platzieren(Platz に合わせて，従来は plazieren)．

4) ウムラウトの表記

同じ語原の他の語形に合わせてウムラウトの表記がなされる：Bändel (Band に合わせて．従来は Bändel の他に Bendel もあった)，behände(Hand に合わせて．従来は behend)，belämmert(Lamm に合わせて．従来は belemmert)，Quäntchen(Quantum に合わせて．従来は Quentchen)，schnäuzen (Schnäuzen, Schnauz に合わせて．従来は schneuzen)，Stängel(Stange に合わせて．従来は Stengel)，Gämse (Gams に合わせて．従来は Gemse)，überschwänglich (Überschwang に合わせて．従来は überschwenglich)，verbläuen (blau に合わせて．従来では verbläuen の他に verbleuen があった)．この結果，今後は aufwändig (Aufwand に合わせて) と aufwendig (aufwenden に合わせて) の二つの書き方が並立することになる (従来は aufwendig のみ)．

5) その他，個別的に

rau：従来の rauh は，blau, grau, genau, schlau など -au に終わる形容詞に合わせて rau と綴られる．-heit を付した形は Rauheit(これは従来も Rauheit)．

Känguru：従来は Känguruh

Fede, Lede：従来は Fehde, Lehde

Föhn：従来も Föhn であったが，「温風乾燥機」は Fön であった．この場合にも Föhn となる．

Rohheit, Zähheit：従来は Roheit, Zäheit であるが形容詞語末の -h を脱落

— 92 —

1.2.1. 音声・音素と表記

させない．Hoheit（hoch＋heit）のみは従来通り例外．

さらに Zierrat(従来は Zierat），selbstständig（従来の selbständig も認める），Albtraum（従来の Alptraum も認める），Albdrücken（従来の Alpdrücken も認める）等々．

6) 外来語について

以下に示すようなドイツ語化の方向での新しい表記の他に従来の綴りも認められている．

ai →	ä	Drainage/Dränage, Mayonnaise/Majonäse, Polonaise/Polonäse
é →	ee	Doublé/Dublee, Exposé/Exposee, Varieté/Varietee
ou →	u	Bouquet/Bukett, Doublé/Dublee, Nougat/Nugat
ph →	f	Photo/Foto, Orthographie/Orthografie, Mikrophon/Mikrofon
gh →	g	Ghetto/Getto, Spaghetti/Spagetti, Joghurt/Jogurt
y →	j	Yacht/Jacht, Mayonnaise/Majonäse
c →	k	Code/Kode, circa/zirka
qu →	k	Bouquet/Bukett, Kommuniqué/Kommunikee
rh →	r	Katarrh/Katarr, Myrrhe/Myrre
c →	ss	Facette/Fassette, Necessaire/Nessessär
ch →	sch	Chicorée/Schikoree, Sketch/Sketsch
th →	t	Panther/Panter, Kathode/Katode, Thunfisch/Tunfisch
c →	z	Penicillin/Penizillin, circa/zirka

2．大文字書き・小文字書きについて

1) Doppelpunkt（:）のあとは大文字．
2) 手紙の中での呼びかけの Sie については，従来通り，大文字書き．du については誤解の可能性がないので小文字書き．
3) 固有名詞については，その中に形容詞があらわれていても，従来通り大文字書き：der Schiefe Turm, der Nahe Osten, der Weiße Sonntag, die Französiche Revolution.
4) 人名による派生形容詞は小文字書き：das ohmsche Gesetz, platonische Liebe：ただしアポストロフを用いた'sch の形では，人名は大文字書き：das Ohm'sche Gesetz, die Grimm'schen Märchen.

5) 名詞の大文字書きについて
   a) 副詞である vorgestern, gestern, heute, morgen, übermorgen のあとの Tageszeiten を表す名詞はこれからは大文字書き：heute Morgen, gestern Abend.
   b) 慣用句における名詞化された形容詞は，これからは常に大文字書き：das Weite sehen, nicht das Geringste, im Großen und Ganzen.
   c) 次のタイプの副詞句においても名詞化された形容詞は大文字：vor Kurzem, ohne Weiteres, im Allgemeinen.
   d) und で結ばれた人を意味する形容詞は大文字書き：Arm und Reich, Jung und Alt.
   e) 成句の中の名詞は大文字書き：außer Acht lassen, in Bezug (auf), Rad fahren.
3．分綴法について
   1) 語頭の一字の母音を分けることができる：A-bend, O-fen（従来は分綴不可）．
   2) st も分けることが出来る：Fens-ter, ges-tern（従来は Fen-ster, ge-stern）．
   3) ck は分けずに次の行に送る：Zu-cker, ba-cken（従来は Zuk-ker, bak-ken）．
   4) darum, herum, hinauf, einander などには従来通りの dar-um, her-um, hin-auf, ein-ander などの分け方の他に発音上の音節の切れ目による da-rum, he-rum, hi-nauf, ei-nander などをも認める．
   5) 外来語には原語の分綴法の他に発音上の切れ目で分けることも認める：Päd-ago-gik の他に Pä-da-go-gik, Ma-gnet の他に Mag-net, Zy-klus の他に Zyk-lus.

1.2.2. 品詞と造語法

1.2.2.1. 品詞一覧

先に 1.1.1.3. で「ドイツ語の品詞」を示すときには，文の核を形成する品詞である動詞を先頭に置いたが，ここでは伝統的な順序に従って名詞類から始める．10 品詞を，まず語形変化する品詞（変化詞）と語形変化しない品詞

1.2.2. 品詞と造語法

(不変化詞)に分ける．それぞれに若干の語例を添え，また本書中の関連の箇所を指示した．

英語の文法では通例 8 品詞に分けられるが，ドイツ語では，普通その 8 品詞に①冠詞と⑤数詞の二つを加え 10 品詞とする．

1) 変化詞

①冠詞　　　　der, die, das；die
　　　　　　　ein, eine, ein　　　　　　　　　　　→ 1.2.3.
②名詞　　　　強変化 I （der）Vater など，II （der）Sohn など，
　　　　　　　　　　　III （das）Haus など，
　　　　　　　弱変化（die）Tür など，
　　　　　　　混合変化（das）Auge など，
　　　　　　　不規則変化（das）Herz, （der）Herr など → 1.2.5.
③代名詞
　　人称代名詞　ich, du, er, sie, es, wir, ihr, sie, Sie　→ 1.2.6.
　　再帰代名詞　sich, 人称代名詞と同形のもの　　　　　→ 1.2.24.
　　所有代名詞　mein, dein, sein, ihr, unser, euer, Ihr　→ 1.2.7.
　　指示代名詞　der, dieser, jener, solcher,
　　　　　　　　derjenige, derselbe　　　　　　　　　→ 1.2.8.
　　疑問代名詞　wer, was, welcher, was für ein　　　　→ 1.2.9.
　　関係代名詞　定関係代名詞 der, welcher　　　　　　→ 1.2.10.1.
　　　　　　　　不定関係代名詞 wer, was　　　　　　 → 1.2.10.2.
　　不定代名詞　man, jemand, niemand, jedermann,
　　　　　　　　etwas, nichts, einer ほか不定数詞
　　　　　　　　all, kein, jeder 等の名詞的用法　　　　→ 1.2.14.
④形容詞　　　強・弱・混合変化；比較変化　　　　　　→ 1.2.11.
⑤数詞　　　　基数・序数・倍数・分数　　　　　　　　→ 1.2.13.
　（不定数詞）all, jeder, manch, viel, kein など　　　　→ 1.2.14.
⑥動詞　　　　強変化（binden など）・弱変化（sagen な
　　　　　　　ど）・混合変化（bringen など）　　　　 → 1.2.15.
　　（助動詞）時称の助動詞 sein, haben, werden　　　　→ 1.2.18.
　　　　　　　受動の助動詞 werden　　　　　　　　　→ 1.2.23.

第Ⅱ部　記述編

　　　　　　　話法の助動詞 dürfen, können, mögen,
　　　　　　　　　　　　müssen, sollen, wollen　　→ 1.2.21.
　　　　　　　ほか再帰動詞 sich freuen など　　　　→ 1.2.24.
　　　　　　　非人称動詞 regnen, schneien など　　 → 1.2.26.
　　　　　　　複合動詞 abfahren, besuchen など　　 → 1.2.25.
....
　　　（不定詞）zu のつかない場合 sehen と
　　　　　　　zu のつく場合 zu sehen がある．　　　→ 1.2.27.1.
　　　（分詞）　現在分詞 sehend, 過去分詞 gesehen,
　　　　　　　未来受動分詞 zu sehend　　　　　　　→ 1.2.27.2.
2) 不変化詞
　⑦副詞　　　時・場所・方法・原因など．
　　　　　　　　jetzt/hier/so/darum など　　　　　→ 1.2.28.
　⑧前置詞　　 2 格支配 wegen など　　　　　　　　→ 1.2.29.1
　　　　　　　3 格支配 mit など　　　　　　　　　 → 1.2.29.2.
　　　　　　　4 格支配 für など　　　　　　　　　 → 1.2.29.3.
　　　　　　　3・4 格支配 an, auf など 9 個　　　　→ 1.2.29.4.
　⑨接続詞　　 純粋並列接続詞 und, aber など　　　 → 1.2.30.1.
　　　　　　　副詞的接続詞 also, sonst など　　　　→ 1.2.30.1.
　　　　　　　従属接続詞 wenn, als, weil, daß など → 1.2.30.2.
　⑩間投詞　　 ach !, au !, weh !, pfui !, he !, pst !, sch !　→ 1.2.31.
　　　　　　　Donnerwetter !, bewahre !, auf !, fort ! な
　　　　　　　ど

◆　間投詞は特別の品詞であって，文要素というよりは，ひとつの文と同
　　等の効果をもつことも多く，これを不変化詞に入れない考えもある．
→第Ⅲ部　表 1

1.2.2.2.　造　語　法
合成（複合）Zusammensetzung/Komposition
　語と語を組み合わせて新しい語をつくること．また，その結果出来た語を
もいう．例：kennenlernen, morgenschön, Abendsonnenschein. ドイツ語
は比較的，合成語を好む言語である．アメリカの作家 Mark Twain は，こ

— 96 —

1.2.2. 品詞と造語法

の傾向を皮肉るために，Freundschaftsbezeigungenstadtverordnetenversammlungenfamilieneigentümlichkeit(en) という長い合成語を作ってみせている.

派生 Ableitung/Derivation

接頭辞，接尾辞，転母音などにより新しい語をつくること．また，その結果出来た語をも指す．例：kennen から erkennen, Frau から Fräulein, brechen から Bruch.

共成 Zusammenbildung

合成と派生の中間的現象といえる．語にではなく，句に接尾辞などがついて新しい語ができること．例：Gesetzgebung (Gesetz geben という句をもとにして，それに -ung という接尾辞がついた.)

語幹 Wortstamm

語の屈折語尾（Flexionsendung）を取り除いた残りの部分を指す：動詞 kommen の komm の部分.

語尾 Endung

語幹に添えられて屈折の形式を示す部分．例：komm-t の -t の部分．屈折の後綴

Flexionssuffix と呼ばれることもある．

接辞 Affix

語幹に添えられて派生語をつくる．その語幹の前に置かれる前綴（接頭辞）Präfix，後におかれる後綴（接尾辞）Suffix，（言語によっては）中におかれる接中辞 Infix（例えばギリシア語の $\lambda\alpha\mu\beta\acute{\alpha}\nu\omega$「取る」の語幹 lamb- の中の m は現在語幹 lab- に n が内接したものと説明される）などがある．

  重要な前綴：ab-, an- などの分離動詞の前綴　　→ 1.2.25.1.
      be-, emp-, ent- などの非分離動詞の前綴　→ 1.2.25.2.
      durch-, hinter- など分離・非分離の前綴　→ 1.2.25.3.

  重要な後綴：-heit, -keit, -nis, -chen, -lein, -ung など．

 ◇　合成名詞の Straßenbahn や Bildungsroman における -en- や -s- は歴史的には2格であることを示す格語尾であったが，今日のドイツ語においては接合の役割をはたしている接合要素 Fugenelement である．この -s- は Binde- s あるいは Fugen-s と呼ばれることがある．

1.2.3. 冠詞・性・数・格

1.2.3.1. 定冠詞 der bestimmte Artikel
定冠詞の変化→第Ⅲ部　表2
- ◇　定冠詞は指示代名詞 der, die, das に由来する．今日，複数では性の区別が消失しているが，古くは複数形にも性の区別があった．

定冠詞の用法
1) 既知のもの・既に話題にのぼったもの：Da ist ein Baum. *Der* Baum ist sehr alt. ここに木が一本ある．その木は大変古い．
2) 一般概念：*Der* Wal ist kein Fisch. 鯨は魚ではない．
3) 一般的通念：*die* Sonne 太陽，*der* Mond 月，*das* Paradies 天国
4) 規定を受けた名詞：*das* Haus meines Onkels 私の伯父の家，*das* schöne Kleid その美しいドレス
5) 規定を受けた固有名詞：*das* heutige Deutschland 今日のドイツ
6) 男性・女性・複数形の国名：*der* Irak, *die* Schweiz, *die* Niederlande
7) 最上級の形容詞で規定された名詞：*der* schönste Tag meines Lebens わが生涯の最良の日

- ◇　前置詞と融合することがある：von dem＞vom, zu der＞zur, auf das＞aufs など→1.2.29.5.
- ◇　定冠詞とほぼ同様の変化をするものに dieser, jener, jeder, solcher, welcher などがある．→1.2.8.2.

1.2.3.2. 不定冠詞 der unbestimmte Artikel
不定冠詞の変化→第Ⅲ部　表8
- ◇　変化表にも見られるように不定冠詞には複数形がない．すなわち複数名詞に不定冠詞がつく場合には無冠詞となる．

不定冠詞の用法
1) 不特定の人・物：*ein* Mann ある男，*eine* Dame ある婦人，*ein* Buch ある本，Er arbeitet in *einem* Hotel. 彼はあるホテルで働いている．
2) 種族の代表：Das weiß sogar *ein* Kind. それは子どもでも知っている．

（この場合は複数形も用いられる：Das wissen sogar *Kinder*.）
3) 固有名詞について「…のような人」をあらわす：*ein* Goethe ゲーテのような人物
◇ 不定冠詞は数詞 ein の形容詞的用法である ein, eine, ein に由来する．数詞 ein はまた不定数詞・不定代名詞にもなっている．
さらに数詞 ein に由来する語に，いわゆる否定冠詞・不定数詞・不定代名詞の kein がある．kein には複数形がある．
◇ 所有代名詞（mein, dein, sein, ihr, sein；unser, euer, ihr, Ihr）は不定冠詞と同様の変化をする．

1.2.3.3. 無冠詞 Null-Artikel

次のような場合には冠詞を用いない．
1) 固有名詞：*Japan* 日本，*Mozart* モーツァルト，Er wohnte in *Wien*. 彼はウィーンに住んでいた．
2) 物質名詞・抽象名詞：*Kaffee* mit *Milch* und *Zucker* 砂糖とミルク入りのコーヒー，Nach den Nachrichten kommt *Musik*. ニュースの後は音楽です．
3) 人を紹介する文の述語内容詞となった職業・国籍などを表す名詞：Ich bin *Student*(*in*). 私は学生です．Er ist *Franzose*. 彼はフランス人です．
4) 慣用句において：*Leib* und *Seele* 心身，*Tag* und *Nacht* 昼夜，*Himmel* und *Hölle* 天国と地獄，zu *Hause* sein 家にいる，nach *Hause* gehen 帰宅する．
◇ ドイツ語の不定冠詞には複数形がないため，単数形では不定冠詞が必要な名詞でも複数では無冠詞となる：
Haben Sie *Kinder* ? お子さんはおありですか．

1.2.4. 名詞の語彙・造語法と文法上の性

1.2.4.1. 名詞の性

ドイツ語の名詞はすべて，文法上の性を持つ：男性 Maskulinum(m.)，女性 Femininum(f.)，中性 Neutrum(n.)．複数 Plural(pl.)では性は区別されな

— 99 —

第 II 部　記述編

い．この「性」は Genus と呼ばれ，生物学上の「性」Sexus と区別される．Genus と Sexus とは一致することもあるが，必ずしも一致するとは限らない．Mädchen（少女），Fräulein（お嬢さん）や Weib（女）などのように自然の性では女性であるが，文法上は中性であるという例もある．また Tisch（机）や Wand（壁）などのように，本来性別などあるはずのない「無生物」や，さらにまた，抽象名詞にいたるまでのすべてに文法上の「性」は割り当てられている．

その様子を次の 1) から 5) までの，動物・植物・鉱物・家畜・家禽・住居・自然・親族名称などのさまざまの語において概観しよう．

1) 自然界

m.	f.	n.
Vogel 鳥	Pflanze 植物	Tier 動物
Baum 樹木	Blume 花	Vieh 家畜
Fisch 魚		Insekt 昆虫
		Gras 草

2) 動物（雌雄・総称・子）

m. 雄	f. 雌	n. 総称	子
Stier 雄牛	Kuh 雌牛	Rind 牛	Kalb 子牛
Bulle 雄牛	Kalbe 未経産牛		
Ochse 雄牛			
Hengst 雄馬	Stute 雌馬	Pferd 馬	Fohlen 子馬
	Mähre 老いぼれ馬		
Eber 雄豚	Sau 雌豚	Schwein 豚	Ferkel 子豚
Hahn 雄鶏	Henne 雌鶏	Huhn 鶏	Kücken 雛鳥
		Schaf 羊	Lamm 子羊
Bock 雄山羊	Geiß 山羊		
	Ziege 山羊	Reh のろじか	
	Giraffe きりん	Kamel らくだ	

3) 親子・兄弟等

m.	f.	n.	pl.
Vater 父	Mutter 母		Eltern 両親
Sohn 息子	Tochter 娘	Kind 子	

— 100 —

1.2.4. 名詞の語彙・造語法と文法上の性

　　Bruder 兄弟　Schwester 姉妹　　　　　　Geschwister 兄弟姉妹
4)　人間の男女等
　　m.　　　　　　f.　　　　　　n.　　　　　　　pl.
　　Mann 男, 夫　　Frau 女, 妻　　Fräulein 未婚の女性　Leute 人々
　　Mensch 人間　　Magd 乙女　　Weib 女
　　Junge 少年　　　　　　　　　Mädchen 少女
　　Bube 少年
　　Knabe 少年
5)　無生物（の性）：
　　m.　　　　　　　　f.　　　　　　　　　n.
　　Himmel 天　　　　　Erde 地球
　　Mond 月, Stern 星　 Sonne 太陽　　　　　Licht 光
　　Berg 山　　　　　　Ebene 平野　　　　　Tal 谷, Feld 野原,
　　　　　　　　　　　　　　　　　　　　　　Land 陸地
　　See 湖, Ozean 大洋　See 海　　　　　　　Meer 海
　　Sand 砂, Stein 石　 Luft 空気　　　　　　Wasser 水, Erz 鉱石,
　　Fels 岩　　　　　　　　　　　　　　　　Salz 塩
　　Stahl 鋼鉄　　　　　　　　　　　　　　Gold 金, Silber 銀,
　　　　　　　　　　　　　　　　　　　　　Kupfer 銅, Eisen 鉄,
　　　　　　　　　　　　　　　　　　　　　Blei 鉛, Zinn 錫
　　Tisch 机, Stuhl 椅子,　Tafel 黒板, Tür ドア,　Haus 家, Fenster 窓
　　Sessel 安楽椅子　　　Treppe 階段
　　Garten 庭, Park 公園, Wand 壁, Bank ベンチ, Dach 屋根
　　Weg 道　　　　　　Straße 道路
　　Hof 中庭　　　　　Stadt 都市　　　　　　Dorf 村
　　Palast 宮殿　　　　Burg 城　　　　　　　Schloß 城
　　Staat 国家　　　　 Nation 民族　　　　　 Reich 帝国
　　　　　　　　　　　Rasse 種族　　　　　　Volk 民族
　　Geist 精神　　　　 Seele 心　　　　　　　Gemüt 心情

親族関係 Verwandtschaft：

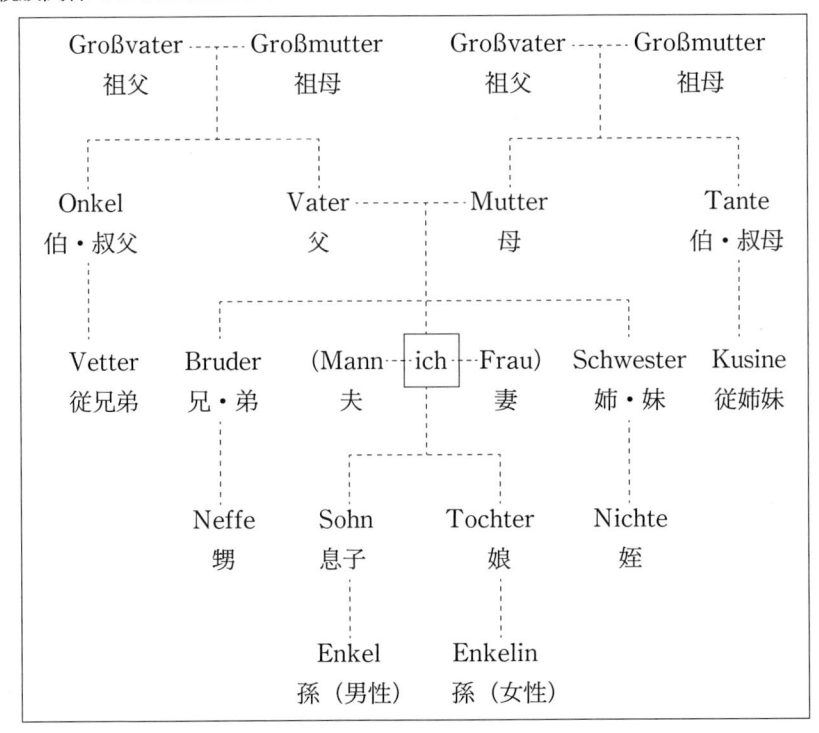

```
      Großvater------Großmutter      Großvater------Großmutter
        祖父           祖母              祖父           祖母
          └─────┬───────┘                 └─────┬───────┘
                │                                │
     Onkel      Vater ------------- Mutter           Tante
     伯・叔父      父                    母             伯・叔母
                        │
    Vetter   Bruder   (Mann--ich--Frau)   Schwester   Kusine
    従兄弟    兄・弟      夫      妻        姉・妹     従姉妹
                          │
              Neffe    Sohn    Tochter    Nichte
               甥      息子      娘         姪

                       Enkel    Enkelin
                      孫（男性） 孫（女性）
```

1.2.4.2. 造語法と性

男性形をもとにして女性形をつくるもの：
Hund 犬＞Hündin, Löwe ライオン＞Löwin, Bär 熊＞Bärin, Wolf 狼＞Wölfin

女性形をもとにして男性形をつくるもの：
Witwe 未亡人＞Witwer, Katze 猫＞Kater, Braut 花嫁＞Bräutigam, Gans がちょう＞Gänserich

-ung, -schaft, -heit, -keit の後綴による派生名詞の性は女性：
Ableit*ung* 派生，Wissen*schaft* 学問，Rein*heit* 純粋性，Wichtig*keit* 重要性

複合名詞の性は基礎語（最後の名詞）の性にならう。複合名詞の数につ

— 102 —

1.2.4. 名詞の語彙・造語法と文法上の性

いては→1.2.5.11.
 der Hand*schuh* 手袋　　　（die Hand 手＋der Schuh 靴）
 die Hand*tasche* ハンドバッグ　（die Hand 手＋die Tasche カバン）
 das Hand*tuch* タオル　　　（die Hand 手＋das Tuch 布）

1.2.4.3. 文法上の性の変動・不確定

 同じ名詞ないし同形の名詞で性・変化・意味を異にする場合がある．これは歴史的変遷の結果である．性の確定していないものが少なくないのも同じ事情である．

 また Kiefer のように，語原的に異なったものが形の上で一致してしまった例もある：女性名詞の「松」と男性名詞の「あご」．

 それらの問題に深く立ち入ることは避けるが，次のような事例があることは知っておくと便利である．

 1) 複数形の違いで意味の異なる場合：
  die Bank　pl. Bänke ベンチ，　Banken 銀行
  der Mann　pl. Männer 男，Mannen 家来（人員 Mann は無変化）
  das Wort　pl. Wörter 単語，Worte 言葉
  その他 Gesicht, Laden, Licht などがある．

 2) 複数形は同じでも性の違いで意味が異なる場合：
  der See　/die Seen　湖　　die See　/die Seen　海
  der Messer /die Messer 計器　das Messer /die Messer ナイフ
  類例は Heide, Chor, Mast, Maß, Verdienst, Weise, Wurm など．

 3) 性も複数形も意味も異なる場合：
  der Tor/die Toren ばか　　　das Tor/die Tore　門
  der Leiter/die Leiter 指揮者　die Leiter/die Leitern はしご
  der Band/die Bände 製本，巻
  das Band/die Bänder ひも，リボン
  das Band/die Bande きずな，桎梏
  die Band/die Bands 楽団
◇ Band 楽団は英語からの外来語であって発音も他とは異なり [bɛnt/bænd] である．
  類例は Bauer, Bund, Kiefer, Schild, Steuer, Stift などがある．

4) 意味は同じであるが性や語形の異なる場合：
   das Rohr/die Röhre　　管，　　der Spalt/die Spalte　裂け目
   der Quell/die Quelle　　泉

1.2.5. 名詞の変化方式

　名詞の変化というのは数と格に従っての形態上の変化（Flexion）である．
　名詞に後綴 -chen や -lein をつけて中性名詞をつくったり，男性名詞に女性を表す後綴 -in をつけて女性名詞をつくったりすることはあるけれども，これらは造語法上の語の派生（Ableitung）であって，名詞の文法形態上の変化ではない．

　　◇　-chen, -lein は「縮小の後綴（接尾辞）」といわれ，ある名詞をもとに，その名詞の「小さいもの」という意味の新しい名詞をつくる．これらの名詞は必ず中性名詞である．
　　　　　　　例：Haus 家＋-chen＝Häuschen 小さな家
　　　　　　　　　Buch 本＋-lein＝Büchlein 小冊子
　　［注意］ただし Kuchen ケーキ・焼き菓子は男性名詞である．この語形は縮小の接尾辞によるものではない．発音も [kuːxən] である．

1.2.5.1. 類 型 表
　ドイツ語の名詞は通常，5種の変化方式のうちのどれかによって変化する．
→第III部　表18
　a) 強変化第I式（同尾式）：→第III部　表19
　　　　複数になっても語尾は付加されない．複数で幹母音が変音するものと，しないものとがある．男性・女性・中性のいずれにも，この変化に属するものがある．
　b) 強変化第II式（e 式）：→第III部　表20
　　　　複数では語尾 -e が付加される．複数で幹母音が変音するものと，しないものとがある．男性・女性・中性のいずれにおいても，この変化に属するものがある．
　c) 強変化第III式（er 式）：→第III部　表21
　　　　複数で語尾 -er が付加される．幹母音が変音しうるもの(a, o, u, au)

1.2.5. 名詞の変化方式

であれば必ず変音する．女性名詞でこの方式の変化をするものはない．
d) 弱変化：→第Ⅲ部 表22
男性名詞は単数2格以下および複数，女性は複数において弱語尾 -[e]n が付加される．中性名詞でこの方式の変化をするものはない．
e) 混合変化：→第Ⅲ部 表23
単数で強変化，複数で弱変化をするものである．女性名詞でこの式の変化をするものはない．
［注意］辞書には単数2格と複数1格の形が，例えば Buch については n．(中性) -[e]s (＝Buch[e]s)/Bücher のように示されている．女性名詞は単数では常に無変化であるから，単数2格については示されないことがある．

◇ 男性・中性名詞の2格語尾 -es/-[e]s/-s について
巻末 表18〜25 にも示すように，男性・中性名詞の単数2格形において語尾 -es, -[e]s あるいは -s が付される．

例： 1格 Haus 家 ；2格 Haus*es*
1格 Strauß 花束；2格 Strauß*es*
1格 Arm 腕 ；2格 Arm*es* あるいは Arm*s*
1格 Ast 枝 ；2格 Ast*es* あるいは Ast*s*
1格 Tisch 机 ；2格 Tisch*es* あるいは Tisch*s*
1格 Buch 本 ；2格 Buch*es* あるいは Buch*s*

この例に見るように，-s 音におわる名詞の場合には，-e- を省くことが出来ない．また省くことが可能なものもていねいな口調では省かない．一方で -e, -el, -em, -en, -er, -chen, -lein, -sel, -ig, -ing, -ling, -sal, -tum などに終わる二音節以上の名詞の場合には -es ではなく，-s が付される．

例：Käse チーズ＞Käses, Vogel 鳥＞Vogels, Atem 呼吸＞Atems, Balken 角材＞Balkens, Lehrer 教師＞Lehrers, Mädchen 少女＞Mädchens, Fräulein お嬢さん＞Fräuleins, König 王＞Königs, Hering にしん＞Herings, Sperling 雀＞Sperlings, Schicksal 運命＞Schicksals, Reichtum 富＞Reichtums

◇ 男性・中性名詞の3格語尾 -e について
2格において -es を付すことが出来る名詞の場合，古くは単数3格においても -e が付されることがあった．今日にも見られる nach Haus*e*

gehen「家に帰る」や zu Hau*se* sein「在宅している」などの語尾 -e（ただし今日では，この -e は脱落可能である）は，その名残である．荘重な文体では，今日でも am Rand*e* der Verzweiflung「絶望の淵にあって」のように -e を付した形の方が用いられる．普通の，日常的な「やかんの縁に」という場合には am Rand*e* des Kessels とは言わず，am Rand des Kessels という．

1.2.5.2. 名詞変化の通則

1) 男性名詞の大部分は単数2格で強語尾 -[e]s をとるが，2格以下 -[e]n という弱語尾をとる弱変化のものが若干ある．
2) 中性名詞はすべて単数2格に強語尾 -[e]s をとる（強変化，混合変化ともに）．
3) 女性名詞は単数では無変化である．もちろん語尾は一切とらない．
4) 複数の1・2・4格は同形，特殊のもの以外は，3格は -n で終わる．なお，
5) 次のような名詞は普通，単数でのみ用いらる．
   a. 固有名詞：Europa ヨーロッパ，Deutschland ドイツ，München ミュンヘン，Zeus ゼウス，Goethe ゲーテ，Bismarck ビスマルクなど
   b. 物質名詞：der Honig 蜂蜜，das Eis 氷，das Fleisch 肉，die Milch ミルクなど
   c. 抽象名詞：der Haß 憎悪，das Glück 幸福，die Jugend 青春，die Röte 赤み　など
   d. 集合名詞：das Laub 木の葉の茂み，das Vieh 家畜　など
   このほか動詞の不定詞を中性名詞化したもの（das Lernen「習うこと」，das Vergessen「忘れること」など）や数量単位（sechs Paar Schuhe「靴6足」，vier Glas Wein「ワイン4グラス」）などでは複数形は用いられない．
6) 次のような名詞は通常，複数形のみが用いられる：
   　　Leute 人々，Eltern 両親；Alpen アルプス，Niederlande オランダ；Ostern 復活祭，Weihnachten クリスマス；Masern はしか，Pocken 天然痘；Kosten 費用，Unkosten むだな出費など．
   　　der　Rat が「忠告・助言」などを意味するときは，複数には Rat-

1.2.5. 名詞の変化方式

schläge を用い，同様に，das Unglück が「災害・事故」などを意味するときには，複数は Unglücksfälle を用いる．
7) 複合名詞の性や複数形は基礎語（最後の名詞）の性や複数形にならう．
→ 1.2.4.2.

1.2.5.3. 強変化 I （同尾式）→第III部 表19
この型に属する主な名詞は，
1) 女性名詞は2語だけ（複数で変音する）：Mutter 母，Tochter 娘
2) -chen, -lein に終わる中性名詞：Mädchen 少女，Märchen おとぎ話，Fräulein お嬢さん
3) -el, -er, -en に終わる男性名詞・中性名詞：der Engel 天使，Himmel 空，Apfel*りんご，Lehrer 教師，Bruder*兄弟，Finger 指，Sommer 夏，Winter 冬，Brunnen 井戸，Kuchen ケーキ；das Mittel 手段，Segel 帆，Wetter 天気，Garten*庭．（＊：複数形で変音）

1.2.5.4. 強変化 II （-e 式）→第III部 表20
この型に属する主な名詞は，
1) der Hund 犬，Arzt*医師，die Hand*手，Stadt*都市，das Brot, パン，Haar 髪（＊：複数形で変音）
2) -nis, -sal に終わる女性・中性名詞：
die Kenntnis 知識；das Bekenntnis 告白，Schicksal 運命など
◆-nis に -es, -e の語尾がつくと -nisses, -nisse となる．

1.2.5.5. 強変化 III （-er 式）→第III部 表21
この型に属する主な名詞は，
1) 大部分の単音節の中性名詞：Buch 本，Dach 屋根，Dorf 村，Ei 卵，Faß 樽，Gesicht 顔，Land 国，Lied 歌，Volk 民衆，民族
2) 単音節の男性名詞：Mann 男，Wald 森，Gott 神．
3) tum に終わる中性・男性名詞のすべて：Altertum 古代，Eigentum 財産，Herzogstum 公国など，（複数は-tümer となる．）
◆ 男性名詞は Irrtum 誤り，Reichtum 富の二語だけ
4) この型に属する女性名詞はない

1.2.5.6. 弱変化（-n 式）→第III部　表22
この型に属する主な名詞は，
1) 女性名詞の大部分：Blume 花，Schule 学校，Straße 通り，Schwester 姉妹，Maschine 機械，Zahl 数
2) -in, -heit, -keit, -schaft, -tät, -ung などに終わるもの（これらは必ず女性名詞）：Schülerin 女生徒，Freiheit 自由，Wirklichkeit 現実，Wissenschaft 学問，Universität 大学，Zeitung 新聞など
   ◆　-in に終わる名詞の複数形は -innen になる．
3) -e で終わる男性名詞（例外：Käse チーズ）：Junge 少年，Löwe ライオン，Hase うさぎなど
4) 最後の音節にアクセントのある外来男性名詞：Elefant 象，Philosoph 哲学者，Planet 惑星など

1.2.5.7. 混合変化→第III部　表23
女性名詞でこの変化をするものはない．
語幹がアクセントのない -or に終わる外来男性名詞はすべてこの変化をする．その際，複数ではアクセントが移動する：
   der ˈDoktor, die Dokˈtoren
   der Proˈfessor, die Profesˈsoren など

1.2.5.8. 特殊変化→第III部　表24
Name 名前，Herz 心臓，Herr 主人は特殊な変化をする．
◆　Name と同様の変化をする男性名詞：Funke 火花，Gedanke 思想，Glaube 信仰，Wille 意志．
◇　また Frieden 平和，Haufen 堆積，Samen 種子の三語も，古くは，また今日でも荘重な文体においては，Friede, Haufe, Same の形で用いられる．従って，この場合には，これらも Name と同様の変化をすることになる．

Hotel などの変化→第III部　表25
この型に属する名詞は外来語である：der Chef チーフ，長，die Kamera カメラ，das Auto 自動車，das Foto 写真，das Sofa ソファー

1.2.5. 名詞の変化方式

1.2.5.9. 外来名詞の変化方式
1) 古くからドイツ語化して使われている借入語 Lehnwort と外国語の性格を持ちつづけている外来語 Fremdwort の区別は厳密にはつけ難い。また外来語で，ドイツ語の変化の方式に組みこまれてしまっているものも多い。たとえば

　強変化Ⅰの方式にならうもの：der Artikel 箇条・冠詞, Titel タイトル, das Theater 劇場など

　強変化Ⅱの方式にならうもの：der Offizier 士官, Patron 守護者, Kanal 運河, das Problem 問題, Resultat 結果, Atlas 地図書など

　◆ Atlas の複数形は Atlasse。別に Atlanten の形もある。

　強変化Ⅲの方式にならうもの：das Hospital ないし強．Ⅱ.）病院, Spital 病院, Regiment 連隊など。

　弱変化の方式にならうもの：der Protestant 新教徒, Student 学生, Jurist 法律家, Philosoph 哲学者, Astronom 天文学者, Poet 詩人；die Melodie 旋律, Person 人物, Nation 国民, Kultur 文化, Universität 大学

　混合変化の方式にならうもの：前記 der Doktor, Professor などアクセントのない -or に終わるもの；また -ium, -al に終わる中性名詞で，複数が -ien, -alien, -ilien となるものも混合変化として扱う：Gymnasium/Gymnasien ギムナジウム, Material/Materalien 原料

2) 一般に，学術用語に原語の変化をとどめているものが多いのは当然であるが，ドイツ語化した別形をもっている場合も少なくない。

　　das Substantivum/Substantiva あるいは das Substantiv/Substantive 名詞, das Verbum/Verba あるいは das Verb/Verben 動詞, das Examen/Examina あるいは Examen 試験, das Motto/Mottos あるいは Motti モットーなど。

3) -ismus に終わるものは単数2格も語尾をとらずそのままの形，複数では -ismen となる。

　　der Katechismus, des Katechismus；die Katechismen 問答示教書

4) das Komma コンマ, Klima 気候, Thema テーマ等は単数2格で -s がつき，複数は Kommas/Kommata；Klimas/Klimate；Themen/Themata となる。

5) 英・仏語から来たものは単数 2 格に -s（女性は例外），複数にも -s をつける：das Genie -s, -s 天才，das Hotel -s, -s ホテル，die Lady der Lady, Ladys od. Ladies 淑女中の淑女 → 1.2.5.8.

1.2.5.10．固有名詞 → 第III部　表 26
1) 人名
   a) 男性名・女性名・姓などは 2 格に -s をつける：die Gedichte Goethes/ Goethes Gedichte ゲーテの詩
   b) 男性名・女性名・姓などが -s, -sch, -ß, -x, -tz, z におわる場合には 2 格に -ens をつける：
   Schulzens Haus シュルツの家，Hansens Bruder ハンスの兄弟
   　◆　今日ではアポストロフ（'）か，前置詞 von による書換えの方が普通である：*Hans'* Bruder/der Bruder *von* Hans
   c) -e におわる女名の 2 格には -ns をつける：Luisens Vater ルイーゼの父 → 第III部　表 26
   　◆　今日では前置詞 von による書換えの方が普通である：der Vater *von* Luise
   d) 姓と名を記す場合の 2 格は，姓のみに -s をつける：Wolfgang Amadeus Mozart → （2 格）Wolfgang Amadeus Mozarts
   e) 定冠詞など付加語をともなう場合には付加語のみが格変化する：die Werke des jungen Dürer 若いデューラーの作品
   f) Jesus Christus イエス・キリストの格変化：Jesu Christi（2 格），Jesu Christo（3 格），Jesum Christum（4 格）
   　◆　3 格・4 格には Jesus Christus の形も用いられる．
   g) 姓の複数は -s がつき，「その家族の人々」を意味する：Buddenbrooks ブッデンブローク家の人々（Th. Mann の代表作の一つの表題に用いられている）．
   h) 人名の前に添えられる敬称の Herr は普通名詞と同様の変化をする：Herr Müller → Herrn
   　　Müllers（2 格），Herrn Müller（3 格），Herrn Müller（4 格）
2) 地名：原則として中性で無冠詞．2 格には -s がつく．→ 第III部　表 26．ただし，男性や女性や複数の国名には定冠詞がつき，普通名詞に準じた

変化をする：der Sudan スーダン共和国，die Schweiz スイス；die Niederlande オランダ
　　　◆　-s, -ß, -z, -x に終わる地名の2格は，von によって書換える方が普通である：die Parks *von Paris* パリの公園
3) 山・川等それぞれの性に応じた定冠詞がつき，普通名詞に準じた格変化をする：der Harz ハールツ山→（2格）des Harzes, die Alpen アルプス→（2格）der Alpen

1.2.5.11. 複合名詞（→1.2.4.2.）の性と変化
複合名詞の性や変化は基礎語によってきまる．
　　die Hand 手＋der Schuh 靴 ＝ der Handschuh 手袋　-[e]s, -e
　　der Hals 首　＋das Tuch 布 ＝ das Halstuch スカーフ　-[e]s, ⁝er
　　der Arm 腕　＋das Band ベルト＋die Uhr　時計
　　　　　　　　　　　　　　　　＝die Armbanduhr　腕時計　-en
　◇　中高ドイツ語 Mittelhochdeutsch (Mhd.と略す) では herre 主，herze 心臓, vrouwe 身分の高い婦人の語尾変化は，形容詞の弱変化(→1.2.11.1.［当時は女性4格も語尾 -en をとった］と同じであり，女性単数も vrouwe-vrouwen-vrouwen-vrouwen と格変化した．この古い変化形が現代語の Frauenkirche「聖母教会，サンタ・マリア教会」の形に残っている．すなわち Frauenkirche は「尼僧たち」の教会ではなく，単数の「聖母マリア」の教会なのである．Sonnenaufgang「日の出」における Sonnen- の形式についても同様である．今日では古語である Herzeleid「心痛・傷心」においても，かつての変化形 herze の名残がみられる．
　◇　形容詞の変化を残したままの特殊な合成名詞：
　　　「大司祭」
　　　der Hohepriester/des Hohenpriesters/die Hohenpriester/ein Hoherpriester/mehrereHohepriester →1.2.11.1.

1.2.6. 人称代名詞・所有代名詞

1.2.6.1. 人称代名詞
話し手自身（1人称），話し相手（2人称），それ以外の第3者あるいは事

物（3人称）の区別を人称という．1人称・2人称の人物，3人称の人物や事物を指す代名詞に人称代名詞があり，それらは性・数・格に従って変化する．

人称代名詞の変化→第III部　表11

◇　2人称について：親称の du, ihr は家族，血族，友人，恋人など親しい間柄で，また神，子供，動物などに対して用いられる．それ以外の場合は敬称（社交称）Sie が用いられる．この Sie は，元来は3人称複数を転用したもので単数・複数に共通して用いられ，常に頭文字が大文字書きされる．最近では学生同士，同僚間では Sie よりも du/ihr を好んで用いる傾向がある．

　　Mhd. の du の複数 ir を敬称に用いた名残は，17世紀頃から次第にすたれ，Sie にとってかわられた．また（頭文字を大文字書きしている）Er も敬称として用いられることがあった．

◇　ドイツ語の ich は英語の I とは異なり，文中では頭文字を大文字書きしない．

1.2.6.2.　人称代名詞の2格と所有代名詞

人称代名詞の2格：名詞の2格とは異なって，所有をあらわさない．この2格の形はもっぱら2格支配の動詞，形容詞，前置詞などの目的語として用いられる．

Wir gedenken *euer*.　私たちは君達のことを忘れない．Sein Sohn ist *seiner* nicht würdig.　彼の息子は不肖の子だ．Statt *seiner* kommt seine Frau.　彼の代わりに彼の奥さんが来る．

◇　人称代名詞の2格は英語の of me, of you, of him などに相当するものであって（[an]statt *seiner* = 英 instead *of him*），所有代名詞（→ 1.2.7.；英語の my, your, his などに相当する）とは別ものである．

◇　人称代名詞の2格が同格の aller, beider を伴って所有を表すことがある：

Sie ist euer beider Tochter.　彼女はお前たち両人の娘だ．

◇　人称代名詞の2格が前置詞 wegen や um ... willen の目的語として用いられるときには meinetwegen, deinetwegen, um meinetwillen, um deinetwillen「私，君のために」のような形をとる（事物のときには dessentwegen そのために……）．

◇ es が事物を指すときは，その 2 格は seiner の形ではなく，指示代名詞 dessen（複数は deren）を用いる：Ich erinnere mich *dessen* genau. 私ははっきりとそのことを覚えている．

1.2.6.3. 前置詞との融合形

人称代名詞が 3 人称 3・4 格で人ではなく事物を指すときには，前置詞との融合形である da- ＋前置詞あるいは dar-（da- のあとに続く前置詞が母音で始まるとき）＋前置詞の形となる．強いアクセントは前置詞の方に置かれる：daran, damit, danach, davon など．

Schreibst du mit dem Bleistift? 君は鉛筆で書きますか？
Ja, ich schreibe *damit*. はい，私はそれで書きます．→ 1.2.29.5.

◇ ただし bis, ohne, seit などは融合形をつくらない．

1.2.7. 所有代名詞→第Ⅲ部 表 10

2 人称の Ihr は 3 人称複数の ihr を大文字書きしたものであって，2 人称の敬称 Sie（単数・複数とも）に対応する所有代名詞である．

1.2.7.1. 付加語的用法（名詞の前に用いる場合） →第Ⅲ部 表 9

単数では不定冠詞と同一の変化をし，複数では，指示代名詞 dieser と同一の変化をする．

1) unser, euer に含まれる -er は変化語尾ではない．unser, euer の後に語尾をつける．その際，語幹の -e- を省略することがある：uns[e]re Mutter 私たちの母, eu[e]re Eltern 君たちの両親
2) 否定冠詞 kein も所有代名詞と同じ変化をする．
   Der Wal ist *kein* Fisch. 鯨は魚ではない．
   Er hat *keine* Zeit. 彼には時間がない．
   Er hat *keine* Kinder. 彼には子どもがいない．

1.2.7.2. 名詞的用法（あとに名詞が続かず，単独で用いられる場合） →第Ⅲ部　表7

定冠詞のつかない場合とつく場合とがある．
定冠詞のつかない場合：dieser 型の変化をする．→第Ⅲ部　表7
定冠詞がつく場合：（定冠詞と形容詞弱変化型）→第Ⅲ部　表14
Hier ist mein Buch. Wo hast du *dein*[*e*]*s* ⟨*das dein*[*ig*]*e*⟩ ?
私の本はここにある．君のはどこにあるのか？
Deine Uhr ist besser als *seine* ⟨*die sein*[*ig*]*e*⟩．
君の時計は彼のよりもよい．
◇　上の例に見られるように，定冠詞がつく場合には meinig, deinig など -ig に終わる形も用いられる．

1.2.7.3. 述語的用法（動詞 sein などの述語内容詞として用いられる場合）

述語的用法では変化しない．ただし，主語が性・数に関係のない es, das, dies であるときは，所有代名詞が変化して dieser 型の語尾をとる．
Dieser Hut ist *mein*.　この帽子は私のだ．
Wem gehört dieser Hut? － Es ist *meiner*.　その帽子は誰のものか．
　　それは私のだ．

1.2.8. 指示代名詞

1.2.8.1. der
辞書の見出し語としては男性・単数・1格の形が用いられる．
  1) 付加的用法の変化→第Ⅲ部　表2
　　定冠詞と同じ変化をするが，das, des 以外は e が強く長く発音される：
　　der Mann da あそこにいるあの男．
  2) 名詞的（独立の）用法の場合の変化→第Ⅲ部　表3
　　Er spricht mit seinem Freund und *dessen* Frau. 彼は彼の友人とその奥さんと話をする（「彼自身の妻」の意味ならば mit *seiner* Frau）．
　◆　複数2格 deren の別形 derer が用いられる場合は限られている．すな

1.2.8. 指示代名詞

わち，あとに 2 格の名詞あるいは前置詞つきの名詞を伴うか，または定関係代名詞→ 1.2.10.1. の先行詞になっている場合である．いずれも「人」の意味で用いられる．

Sie erinnert sich gern ihrer Freundinnen, besonders *derer aus ihrer Schulzeit.* 彼女は自分の女友達，特に学校時代の友人達のことを好んで思い出す．

Das sind die Gräber *derer, die das Vaterland verteidigt haben.* それは祖国を守った人々の墓である．（文頭の das について：この das も指示代名詞である．動詞 sein＋固定一格の名詞による文型の主語として，性・数に関係なく用いられる．）

1.2.8.2. dieser

付加語的用法・名詞的用法とも定冠詞と同型の変化→第Ⅲ部　表 5

◆ dieser と同型の変化をするもの：jener あの，solcher このような，welcher どの（→第Ⅲ部　表 6），aller すべての，mancher 幾多の，jeder 各々の（ただし単数形でしか用いない）

◆ jener と dieser を対にして「前者・後者」の意味で用いることがある．（ただし，この語法は今日，古風に響く）：Karl und Paul sind beide gelehrt；*dieser* ist aber fleißiger als *jener.* Karl も Paul もともに学識があるが，後者は前者よりも勤勉である．

◆ solch の変化の型はいくつかある：
1) solcher, solche, solches；solche（dieser 型変化）→第Ⅲ部　表 5
2) ein solcher, eine solche, ein solches；solche（不定冠詞と形容詞混合変化型→ 1.2.11.3.）→第Ⅲ部　表 16
   In *einem solchen* Zimmer wohne ich gern. このような部屋なら私は喜んで住む．
3) solch ein, solch eine, solch ein；solche（付加語的用法）
   solch einer, solch eine, solch eines；solche（名詞的用法）
   Ich wohne gern in *solch einem* modernen Hotel. こんな，モダンなホテルなら喜んで泊まる．

◆ solch は so に接尾辞 -lich がついたもの（つまり派生語）が収縮した形である．疑問代名詞 welch（→ 1.2.9.2.）も同様の由来である．

辞書の見出し語や語幹（Wortstamm）という意識の問題

dieser, jener, jeder などは dies-, jen-, jed- に続く部分が変化するが，辞書の見出し語としては dieser, jener, jeder の形（男性・単数・1格）が用いられる．語幹を見出し語とする solch, manch, welch などの語の扱いとは異なる．

mehrere は mehr からの派生語であるが，原級の viel よりも少ない「いくつかの，若干の」という意味で用いられ，その意味上，通常，複数語尾 -e をつけたまま，辞書の見出し語となる．

dieser と英語の this

dieser は，今日，dies- までが一定でそれ以下が語尾変化するが，歴史的に見ると，der, die, das に当たる語と s 音で始まる語との合成語であり，元来は s 以下を除いた部分が変化していた．英語の thi-s, the-se, tho-se などにもその名残がある．つまり，語幹だからと言っていつも一定・不変であったわけではない．4世紀の文献で残っているゴート語には，まだ，この dieser に当たる合成語はなかった．英 that は語原的には those のような合成語ではなく単一語であり，その that の語末の t に当たる要素はドイツ語標準語では子音推移によって das の s 音に変わっている．

1.2.8.3. derselbe；derjenige

	男性	女性	中性	複数
1格	derselbe	dieselbe	dasselbe	dieselben
2格	desselben	derselben	desselben	derselben
3格	demselben	derselben	demselben	denselben
4格	denselben	dieselbe	dasselbe	dieselben

この二語の前半 der の部分の変化は定冠詞と同一，後半の部分の変化は形容詞の弱変化である． →1.2.11.1.→第Ⅲ部　表14
◆ derselbe の -selbe を -jenige と入れかえると derjenige の変化になる．derselbe も derjenige も，ともに付加語的にも名詞的にも用いられる．アクセントの位置に注意せよ：derselbe [derˈzɛlbə], derjenige [ˈdeːrjeːnɪgə],
　Wir sind beide aus *derselben* Stadt.　私たち2人は同じ町の出身である．Er ist immer d*er*selbe.　彼はいつも同じだ．*Derjenige* Schüler, der zu spät kommt, wird bestraft.　遅刻する生徒は罰せられる．

1.2.9.　疑問代名詞

1.2.9.1.　wer？, was？ →第Ⅲ部　表4
性・数にかかわらず，一般に wer は「人」，was は「物」に関して用いられる．変化は der, das の名詞的用法の変化に類するが(→第Ⅲ部　表3)，was は通常，1・4格だけが用いられる．
　wessen 以外は付加的に用いられることはない．
　◇　was と前置詞との融合形：womit 何でもって, worin 何の中に, worein 何の中へ, usw. 融合形の前半部の形が wo- か wor- かについては，人称代名詞と前置詞の融合の場合と同じ原則に従う．→1.2.6.3.

1.2.9.2.　welcher？ →第Ⅲ部　表6
付加語的にも名詞的にも用いられ，いずれも dieser 型変化→1.2.8.2.
　◆　welch ein- の形では，また感嘆の場合は無変化のことが多い：*Welch*

(*ein*) Wunder！何たる不思議！

1.2.9.3. was für ein？
1) 付加語的用法：不定冠詞の部分だけが変化する．ein には複数形がないので複数では was für だけになる．→第Ⅲ部　表8

	男　性	女　性	中　性	複　数
1格	was für ein	was für eine	was für ein	was für …
2格	was für eines	was für einer	was für eines	was für …
3格	was für einem	was für einer	was für einem	was für …
4格	was für einen	was für eine	was für ein	was für …

◆ für は4格支配の前置詞であるが，ここでは格支配はしない．*Was für ein* Wagen ist das？ － Ein sportlicher.　それはどんな自動車ですか？ (ein Wagen は1格) － スポーツカーです．

物質名詞などの前では，単数でも ein の部分はなくなる．
Was für Bier trinken Sie？ － Dunkles Bier.　どんなビールをお飲みになりますか？ － 黒ビールです．

◆ was と für とが離して用いられることもある：
Was ist das *für ein* Film？　それはどんな映画ですか？

2) 名詞的用法（=独立用法）：複数2格は通常用いられない．

男　性	女　性	中　性	複　数
was für einer	was für eine	was für ein[e]s	was für welche
was für eines	was für einer	was für eines	(was für welcher)
was für einem	was für einer	was für einem	was für welchen
was für einen	was für eine	was für ein[e]s	was für welche

Ich habe ein Buch gekauft. － *Was für ein[e]s*？ － Ein schönes Bilderbuch. 私は本を一冊買った．－ どんなのを？ － きれいな絵本を．
Ich möchte gerne Bücher lesen. *Was für welche*？ － Romane.
私は本を読みたい．－ どんな本を？ － 長編小説を．

1.2.10. 関係代名詞・関係副詞 (→第9巻)

1.2.10.1. 定関係代名詞 der, die, das ; die →第III部　表3
指示代名詞 der の名詞的用法と同じ変化．
ただし複数2格 derer の形が関係代名詞にはない．

Da steht das Haus,　　　*das* uns gut gefällt.
ここにその家がある，　　それが我々に気に入っている
　　　　　　　　　　　dessen Preis nicht so hoch ist.
　　　　　　　　　　　その価格がそんなに高くない
　　　　　　　　　　　in *dem* wir wohnen wollen.
　　　　　　　　　　　そこに我々が住みたいと思う
　　　　　　　　　　　das wir gerade gekauft haben.
　　　　　　　　　　　それを我々がまさに購入した

◆　Dieser Wagen ist es, *den* wir kaufen wollen. 我々が買いたいのはこの車です（先行詞は es, 関係代名詞の性は Wagen に一致する）．

◆　1・2人称の人称代名詞が先行詞で，関係代名詞が1格の場合，関係代名詞のあとに人称代名詞を繰り返すことが多い：Ich, *der*〈*die*〉ich schon 10 Jahre hier wohne, kenne die Stadt gut. = Ich, *der*〈*die*〉schon 10 Jahre hier wohnt, kenne die Stadt gut. もう十年もここに住んでいる私は，この町をよく知っている．

◆　welcher も定関係代名詞として用いられる→第III部　表6
同形の疑問代名詞と同様，dieser 型で意味・用法とも der と同じであるが，現在では定関係代名詞としての使用はまれである．また，文体上よくない stilistisch unschön とさえみなされている．

1.2.10.2. 不定関係代名詞 wer「およそ…する人は」, was「およそ…する物は」→第III部　表4

◆　関係代名詞 wer は先行詞をとらない．
wer によって導かれる副文は通常，主文より前に出る．
wer によって導かれる副文が，主文の中で指示代名詞 der によって繰り返されることがある．

Wer leicht glaubt, [*der*] wird leicht betrogen. 信じやすい人はだまされやすい。（同じ格の場合には主文の指示代名詞は省略できる）
Wem die Sonne scheint, *der* fragt nicht nach den Sternen. 太陽に照らされている人は，星のことなど問題にしない。

◆　関係代名詞 was は das, alles, etwas, nichts や名詞化された形容詞 (das Beste, das Schönste など) を先行詞としたり，前文の一部あるいは全部を受けたりすることがある。

Was schnell reift, fault bald. はやく熟れるものは，はやく腐る。
Nichts, *was* er sagt, ist richtig. 彼の言うことはすべて正しくない。
Die Behauptung, daß die Erde rund ist, *was* heute jedes Kind weiß, galt früher als Sünde. 地球は丸い ― それは今日ではどんな子供でも知っていることだが ― という主張は昔は罪悪とみなされていた。

◆　was が3格や4格を支配する前置詞とともに用いられる場合，wo(r)-＋前置詞の形をとることが多い。

Er weiß alles, *wor*über ich mit dir gesprochen habe. 私が君と話したことを彼はすべて知っている。(worüber は was と über の融合形 → 1.2.29.5.)

1.2.10.3. 関係副詞

wo, woher, wohin, wie, warum などは副文を導いて先行詞を説明する。
Die Stadt, *wo* wir wohnen, ist klein. 我々が住む町は小さい。
Den Tag, *wo* ich ihn zuerst sah, werde ich nie vergessen. 私が彼に初めて会った日を私は決して忘れないだろう。

1.2.10.4. その他の関係詞

wie＋人称代名詞：
Das war ein Kampf, *wie ihn* keiner noch gesehen hat.
それは，まだ誰も見たことのないような戦いであった。
so が関係代名詞として用いられるのは今日ではまれである：
Gott verläßt die, *so* ihn suchen, nicht. (G. Hauptmann) 神を求める者を神は見捨てない。

1.2.11. 形 容 詞

付加的 attributiv に用いられた場合の変化形式には次の三通りがある：
1) 弱変化（形容詞の前に定冠詞類が立つ場合）
2) 強変化（形容詞の前になにも立たない場合）
3) 混合変化（形容詞の前に不定冠詞類が立つ場合）

1.2.11.1. 弱 変 化 →第Ⅲ部 表 14
定冠詞類（dieser 型変化→ 1.2.8.2.）＋形容詞＋名詞の場合

1.2.11.2. 強 変 化 →第Ⅲ部 表 15
形容詞＋名詞の場合
◆ 男性名詞・中性名詞の 2 格の語尾に注意．

1.2.11.3. 混 合 変 化 →第Ⅲ部 表 16
不定冠詞類（mein 型変化→ 1.2.7.）＋形容詞＋名詞の場合
◆ ein alter Wagen など不定冠詞＋形容詞の場合の複数形は表に見るように強変化の場合と等しい．

1.2.11.4. 形容詞に語尾を付ける場合の注意
1) -el, -en, -er で終わる形容詞は，変化語尾がつくと，-el, -en, -er の中に含まれる -e- を省いてもよい：
   dunk[e]les Bier 黒ビール，trock[e]nes Brot バターなどのついていないパン，ein teu[e]res Auto 高価な自動車．
2) hoch に語尾が付されると hoh- の形になる：ein hoher Berg 高い山
   ◆ 付加語的な場合にも変化語尾を要しない形容詞がある：
     lila ライラック色の　ein lila Pullover ライラック色のプルオーバー
     orange オレンジ色の　eine orange Blüte オレンジ色の花
     その他に rosa, extra, prima など．
     ganz は地名に付加するとき変化語尾がつかない：
       ganz Deutschland 全ドイツ

1.2.11.5. 名詞的用法

　形容詞は頭文字を大文字にして名詞的に用いられる．男性・女性・複数形は〈人〉を，中性は〈もの・こと〉をあらわす．変化は付加語的用法の場合と同じである．

krank 病気の
- 男　ein Kranker, der Kranke　病人（男）
- 女　eine Kranke, die Kranke　病人（女）
- 複　　　 Kranke, die Kranken　病人たち

gut　よい　中 das Gute 善，〔etwas〕Gutes〔何か〕よいこと

1.2.11.6. 述語的用法

　形容詞が述語的 prädikativ に用いられる場合には格変化語尾を要しない．
Meine Eltern sind gesund. (付加語的：meine gesunden Eltern)
Seine Tochter ist lebhaft. (付加語的：seine lebhafte Tochter)
- ◆ 述語的にしか用いられない形容詞がある：entzwei, schade, egal など．
- ◆ 付加語的にしか用いられず，述語的用法のない形容詞もある：äußer, inner, väterlich, mütterlich, ärztlich, medizinisch, monatlich, halb など．

1.2.12. 形容詞・副詞の比較

　以下に述べる「比較変化」は造語法上のことであって，名詞や動詞における屈折の問題ではない．必要な場合には，比較変化の語尾の後に屈折の語尾（格語尾）が付けられねばならない．

1.2.12.1. 形容詞の比較変化→第III部　表17

1) 比較級は原級に -er，最上級は原級に -[e]st の語尾をつける．単音節の形容詞（語幹の母音が a, o, u のもの）は比較級，最上級でたいてい変音する．
2) 次の六つの形容詞は不規則な変化形をもつ．
　　hoch 高い, groß 大きい, nah 近い, gut よい, viel 多い, wenig 少ない
- ◆ -d, -t, -s, -ß, -sch, -z, -tz で終わる形容詞は最上級で -est の語尾をつける．：alt → ältest, kurz 短い → kürzest usw.
- ◆ -el, -er, -en で終わるものは，比較級でその -e- を省くことが多い：dunkel 暗い → dunkler－dunkelst；teuer 高価な teu[e]rer－teu-

erst；trocken 乾いた → trock[e]ner−trockenst usw.

◆ best, meist 等の不規則な形について：
　　gut や viel は原級の形しかなく，別の語が besser, best；mehr, meist の形で，その欠如を埋めている（→ 1.1.4. Suppletivwesen 補充法，1.2.41. 補充法．）

◆ wenig は動詞 weinen から派生したもので（weinig＞wenig），その比較級・最上級の weniger-wenigst という形は全く規則的である．一方 minder はラテン語を借用したものであって，この語には原級がないため，wenig と併せられて一語の変化形式の一つと考えられるようになった．

◆ 比較変化しない形容詞もある：ganz, tot, fertig, gemeinsam, heilbar, ledig, stimmhaft
　　付加的にしか用いられない形容詞のうち次のものにも比較変化がない：väterlich, mütterlich, ärztlich, medizinisch, monatlich, halb など．

1.2.12.2. 副詞の比較変化

副詞にも比較級・最上級の変化をするものがある．→第Ⅲ部　表17

schön「美しく」は形容詞がそのままの形で副詞として用いられるものである．

bald や gern は不規則な比較級・最上級の形を持つ．これらの形は補充法による．

副詞の絶対的最上級は aufs　—ste の形になる：
　　aufs entschiedenste きわめてきっぱりと（am entschiedensten「一番きっぱりと」との相違に注意）

Er war für die Prüfung aufs beste vorbereitet. 彼は試験に対して万全の準備ができていた．

1.2.13. 数　　詞

1.2.13.1. 基数・序数

基数：百万未満の数を字母で書き表す場合には，途中で切ることなく続けて書く．

第II部　記述編

序数：1.～19.(基数+t)，20.以上(基数+st)．ただし次に掲げるように 1. erst, 3. dritt, 8. acht は例外．7. siebent には -en の略された形がある．12.以上の形は—t のように基数部を—で示した．序数を数字で表すときは，その数字のあとに Punkt (.) を付す (1.＝erst, 10.＝zehnt, 30.＝dreißigst など)．

			序数				
0	null						
1	eins	1.	*erst*	11	elf	11.	elft
2	zwei	2.	zweit	12	zwölf	12.	—t
3	drei	3.	*dritt*	13	dreizehn	13.	—t
4	vier	4.	viert	14	vierzehn	14.	—t
5	fünf	5.	fünft	15	fünfzehn	15.	—t
6	sechs	6.	sechst	16	sechzehn	16.	—t
7	sieben	7.	sieb[en]t	17	siebzehn	17.	—t
8	acht	8.	*acht*	18	achtzehn	18.	—t
9	neun	9.	neunt	19	neunzehn	19.	—t
10	zehn	10.	zehnt	20	zwanzig	20.	—st

21　einundzwanzig
22　zweiundzwanzig
30　dreißig
40　vierzig
50　fünfzig
60　sechzig
70　siebzig
80　achtzig
90　neunzig
100　(ein)hundert
113　hundertunddreizehn

　　1 000　　(ein)tausend
　　2 000　　zweitausend
　　10 000　　zehntauzend
　　100 000　　hunderttausend

　10の位を表す -zig は，英語の -ty に相当する．この t 音は高地ドイツ語子音推移で z 音に変わった：zwanzig, vierzig など．しかし dreißig の場合にはこの z 音が母音間にはさまれていたため，さらに s(ß)音に変わったと説明される．
　elf, zwölf の古形は einlif, zwelif である．-lif は「余り」を表す接尾辞であった．

100万　　eine Million
200万　　zwei Millionen
10億　　eine Milliarde
1兆　　eine Billion
(百万以上の単位は女性名詞)

— 124 —

1.2.13. 数　詞

◇　数字の筆記体は次に掲げるように記す．

$$1\ 2\ 3\ 4\ 5\ 6\ 7\ 8\ 9\ 10$$

1の字は必ず鉤をつけて記す．日本の書体では / と間違えられることがある．また7にも中央に棒をつけないと1と間違えられることがある．

◆　千単位の区切りには字間を半字分あける．日本でのように Komma（，）は用いない．Komma は小数点として用いる．→ 1.2.13.2．

◆　序数は通常，付加語的形容詞として扱われる：seine *erste* Liebe 彼の初恋，der *Zweite* Weltkrieg 第二次世界大戦．

◆　1 (eins) は付加的用法の場合には不定冠詞と同様の変化をする．アクセントを持つ．*Einen* Pfennig suchen und *ein* Licht dabei verbrennen 一ペニッヒを探すのに一本の蠟燭を燃やす（諺　小利大損）．

　　名詞的用法では dieser 型の変化：Der Himalaja ist ein Hochgebirge ; die Alpen sind auch *ein[e]s*. ヒマラヤは高山である．アルプスもまたそう（一個のそれ）である．

1.2.13.2.　分数・小数・その他

分数　分母は「序数＋el」で表し，分子は基数で表す．読む場合には分子から読む：

　　$1/3$　ein drittel (Drittel)

　　$5\ 3/5$　fünf [und] drei fünftel

◆　分数は名詞として取り扱われることがある．

◆　$1/2$ には zweitel の語形もあるが，[ein]halb, die Hälfte の方が普通である．帯分数の $1 1/2$ は ein[und]einhalb, anderthalb．

小数・その他

　　小数点には Komma（，）を用いる：

　　0,78　null Komma sieben acht　　3,14 drei Komma eins vier

　　70%　siebzig Prozent　　100%　hundert Prozent

　　3 + 8 = 11　Drei und (od. plus) acht ist 〈macht〉 elf.

　　12 - 5 = 7　Zwölf weniger (od. minus) fünf ist sieben.

　　3 × 4 = 12（3・4 = 12 とも書く）Dreimal vier ist zwölf.

　　18：6 = 3　Achtzehn (geteilt) durch sechs ist drei．（：は÷とおなじ）

第Ⅱ部　記述編

1.2.13.3.　西暦年数・日付・時刻・その他

1990 年＝（im Jahre）neunzehnhundertneunzig

◆　ただし 2004 年などは zweitausend（und）vier などのように読む．

Der wievielte（Tag の省略）ist heute？ きょうは何日ですか？ － Heute ist der 8．（achte）September. きょうは 9 月 8 日です．

（手紙の日付）Berlin, den 3．（＝dritten）November 1997　ベルリンにて，1997 年 11 月 3 日（den dritten〔Tag の省略〕は 4 格名詞の副詞的用法）

Wie spät ist es？/Wieviel Uhr ist es？　今，何時ですか？

Es ist ein Uhr（1.00）/ fünf Uhr（5.00）/ elf Uhr（11.00）.

Es ist halb eins（12.30）/ halb drei（2.30）/ halb acht（7.30）．

（まず「30 分」（halb）を述べた後に，来るべき「時数」を添える．「来るべき時数に向かって時計の針が 30 分進んだ」の意味である．前置詞 auf（向って）が数字の前に省略されていると説明される．）

Es ist Viertel drei（2.15）．

（まず「15 分」（Viertel）を述べた後に，来るべき「時」の　3 を添える．）

次の表現も可能である：Es ist（ein）Viertel nach zwei.

fünf（Minuten）nach sechs　6 時 5 分過ぎ/eine Minute vor sieben　7 時 1 分前：um 8（Uhr）morgens 朝 8 時に/gegen drei（Uhr）nachmittags 午後 3 時ごろ/Punkt 4（Uhr）4 時ちょうど

◆　gegen は英語の toward に当る．「3 時ごろ」と言っても「3 時少し前」を意味する．「3 時少しすぎ」を意味することはない．

◆　列車の時刻表などの公式時刻の表現：

8.20 Uhr＝acht Uhr zwanzig　13.35 Uhr＝dreizehn Uhr fünfunddreißig

0.40 Uhr＝null Uhr vierzig

1.2.14.　不定代名詞・不定数詞

1.2.14.1.　不定代名詞

不特定の〈人〉や〈事物〉をあらわす．次のものがある：

man, einer, jemand, niemand, jedermann, etwas, nichts →第Ⅲ部　表 13

1）man 漠然と「人」を表す．1 格でのみ用いられ，ほかは einer の変化形

1.2.14. 不定代名詞・不定数詞

で補充される．man を er で受けることはできず，man の形を繰り返す．所有代名詞は sein，再帰代名詞は sich である．
Wie kommt *man* zur Post? 郵便局へはどう行くのですか？

2) jedermann「誰でも」：Enzyklopädie für *jedermann* 万人向きの百科事典．*Jedermanns* Freund ist *niemandes* Freund. すべての人の友達は誰の友達でもない．→八方美人はあてにならない．

3) jemand「誰か」/niemand「誰も……ない」：Ist morgen *jemand* im Büro? － Nein, morgen ist *niemand* da. あす誰か事務所にいますか？ － いいえ誰もおりません．

4) etwas「何か」と nichts「何も……ない」（無変化）：
Etwas ist besser als *nichts*. いくらかあるのはないよりはましだ．
◆ 口語では etwas を短縮して was ということがある．

5) einer, eine, ein[e]s「ある人〈物〉，一人〈ひとつ〉」/ keiner, keine, kein[e]s；keine「誰〈何〉も……ない」：*Einer* 〈*Eine*〉 von uns beiden muß gehen. 我々二人のうち一人が行かなくてはならない/ *Keiner* von den beiden weiß es. 二人のうちのどちらもそれを知らない．
◆ 不定数詞〔→次項〕や kein「少しも……ない」，wenig「わずかの，わずかしかない」，einig「若干の」，manch「幾多の」，viel「多くの」，all「すべての」，jeder「各々の」などを dieser 型に変化させて単独で用いた場合も不定代名詞とみなされる．

1.2.14.2. 不定数詞

数概念をあらわすもの：jeder おのおのの，どの…も，manch いくつかの．einig 若干の, usw.
量概念をあらわすもの：ganz 全部の，すべての．
数的にも量的にも用いられるもの：all すべての, viel 多くの, wenig わずかの, kein ひとつもない, usw.
◆ manch は einig よりは多く viel よりは少ない数をあらわす．
◆ viel や wenig などは形容詞であるが，意味の上から不定数詞として，ここでも取り扱う．

1) jeder, jede, jedes「おのおのの」dieser 型変化．単数でのみ用いる：
Jeder Junge und *jedes* Mädchen bekommt einen Luftballon. どの男の

— 127 —

子も女の子もそれぞれ風船を一つずつもらう．Hier kennt *jeder jeden.* ここでは誰もがそれぞれ知り合いだ．
2) aller, alle, alles；alle：「すべての（人・物）」dieser 型変化：
   a) ふつうは複数形 alle で：*Alle* (Schüler) sind da.（生徒は）全員出席している．
   b) 物質名詞・抽象名詞などではふつう単数形：*Alles* Geld gehört ihm. 金は全部彼のものだ．
   c) alles が単独で用いられると「すべてのもの」や「全員」の意味になる：*Alles* ist in Ordnung. 万事は順調だ．Er machte einen Scherz, und *alles* lachte. 彼が冗談をいうと，みんなが笑った．*Alles* einsteigen！みなさんご乗車下さい！　Das vor *allem* muß ich Ihnen sagen. 何よりもまずそれをあなたに申しあげねばなりません．
   d) alles は中性名詞化した形容詞と同格に用いられることがある：Ich wünsche dir *alles* Gute. ごきげんよう！
3) viel「多くの（人・物）」／ wenig「わずかの（人．物）」
   a) 単数形で（無語尾の用法が多い）：Er hat *viel* ⟨*wenig*⟩ Geld. 彼は金をたくさん持っている⟨わずかしか持っていない⟩．
   b) 複数形で：Es waren *viele* unter ihnen, die ich kannte. その人たちの中には私の知り合いが大勢いた．
   c) ein wenig「いくらか，ちょっと」：Ich spreche *ein wenig* Deutsch. 私はすこしドイツ語が話せる．

1.2.15. 動詞の三基本形

不定詞・過去基本形・過去分詞を〈動詞の三基本形〉と呼ぶ．その三基本形の作り方をどう区分するかによって，変化のタイプの区分の仕方が変ってくる．

1.2.15.1. 規則動詞・不規則動詞という分け方

規則動詞は語幹に -te の語尾を付して，過去の基本形を，また前綴 ge- と語尾 -t によって過去分詞をつくる．三基本形を作るのにこの様式によらない動詞を不規則動詞と呼ぶ．

1.2.15. 動詞の三基本形

不定詞	過去基本形	過去分詞形	
lernen	lernte	gelernt	習う，学ぶ
arbeiten	arbeitete	gearbeitet	働く，勉強する
studieren	studierte	studiert	大学で勉強する

- ◆ arbeit*e*te, gearbeit*e*t における発音上の -e- の挿入については
  → 1.2.16.1. ◆
- ◆ 過去分詞に ge- の前綴のつかないものがある．-ieren や -eien の語尾を持つ動詞 telefonieren「電話する」, spazieren「あてもなく歩く」, prophezeien「予言する」．また，非分離動詞の過去分詞にも ge- がつかない．これらの動詞には第一音節にアクセントがないという共通点がある．

1.2.15.2. 弱変化・強変化・混合変化という分け方

不規則変化の中で，三基本形の形成が母音交替（Ablaut）による動詞を強変化動詞と呼ぶ．規則変化の動詞は，この幹母音の変化によらず，語尾 -te, -t の助けによるので弱い変化の動詞，つまり弱変化動詞と呼ばれる．不規則変化動詞のうち，幹母音も変化し，弱変化動詞と同じ語尾をとるものは混合変化動詞と呼ばれる．

◇ この混合変化動詞における語幹の母音の変化（幹母音が不定詞と過去基本形・過去分詞形とで異なっていること）は，Ablaut によるものではなく，いわゆる「逆ウムラウト」と（誤って）名付けられている現象→ 1.1.4. Rückumlaut によるものである．従って，「混合変化」という名称も，実は，便宜的なものであって，正確には，「強変化」と「弱変化」の「混合」という説明はあたらない．

1) 不規則変化動詞（強変化動詞：—en / — / ge—en）

finden	fand	gefunden	見つける
sitzen	saß*	gesessen*	すわっている
fahren	fuhr	gefahren	（乗り物で）行く

→第III部　表 42〜52

＊幹母音のほかの綴りにも変化のあるものとして，他に leiden, schneiden, stehen, ziehen などがある．

2) 不規則変化動詞（混合変化動詞：—en / —te / ge—t）

| bringen | brachte | gebracht | 持って来る |
| kennen | kannte | gekannt | 知っている |

◆ ほかに7語：brennen 燃える，denken 考える，nennen 名付ける，rennen 駆ける，senden 送る，wenden 向ける，wissen 知っている．
（senden, wenden には弱変化の形式もある）　　→第III部　表54
◆ 話法の助動詞については→ 1.2.21.1.

3) sein, haben, werden の三基本形

sein	war	gewesen	…である
haben	hatte	gehabt	持っている
werden	wurde	geworden	…になる

◆ sein の三基本形については→ 1.2.41. 補充法，第III部　表53

1.2.15.3.　現代ドイツ語における母音交替

　先に，文法事項解説の Ablaut の項では，強変化動詞にみられる母音交替の系列のおおよそを示したが，以下には，現代ドイツ語の強変化動詞にあらわれるすべての母音交替の系列と，その系列に所属する動詞を掲げる．
　巻末　表42～52 はこの Ablaut の歴史的な観点からの整理である．

- **ā-ie-ā :**　blasen, braten, schlafen, raten
- **ā-ū-ā :**　fahren, graben, laden, schlagen, tragen
　　　　　ここには掲げていない mahlen の過去分詞は gemahlen である．また fragen の過去形が方言で frug となることがある．
- **a-ie-a :**　fallen, halten, lassen
- **a-i-a :**　fangen, hangen（hangen は今日 hängen の形で用いられる）
- **a-ū-a :**　backen, schaffen, waschen, wachsen
- **ä-ō-ō :**　gären, schwären, wägen
- **au-ie-au :**　hauen, laufen（hauen の過去は haute のこともある）
- **au-ō-ō :**　saugen, schnauben, schrauben（schnauben と schrauben は現在は弱変化がふつう．古形はこの変化をする．saugen は逆にまれに弱変化）

1.2.15. 動詞の三基本形

ē-ā-ē : geben, lesen, genesen, geschehen, sehen, treten

ē-ā-ō : befehlen, empfehlen, stehlen

ē-ō-ō : heben, pflegen, scheren, weben, bewegen (heben の過去には hub という古形が別にある．pflegen はまれにこの変化をするが，通常は弱変化．weben は雅語でこの変化をするが，通常は弱変化．)

e-ā-e : essen, fressen, vergessen, messen

e-ā-o : brechen, schrecken, sprechen, treffen, stechen (schrecken は他動詞の場合は弱変化，しかし自動詞でも弱変化のことがある)

e-a-o : bergen, bersten, verderben, gelten, helfen, schelten, sterben, werben, werfen (bersten の過去には barst という古形が，schelten の過去には scholt という古形が，また verderben の過去分詞には verderbt という古形がある)

e-o-o : dreschen, fechten, flechten, melken, quellen, schmelzen, schwellen (dreschen の過去には drasch という古形がある．melken の過去は通常は melkte である．過去分詞はまれに gemelkt の形を示す)

ei-ie-ie : bleiben, gedeihen, leihen, meiden, preisen, reiben, scheiden, scheinen, schreiben, schreien, schweigen, speien, steigen, treiben, weisen, zeihen

ei-i-i : befleißen, beißen, gleichen, gleiten, greifen, kneifen, kneipen, leiden, pfeifen, reißen, reiten, scheißen, schleichen, schleifen, schleißen, schmeißen, schneiden, schreiten, spleißen, streichen, streiten, weichen (gleiten には弱変化の古形がある．またここには掲げていない bleichen, gleißen, keifen, kreischen は現代では弱変化であるが古形や方言形でこの系列の変化を示すことがある)

ie-ō-ō : biegen, bieten, fliegen, fliehen, frieren, kiesen, klieben, verlieren, schieben, stieben, wiegen, ziehen (schnieben がまれにこの変化をする．klieben は強変化をすることもあるし弱変化をすることもある)

ie-o-o : verdrießen, fließen, gießen, kriechen, genießen, riechen, schießen, schliefen, schließen, sieden, sprießen（triefen の過去形が雅語では，また過去分詞がまれにこの変化をする）

i-a-o : beginnen, rinnen, schwimmen, sinnen, spinnen, gewinnen（ここには掲げていない verwirren の過去分詞の別形に verworren がある．）

i-a-u : binden, dingen, dringen, finden, klingen, gelingen, ringen, schlingen, schrinden, schwinden, schwingen, singen, sinken, springen, stinken, trinken, winden, wringen, zwingen（dingen の過去形は今日では dingte の方が普通，schrinden の過去形は今日では schrund の方が普通）

i-o-o : glimmen, klimmen,

ü-ō-ō : küren, lügen, trügen（küren は今日，弱変化が普通）

以下のものは一語しかない

a-o-o : schallen（今日では普通は弱変化）

au-o-o : saufen

ä-ā-ō : gebären

ä-i-a : hängen

ē-ā-o : nehmen

ē-u-o : werden

ei-ie-ei : heißen

ie-ā-ē : liegen

i-ā-ē : bitten

i-ā-e : sitzen

i-u-u : schinden（今日では過去形は schindete の方が普通）

ō-ie-ō : stoßen

o-ā-o : kommen

ö-ō-ō : schwören

ö-o-o : löschen（他動詞としては弱変化，自動詞としては erlöschen の形で用いられる）

ū-ie-ū : rufen

◆　gehen, stehen, tun の三基本形は，それぞれ gehen-ging-gegangen；stehen-stand-gestanden；tun-tat-getan である．これらは，歴史的には母音交替のみによるものではないが，取扱いの便宜上ここに加えておく．
→第Ⅲ部　表 53

1.2.15.4.　複合動詞の三基本形

基礎になる動詞の三基本形に準じるが，非分離動詞の場合には過去分詞に ge- がつかない．

a) 分離動詞の場合 [→ 1.2.25.1.]

einkaufen	kaufte ... ein	eingekauft	買い物をする
aufstehen	stand ... auf	aufgestanden	起きる
mitbringen	brachte ... mit	mitgebracht	持って来る

b) 非分離動詞の場合 [→ 1.2.25.2.]

verkaufen	verkaufte	verkauft	売る
bestehen	bestand	bestanden	合格する
verbringen	verbrachte	verbracht	(時を) 過ごす

1.2.15.5.　ドイツ語の時称

ドイツ語には次の 6 つの時称形がある：現在形(→ 1.2.16.), 過去形(→ 1.2.17.), 現在完了形(→ 1.2.18.1.), 過去完了形(→ 1.2.18.2.), 未来形(→ 1.2.18.3.) 未来完了形(→ 1.2.18.4.)．現在形と過去形は動詞それ自体が変化する単純時称であるが，他の四つは助動詞を必要とする複合時称である．

1.2.16.　直説法現在形

不定詞（動詞の原形）は，〈語幹＋語尾 -en/-n〉である．不定詞の語幹に語尾が付されて人称変化形ができる．主語の人称・数に従って変化する．
　　◇　直説法 Indikativ というのは「法」(→ 1.1.3.4.) の一つであるが，通常は，そのことが意識にのぼらない，ごく普通の「当たりまえのものの

第II部　記述編

いいかた」である．直説法が「法」としてはじめて問題となるのは，接続法(→1.2.20.)や命令法（→1.2.22.1.）と対立させた場合においてのことである．

1.2.16.1.　一　般　形

不定詞		machen 作る・する	binden 結ぶ	reisen 旅行する	lächeln 微笑する	tun する
ich	-e	mache	binde	reise	lächle	tue
du	-st	machst	bindest	reist	lächelst	tust
er	-t	macht	bindet	reist	lächelt	tut
wir	-en	machen	binden	reisen	lächeln	tun
ihr	-t	macht	bindet	reist	lächelt	tut
sie	-en	machen	binden	reisen	lächeln	tun

→第III部　表31

◆　3人称単数の sie, es では，er と同一変化．敬称 Sie では単数・複数とも，3人称複数の sie と同一変化をする．

◆　語幹が -d, -t に終わるものは原則として，また -dm, -tm, -bn, -dn, -gn, -ffn, -ppn-, -chn などに終わるものは常に，単数2・3人称，複数2人称で，語幹と語尾とのあいだに -e- 音を挿入する．例：finden 見つける，arbeiten 働く，widmen 献呈する，atmen 呼吸する，ebnen 平らにする，ordnen 整える，begegnen 出会う，öffnen 開く，wappnen 武装させる，rechnen 計算する．

◆　語幹が -s, -ss, -ß, -z, -tz に終わる動詞，例えば küssen キスする，grüßen 挨拶する，tanzen 踊る，sitzen 座っている，などは2人称単数の形が du küßt, grüßt, tanzt, sitzt などとなり，3人称単数の変化形と同形になる．古くは du ─est の形も用いられた（例：du reisest; du grüßest）．

◆　不定詞が -eln のものは ich handle のように語幹の -e- が落ちるのが普通である．ändern のように -ern に終わるものも ich ändere のほか ich ändre となることがある．

1.2.16. 直説法現在形

1.2.16.2. 特例
強変化動詞の中には単数2・3人称で語幹の母音が変わるものがある．

	a → ä			e → i	e → ie
	fahren	lassen	laufen	sprechen	sehen
	乗り物で行く	させる	走る	話す	見る
ich	fahre	lasse	laufe	spreche	sehe
du	fährst	läßt	läufst	sprichst	siehst
er	fährt	läßt	läuft	spricht	sieht
wir	fahren	lassen	laufen	sprechen	sehen
ihr	fahrt	laßt	lauft	sprecht	seht
sie	fahren	lassen	laufen	sprechen	sehen

◆ 綴りに注意するもの：
 nehmen「取る」→ du nimmst, er nimmt；
 halten 「保つ」→ du hältst, er hält；
 treten 「踏む」→ du trittst, er tritt；
 laden 「積む」→ du lädst, er lädt（語幹が d で終わっているが，こ
    こには -e- を入れない．発音は [lɛ:tst], [lɛ:t]．）

1.2.16.3. sein, haben, werden；wissen の現在人称変化

	sein	haben	werden	wissen
	…である	持っている	…になる	知っている
ich	bin	habe	werde	weiß
du	bist	hast	wirst	weißt
er	ist	hat	wird	weiß
wir	sind	haben	werden	wissen
ihr	seid	habt	werdet	wißt
sie	sind	haben	werden	wissen

◆ wißt の形は新しい正書法では wisst である．
◇ sein については →第III部 表53
◇ wissen は過去現在動詞と呼ばれている．→ 1.1.4. Präteritopräsens

過去現在動詞.

1.2.17. 直説法過去形

過去基本形に人称変化語尾をつける.
　→第Ⅲ部　表32

1.2.17.1. 弱変化動詞（規則変化動詞）

不定詞		machen
過去基本形		machte
ich	―	machte
du	―st	machtest
er	―	machte
wir	―[e]n	machten
ihr	―t	machtet
sie	―[e]n	machten

1.2.17.2. 強変化動詞

不定詞		kommen	finden	essen	schließen
過去基本形		kam	fand	aß	schloß*
ich	―	kam	fand	aß	schloß*
du	―st	kamst	fand[e]st	aßest	schlossest
er	―	kam	fand	aß	schloß*
wir	―[e]n	kamen	fanden	aßen	schlossen
ihr	―t	kamt	fandet	aßt	schloßt*
sie	―[e]n	kamen	fanden	aßen	schlossen

◆　強変化(不規則)動詞で過去基本形が -d, -t で終わるものは, du ―[e]st, ihr ―et なり, 過去基本形が -s, -ß, -z, -sch で終わるものは du ―est となる. その際 -ß は, 前の母音が短ければ, -ss になる. しかし, 新しい正

— 136 —

1.2.17. 直説法過去形

書法では，前の母音が短かい場合にはすべて ss が用いられるので，schloß, schloßt の場合にも schloss, schlosst と記す．

1.2.17.3. 混合変化

不定詞		denken
過去基本形		dachte
ich	―	dachte
du	―st	dachtest
er	―	dachte
wir	―[e]n	dachten
ihr	―t	dachtet
sie	―[e]n	dachten

1.2.17.4. haben, sein, werden

不定詞		haben	sein	werden
過去基本形		hatte	war	wurde
ich	―	hatte	war	wurde
du	―st	hattest	warst	wurdest
er	―	hatte	war	wurde
wir	―[e]n	hatten	waren	wurden
ihr	―t	hattet	wart	wurdet
sie	―[e]n	hatten	waren	wurde

→第Ⅲ部　表 29

1.2.18. 複合時称

現在完了・過去完了・未来・未来完了の四つの時称は助動詞と組み合わせてつくられるので，現在・過去の二つの単純時称に対して複合時称という．

1.2.18.1. 現在完了形
haben/sein の現在人称変化形＋過去分詞 　　　　　（→第Ⅲ部　表33）
- ◆ sein を助動詞とする動詞：自動詞のうち場所の移動・状態の変化をあらわすもの（kommen 来る，gehen 行く，fahren（乗り物で）行く；werden…になる，sterben 死ぬなど）と sein…である，bleiben とどまるなど．それ以外の自動詞および他動詞のすべては haben を助動詞とする．
- ◆ 場所の移動をともなう自動詞でも，行為そのものを表す場合は haben を助動詞とする：Sie hat viel getanzt. 彼女は十分に踊った． ― Sie ist durch das Zimmer getanzt. 彼女は踊りながら部屋を通りぬけた．
- ◆ 同じ事柄を「現在完了」でも「過去」でも言える場合がある．
   Ich habe ihn in der Bibliothek gesehen.
  ＝Ich sah ihn in der Bibliothek.
  日常語では一般に過去の出来事は現在完了形で表現される．→1.2.19.

1.2.18.2. 過去完了形
haben/sein の過去人称変化形＋過去分詞

助動詞 haben/sein の過去人称変化形と過去分詞を組み合わせると過去完了形が出来る．　　　　　　　　　　→第Ⅲ部　表34
Ich hatte das Buch gerade gelesen, als er kam. 彼が来たとき，私はその本をちょうど読み終えたところだった．→1.2.19.

1.2.18.3. 未来形
werden の現在人称変化形＋不定詞 　　　　　　　（→第Ⅲ部　表35）
- ◆ 単なる未来の行為や出来事は普通，現在形で表現される．→1.2.19.

未来形は未来の行為や出来事を表現するけれども同時に何らかの話法的な意味が含まれるときに用いられる．おおよそ次のような傾向が指摘される：
1) 主語が1人称の場合 ― 決意：
Das werde ich auf keinen Fall tun. 私は決してそんなことはしない．
2) 主語が2人称の場合 ― 命令：
Du wirst jetzt schlafen gehen. 君はもう寝なさい．
3) 主語が3人称の場合 ― 現在の推量：
Er wird jetzt wohl im Büro sein. 彼は今たぶん事務所にいるだろう．

1.2.18.4. 未来完了形

werden の現在人称変化形＋完了不定詞（過去分詞＋haben/sein）

→第Ⅲ部　表36

Er wird es getan haben, wenn wir ankommen. 私たちが着くころには，彼はそれをやり終えているだろう（未来における完了）．

◆　しばしば過去の事柄に関する推量の表現にも用いられる：
Er wird es oft gesehen haben. 彼はそれをたびたび見たことがあるだろう．

1.2.19. 時称形と意味内容

ドイツ語には次の6時称がある：現在形・過去形・未来形・現在完了形・過去完了形・未来完了形．はじめの二つは単純時称であるが，他の四つは助動詞との組み合わせによる複合時称である．
1) 現在形
a) 話をしている時点における出来事：Die Kinder spielen jetzt im Garten. 子供たちはいま庭で遊んでいる．
b) 話しをしている時点にかかわりなく，繰り返される習慣・性質など：Er raucht viel. 彼はたくさんタバコを吸う．| Ich trinke Kaffee gern. 私はコーヒーが好きだ．
c) 時間の制約を越える一般的真理：Die Erde dreht sich um die Sonne. 地球は太陽の回りを回る．

 d) 過去から継続して現在にも続いている事柄：Ich wohne schon lange hier. 私はもう長らくここに住んでいる．

 e) 未来の出来事：Morgen muß ich nach Osaka fahren. 明日，私は大阪に行かねばならない．

2) 過去形

 a) 過去のある時点における出来事：Gestern besuchte ich meinen Onkel. きのう私はおじを訪問した．

 b) 過去における繰り返された出来事：Er rauchte täglich zwanzig Zigaretten. 彼は毎日20本タバコを吸っていた．

3) 現在完了形（その形式については→1.2.18.1.）

 a) 話をしている時点で完了している出来事：So, nun habe ich dieses Buch auch gelesen. さあ，これでこの本も読みおわったぞ．

 b) 話をしている時点で終止している出来事：Gut, ich bin dein Freund gewesen. よろしい，君とは絶交だ．

 c) 過去において繰り返された出来事：Ich habe ihn oft in der Bibliothek gesehen. 私は彼をよく図書館で見かけたものだ．

 d) 時間的制約をこえる出来事：Sein Schicksal hat noch keiner je vermieden. いまだかつて自らの運命を免れえたものは誰もいない．

 e) 未来完了の代わり：Warten Sie, bitte, bis ich diesen Brief geschrieben habe. 私がこの手紙を書いてしまうまで，どうか，お待ちください．

◇ ドイツ語の現在完了形は，英語の場合とは異なって Ich habe ihn gestern gesehen. などのように，過去の時を表す副詞とともに用いることができる．そして過去の出来事を表すことができる．そういう意味でドイツ語には過去の出来事を表す手段として，現在完了形と過去形の二つがあるわけである．この二つのおおよその使い分けは，過去形は物語を述べる時称であり，現在完了形は現在と関わりのある過去の出来事を表現する時称であるとされる．Da steht er nun, der kleine Hans, und weint, weil er vom Nikolaus nichts bekommen hat. (小さな Hans はそこに立っていて，そして Nikolaus から何ももらえなかったので泣いている) における現在完了形は「今，彼が泣いている」という現在と密接な関わりをもつ過去の出来事であるので，それを過去形によっては表現

— 140 —

1.2.20. 接続法

　　できない．
4) 過去完了形（形式については→ 1.2.18.2.)
　a) 過去のある時点において完了していた出来事：Ich hatte seinen Brief gerade gelesen, als sie kam. 彼女が来たとき私はちょうど彼の手紙を読み終えたところだった．
　b) 過去のある時点から見ての，さらに過去に属する出来事：Es war der Mann, den ich vor einigen Tagen gesehen hatte. それは私が数日前に見かけた男だった．
5) 未来形については　　→ 1.2.18.3.
6) 未来完了形については→ 1.2.18.4.

1.2.20. 接　続　法

「法」（→ 1.1.3.4.）の一つに接続法がある．接続法以外の「法」には直説法（→ 1.2.16.）と命令法（→ 1.2.22.1.）がある．接続法の形式にはⅠ式とⅡ式がある．

1.2.20.1. 接続法Ⅰ式現在（この形は「接続法現在」とも呼ばれる）

不定詞の語幹に次の語尾をつける（sein のみ例外）．

不定詞		lernen	kommen	werden	haben	sein
ich	—e	lerne	komme	werde	habe	sei
du	—est	lernest	kommest	werdest	habest	sei[e]st
er	—e	lerne	komme	werde	habe	sei
wir	—en	lernen	kommen	werden	haben	seien
ihr	—et	lernet	kommet	werdet	habet	seiet
sie	—en	lernen	kommen	werden	haben	seien

→第Ⅲ部　表 31

　◇　接続法Ⅰは sein 以外はきわめて規則的な変化をするが，tun および -eln, -ern に終る動詞は単数 1・3人称以外では語尾の -e が落ちる（du lächel*st*, ...）．

1.2.20.2. 接続法Ⅱ式現在（この形は「接続法過去」とも呼ばれる）

不定詞	lernen	kommen	werden	haben	sein
過去基本形	lernte	kam	wurde	hatte	war
ich ―e	lernte	käme	würde	hätte	wäre
du ―est	lerntest	kämest	würdest	hättest	wärest
er ―e	lernte	käme	würde	hätte	wäre
wir ―en	lernten	kämen	würden	hätten	wären
ihr ―et	lerntet	kämet	würdet	hättet	wäret
sie ―en	lernten	kämen	würden	hätten	wären

→第Ⅲ部　表32

◆ 規則変化（弱変化）動詞の場合は直説法過去形と同形となる．
不規則変化動詞では過去基本形に接続法Ⅰと同形の語尾をつける．変音できる幹母音は変音する．

◆ 接続法Ⅱの幹母音の例外：stehen (stand) → stände/stünde；sterben (starb) → stürbe；beginnen (begann) → begänne/begönne など．

◆ 話法の助動詞 sollen, wollen は変音せず，直説法過去と同形になる．

◆ 混合変化動詞のうち brennen, kennen, nennen, rennen, senden, wenden の接続法Ⅱの幹母音は e：brennen (brannte) → brennte usw.

1.2.20.3. 接続法の時称（カッコの中に別の呼称を記す）

	Ⅰ　式	Ⅱ　式
現　在	er lerne er komme （接続法現在形）	er lernte er käme （接続法過去形）
過　去	er habe … gelernt er sei … gekommen （接続法現在完了形）	er hätte … gelernt er wäre … gekommen （接続法過去完了形）
未　来	er werde … lernen er werde … kommen （接続法未来形）	er würde … lernen er würde … kommen （第一条件法）→第Ⅲ部　表37
未来完了	er werde … gelernt haben er werde … gekommen sein （接続法未来完了形）	er würde … gelernt haben er würde … gekommen sein （第二条件法）→第Ⅲ部　表38

1.2.20. 接続法

1.2.20.4. 直説法の時称と接続法の時称の対応
直説法の時称は6形式であるが，接続法の時称は4形式である．

直 説 法	時 称		接 続 法 I	接 続 法 II
er lernt er kommt	現在	現在	er lerne er komme	er lernte er käme
er lernte er kam	過去	過去	er habe ... gelernt	er hätte ... gelernt
er hat gelernt er ist gekommen	現在完了		er sei ... gekommen	er wäre ... gekommen
er hatte gelernt er war gekommen	過去完了		（直説法の過去・現在完了・過去完了の区別は接続法においてはなくなる．）	
er wird ... lernen er wird ... kommen	未来	未来	er werde ... lernen er werde ... kommen	er würde ... lernen er würde ... kommen

er wird ...
  gelernt haben
er wird ...
  gekommen sein
	未来完了	未来完了	er werde ...
			  gelernt haben
			er werde ...
			  gekommen sein
				er würde ...
				  gelernt haben
				er würde ...
				  gekommen sein

1.2.20.5. 接続法の用法の概略
接続法の形式にはⅠ式とⅡ式があるが，その用法は大きく分けて三通りである．その形式と用法との関係はおおよそ次の表の通りである．

接続法Ⅰ式	要求話法
	間接話法
接続法Ⅱ式	非現実話法

以下に間接話法・要求話法・非現実話法の順にその用法を述べる．

第Ⅱ部　記述編

1．間接話法（原則として接続法Ⅰ式を用いる）

直接話法	間接話法
Er sagte:	Er sagte,
„Ich lerne Deutsch."（現在） 彼は「私はドイツ語を学んでいる」と言った．	er lerne Deutsch.
„Ich lernte Deutsch."（過去） „Ich habe Deutsch gelernt."（現在完了） „Ich hatte Deutsch gelernt."（過去完了） 彼は「私はドイツ語を学んだ」と言った．	er habe Deutsch gelernt.
„Ich werde Deutsch lernen."（未来） 彼は「私はドイツ語を学ぶだろう」と言った．	er werde Deutsch lernen.

1) 接続法Ⅰ式の変化形が直説法と同形になる場合には接続法Ⅱ式が用いられる：Er sagte, seine Kinder hätten das gemacht. 彼の子供たちがそれをしたのだと，彼は言った（接続法Ⅰ式の変化形 haben は直説法の haben と同形）．
2) 間接話法には接続詞 daß を用いた副文の形もある．その場合，接続法ではなく直説法を用いることが多い：Er sagte, er lerne Deutsch. ＝ Er sagte, daß er Deutsch lernt ⟨lerne⟩.
◆　直説法を用いると，その伝達内容に対する話者の確信度が強くなる．
◆　この例に見られるように，ドイツ語においては，英語でのような主文と副文の間の時称の一致はない．すなわち，ここでは，主文は過去形，副文は現在形である．
3) 間接命令文では助動詞 sollen（命令・要望）または mögen（依頼・懇願）を用いる：Er sagte zu mir：„Ruf mich bitte abends an!" 彼は私に「どうぞ，晩にお電話をください！」と言った．→ Er sagte zu mir ⟨Er bat mich⟩, ich solle ihn abends anrufen.
4) 間接疑問文は接続詞 ob で副文を導く：Ich fragte ihn：„Ist das

— 144 —

1.2.20. 接続法

　　　wahr?" 私は彼に「それは事実か？」と尋ねた． → Ich fragte ihn, ob das wahr sei 〈ist〉．
- ◆ 補足疑問文では疑問詞によって副文を導く：Ich fragte ihn：„Wo wohnen Sie?" どこに住んでいるのかと私は彼に尋ねた． → Ich fragte ihn, wo er wohne．

2．要求話法（3人称の主語/wir/Sie に対する実現の可能性のある要求・勧誘・願望・認容を表す．接続法Ⅰ式を用いる）

　Man nehme täglich dreimal eine Tablette. 一日3回1錠服用のこと．
　Lernen wir Deutsch! ドイツ語を学ぼう！
　Kommen Sie bitte herein! どうぞお入り下さい！（この形は Sie に対する命令の形と説明されるが，その由来は三人称複数の sie を主語とする接続法Ⅰ式である！）

3．非現実話法（接続法Ⅱ式を用いる）
　1) 実現不可能な前提と結論：
　　　現在：Wenn ich jetzt Geld hätte, kaufte ich das Auto. いま私に金があれば，その車を買うのだが．
　　　過去：Wenn ich damals Geld gehabt hätte, hätte ich das Auto gekauft. あのとき私に金があったら，その車を買ったのだが．
- ◆ 接続法Ⅱ式の形が直説法過去形と同形になる場合，《würde＋不定詞》で書き替えられることが多い：Wenn ich jetzt Geld hätte, würde ich das Auto kaufen（… kaufte ich das Auto と言う代わりに）．
- ◆ 接続詞 wenn でなく，定動詞文頭の語順で前提部を導くこともある：
　　　（現在）Hätte ich jetzt Geld, würde ich das Auto kaufen.
　　　（過去）Hätte ich damals Geld gehabt, hätte ich das Auto gekauft.

　2) 実現不可能な願望（強調の doch, nur を伴うことが多い）：
　　　Wenn er nur käme!/Käme er doch! 彼が来るといいのになあ！
　　　Hätte ich damals nur Geld gehabt! あの時お金があったらなあ！

　3) als ob …/als wenn … 「まるで……のように」の副文で：
　　　Sie tut so, als ob sie nichts wüßte. 彼女はまるで何も知らないかのようなふりをする．Er sah aus, als wenn er krank gewesen wäre. 彼は病気だったかのように見えた（本当は病気ではなかったのだが）．
- ◆ als ob/als wenn の ob や wenn が用いられず，その位置に定動詞の来

— 145 —

ることがよくある：Sie tut so, als wüßte sie nichts./Er sah aus, als wäre er krank gewesen.
  4) 控え目な発言や丁寧な依頼：Ich hätte gern ein Bier. ビールをいただけませんでしょうか. Könnten Sie mir bitte helfen? 手伝っていただけませんでしょうか？

1.2.21. 話法の助動詞及び用法上それと類似の動詞

　動詞の zu のつかない不定詞と組み合わせて用いられ，動詞の本来の意味にさまざまな意味を加える働きをする六つの（möchte を別に数えると七つの）助動詞を《話法の助動詞》（→ 1.1.2.1.）と呼ぶ．
◆　この「話法の助動詞」という呼称は今日の学習者の理解をさまたげるおそれがある．以前，「直接説話」，「間接説話」などと呼んでいた direkte Rede, indirekte Rede を，今日では「直接話法」，「間接話法」などと呼ぶからである．Modalverb における「話法の」modal という語はこの Rede の意味における「話法」とは関係がない．Modus の訳語が「法」→ 1.1.3.4.であるならば，Modalverb は「法動詞」あるいは「法助動詞」というべきであろうが実行されてはいない．このような誤解の危険をはらんだまま，通例，「話法の助動詞」と呼ばれている．

1.2.21.1. 変化形

不定詞	dürfen	können	mögen	müssen	sollen	wollen
過去基本形	durfte	konnte	mochte	mußte	sollte	wollte
過去分詞	gedurft	gekonnt	gemocht	gemußt	gesollt	gewollt
ich	darf	kann	mag	möchte	muß	soll	will
du	darfst	kannst	magst	möchtest	mußt	sollst	willst
er	darf	kann	mag	möchte	muß	soll	will
wir	dürfen	können	mögen	möchten	müssen	sollen	wollen
ihr	dürft	könnt	mögt	möchtet	müßt	sollt	wollt
sie	dürfen	können	mögen	möchten	müssen	sollen	wollen

1.2.21. 話法の助動詞及び用法上それと類似の動詞

◆ mögen にはここにも掲げたように接続法Ⅱに由来する別形 möchte の変化がある．möchte は主語の「願望」（…したい）を表す．
◆ 上表に掲げた前綴 ge- を持つ過去分詞形は，話法の助動詞を本動詞として使った場合の形である．助動詞として使う場合には 1.2.21.2. に掲げるように不定詞と同形になる．従って当然のことながら前綴 ge- もない．この不定詞と同形の過去分詞は Ersatzinfinitiv 代替不定詞と呼ばれることがある．
◆ wissen も話法の助動詞と同様の変化をする．ただし助動詞として使われることはないので，過去分詞は gewußt のみ．[→ 1.2.16.3.]

1.2.21.2.　6　時　称

現　　在	Er kann Deutsch lesen. 彼はドイツ語を読むことができる．
過　　去	Er konnte Deutsch lesen.
現在完了	Er hat Deutsch lesen können.
過去完了	Er hatte Deutsch lesen können.
未　　来	Er wird Deutsch lesen können.
未来完了	Er wird Deutsch haben lesen können.

◆ 1) 話法の助動詞と組み合わされた本動詞は zu のない不定詞の形で文末に置かれる．
　2) 話法の助動詞は本動詞として用いることもある：Er kann gut Deutsch. 彼はドイツ語がよくできる．
　3) 話法の助動詞の過去分詞は，本動詞の不定詞を伴う場合，不定詞と同形（代替不定詞）になる．
　4) 未来完了において完了の助動詞 haben は《不定詞＋不定詞と同形の過去分詞》の前に置かれる．→ 1.2.30.3. 配語法 4 いわゆる「二重不定詞」の語順について

第II部　記述編

1.2.21.3. 意味と用法の概略

1) dürfen 許可・禁止
 Darf ich das Fenster aufmachen? Die Luft ist schlecht. 窓を開けてもいいでしょうか？　空気が悪いのです．Seit kurzem darf man im Büro nicht mehr rauchen. この間から，事務所ではタバコを吸ってはいけないことになっている．

2) müssen 義務・必然性
 Vom Montag bis Freitag muß ich um 8.30 Uhr im Büro sein. 月曜から金曜まで私は八時半には事務所に出勤していなければならない．Der Mensch muß sterben. 人は必ず死ぬ．Was er sagt, muß wahr sein. 彼の言うことは本当にちがいない．

3) können 能力・可能性
 Die Französin kann gut mit Stäbchen essen. そのフランス女性は箸で上手に食べることができる．Heute abend kann ich nicht mitkommen, ich muß Überstunden machen. 今晩は私は一緒に行けません．残業をしなければならないのです．Er kann das Geld verloren haben. 彼はその金を落としたのかもしれない．

4) sollen 命令・（主語以外の人物，たとえば話し手や相手の）意思・うわさ
 Die Kinder sollen ins Bett gehen, es ist schon spät. 子供たちは寝なさい，もう遅いから．Mein Vater sagt, ich soll nicht lange telefonieren. 長電話をするなと父はいいます．Soll ich das Fenster öffnen? 窓を開けましょうか？ Er soll geheiratet haben. 彼は結婚したというわさだ．

5) mögen 好み・願望・認容・推測
 Ich mag kein Fleisch. 私は肉がきらいです．Mögen Sie Süßigkeiten? 甘いものがお好きですか？Ich möchte gern etwas trinken. 私は何か飲みたい．Er mag sagen, was er will. 彼は言いたいことをいうがよい．Das mag ja sein. そうかも知れない．

 ◆　möchte は上の例文が示すように主語で表された主体の「…したい」という願望を表す．この形は，元来は接続法に由来し，過去形がないので，「…したかった」の意味は wollen の過去形で表す．

6) wollen（主語の）意思・主張
 Viele junge Menschen wollen einmal ins Ausland reisen. 多くの若い人

— 148 —

1.2.21. 話法の助動詞及び用法上それと類似の動詞

は一度外国旅行がしたいと思っている．Sie will es gelesen haben.彼女はそれを読んだといいはっている．

1.2.21.4. 用法上類似の動詞

1) 次のような動詞は話法の助動詞と同じように，zu のつかない不定詞とともに用いることができる：使役の助動詞 lassen させる；知覚動詞 hören 聞く，sehen 見る，fühlen 感じる，finden (…なのを) 見る；その他 helfen 助ける，lehren 教える，lernen 学ぶ，usw.：

Ich *lasse* mir einen Anzug *machen.* 私は背広を1着あつらえる．
Ich *höre* ihn *singen.* 私は彼が歌うのを聞く．
Ich *helfe* ihm das Gepäck *tragen.* 私は彼が荷物を運ぶのを助ける．
Ich *lehre* sie Klavier *spielen.* 私は彼女にピアノを弾くのを教える．
Ich *lerne* Geige *spielen.* 私はバイオリンを弾くのを習う．

◆ ただし helfen, lehren, lernen は zu のある不定詞と組み合わせることもできる：

Er hat gelernt, sich zu beherrschen. 彼は自制することを学んだ．
Sie hat ihn gelehrt, sich rücksichtsvoll zu benehmen. 彼女は彼に思いやりのある行動をとることを教えた．
Er hat ihm geholfen, das zu begreifen. 彼は彼がそれを理解するのを助けてやった．

2) 使役の助動詞 lassen の過去分詞は lassen である．これは，話法の助動詞の場合と同様に ge- のない不定詞と同じ形である．lassen 以外のものは，他の不定詞とともに用いる場合，過去分詞に代替不定詞を用いるか，それとも通常の ge- のある過去分詞形を用いるかは一定していない．

Ich habe mir einen Anzug machen *lassen.* 私は背広を1着つくらせた．
Ich habe ihn singen *hören/gehört.* 私は彼が歌うのを聞いた．
Ich habe ihn davonlaufen *sehen/*(稀に)*gesehen.* 私は彼が走り去るのを見た．
Sie hat ihm waschen *helfen/geholfen.* 彼女は彼が洗うのを助けてやった．
Er hat ihn reiten *gelehrt/*(稀に)*lehren.* 彼は彼に乗馬を教えてやっ

た．

3) 未来の助動詞 werden（→ 1.2.18.3.）は推測を表す意味において，話法の助動詞に近いところがある：

Sie *wird* es sogleich lesen. 彼女はそれをただちに読むであろう．

Sie *wird* es gelesen haben. 彼女はそれを読んでしまっているであろう/読んだことだろう．

Diese Melodie *werden* Sie bestimmt viel gehört haben. このメロディーはきっと何度もお聞きになったことがおありでしょう．

1.2.22. 命令の表現

1.2.22.1. 命令法と接続法Ⅰ　　　　　　→第Ⅲ部　表28

不定詞	命　令　法		接続法Ⅰ
―en	du に対して ―e！/―！	ihr に対して ―t！	Sie に対して ―en Sie！
sagen 言う sein……である sprechen 話す lesen 読む	Sage！/Sag！ Sei！ Sprich！ Lies！	Sagt！ Seid！ Sprecht！ Lest！	Sagen Sie！ Seien Sie！ Sprechen Sie！ Lesen Sie！

1) du に対する命令形は，日常語では語尾の -e を省いた―！の形の方が多い．語幹が -d, -t, -ig に終る動詞，また不定詞が -eln, -ern に終る動詞では―e！となる．

2) 単数2・3人称で幹母音が e → i/ie の変化をする動詞は，du に対する命令形でも母音がそのように変わり，語尾 -e はつけない（ただし a → ä 型は命令法では変音しない：fahren（車で）行く fahr [e]！）．

3) ihr に対する命令法は直説法現在の ihr を主語とする人称変化形と同形．

◆　Sie に対する命令の形は歴史的に見ると，接続法Ⅰの要求話法で，sein（Seien Sie！）の場合以外は直説法現在形と同形（ただし語順は「動詞＋主語」）．

◆　複数1人称 wir に対する「…しよう」という促しの表現も Sie に対す

1.2.23. 受　　動

る命令の表現と同様に，接続法Ⅰに由来する：Wollen wir langsam gehen! そろそろ行きましょう．

1.2.22.2. その他の命令的表現
1) müssen や sollen など話法の助動詞による：Du mußt das alles aufessen! みんな食べてしまいなさい．Du sollst nicht töten! 汝殺すなかれ．
2) （直説法）現在形・未来形による：Du kommst mit! 君，一緒に来るんだ! Du wirst dich hüten! 用心するがいい．
3) 不定詞や過去分詞による：Karl, weiterlesen! カール，先を読みなさい．Setzen! 着席．Gesetzt!（犬に向かって）お座り．Aufgepaßt! 気をつけ，注意!
4) daß に始まる副文で：Daß du still bist! 静かにするんだ!
5) 名詞や副詞だけの表現：（名詞）Vorsicht! 気をつけて．Achtung, Achtung!（マイクでの話を始める前などに）御注意下さい．（副詞）Vorwärts! 進め．

1.2.23. 受　　　動

態には能動 Aktiv 以外に受動 Passiv の二つの形式がある．→1.1.3.5.

1.2.23.1. 受動の形式
werden＋過去分詞（文末）で表される．
現在人称変化

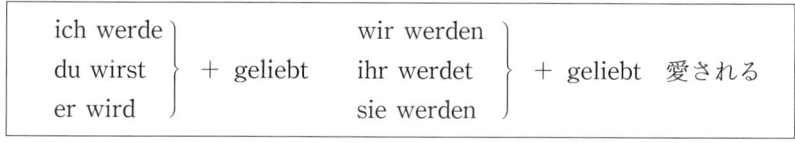

ich werde		wir werden		
du wirst	＋ geliebt	ihr werdet	＋ geliebt	愛される
er wird		sie werden		

受動態の6時称　→第Ⅲ部　表40
◆ 完了形をつくる際の受動の助動詞 werden の過去分詞形は geworden ではなく worden である．完了形をつくるための助動詞は werden が本動詞である場合と同様に sein である．
◆ 受動の未来形や未来完了形は稀にしか用いられない．通常，未来形の

— 151 —

代わりに現在形が，未来完了形の代わりに現在完了形が用いられる．

1.2.23.2. 能動文と受動文の対応
1) 能動文の4格目的語が受動文の主語（1格）になる．受動文において，行為者（能動文の主語）は，表現する必要がある場合には von＋3格/durch＋4格で表示される．この行為者は能動文においては主語として必須の成分であるが，受動文においては任意的なものである．

能動：Er schneidet den Kuchen. 彼はケーキを切る．
受動：Der Kuchen wird [von ihm] mit einem Messer geschnitten. ケーキは［彼によって］ナイフで切られる．
能動：Das Erdbeben hat die Stadt zerstört. 地震が町を破壊してしまった．
受動：Die Stadt ist durch das Erdbeben zerstört worden. 町は地震によって破壊されてしまった．

◆ 能動文に4格目的語と同定4格がある場合，受動文では一方が主語となり，他方は同定1格（述語内容詞）となる．
Sie nannte ihn einen Lügner. 彼女は彼を嘘つきと言った．
Er wurde von ihr ein Lügner genannt. 彼は彼女に嘘つきと言われた．

◆ 受動態に話法の助動詞が組み入れられると，話法の助動詞が定動詞になり werden が文末に置かれる：
現在：Der Brief muß sofort abgeschickt werden. 手紙はすぐに発送されねばならない．
過去：Der Brief mußte sofort abgeschickt werden. 手紙はすぐに発送されねばならなかった．

◆ すべての他動詞が受動の文をつくりうるとは限らない．次のような動詞は他動詞であるが受動態にはならない．：haben, besitzen, kosten, gelten, wiegen, bekommen, erhalten, kennen など．geben も他動詞であるが，存在を表す es gibt の形式は受動態にはならない．

次のような文の4格目的語も受動文の主語には出来ない．
Ich hebe die Hand. (主語の身体の一部)
Er hat einen schweren Kampf gekämpft. (同属目的語)
Er verlor die Besinnung. (成句の一部)

1.2.23. 受　動

Das Faß enthält 100 Liter Wein.（容量を表す4格）
Ich fahre Auto.（手段・道具をあらわす4格）

1.2.23.3. 自動詞の受動文

自動詞には4格目的語がないので，helfen「助ける」などの受動文は主語のない文か，文頭に es を形式上の主語として置く文になる．このような受動は「非人称受動」unpersönliches Passiv と呼ばれる．

能動：Wir helfen dem Verletzten.　　我々は負傷者を助ける．
受動：Dem Verletzten wird von uns geholfen (Es wird dem Verletzten von uns geholfen.)　負傷者は我々によって助けられる．

◆　すべての自動詞が非人称受動をつくりうるとは限らない．blühen や regnen など，人間の活動を表さない自動詞の場合には受動文をつくることができない（*Es wird geblüht. *Es wird geregnet.）．また，kommen のように，その意味において時間的な長さのない動詞は，人間の活動を表していても非人称受動をつくることができない．

1.2.23.4. その他の受動的表現

1) sein＋過去分詞：
「…された状態にある」という意味になる．この形式は「…される」を意味する通常の受動と区別して，「状態受動」Zustandspassiv と呼ばれる．これに対して，通常の受動は「動作受動」Vorgangspassiv と呼ばれる．
　　Das Tor ist geschlossen. 門はしまっている．
　　Die Geschäfte sind bis 6 Uhr geöffnet. 商店は6時まで開いている．

2) sein＋zu 不定詞：受動の可能性・必然性をあらわす．
　　Der Lärm ist kaum zu ertragen. その騒音はほとんど我慢できない．
　　Diese Briefe sind heute noch wegzuschicken. これらの手紙は今日のうちに発送されなければならない．

3) sich＋他動詞の不定詞＋lassen：
　　Das Buch läßt sich leicht lesen. この本はたやすく読める．

4) 再帰的用法［→ 1.2.24.2.］が受動的表現になる場合：
　　Die Tür öffnet sich. ドアが開けられる．

Das versteht sich［von selbst］. それは自明のことだ．
5) man を主語とした能動文：
Bei uns schließt man das Tor um 11 Uhr. 私たちのところでは 11 時が門限だ．

1.2.24. 再帰代名詞・再帰動詞

1.2.24.1. 再帰代名詞

　主語と同一物を指す代名詞を「再帰代名詞」という．3格・4格の形しかない．3人称には3格・4格ともsichの形を用いるが，主語が1・2人称の場合は人称代名詞を転用する．敬称2人称のSieの再帰代名詞もsichである．

	1人称 (ich)　(wir)	2人称 (du)　(ihr)	3人称 (er/sie/es)　(sie)	2人称敬称 (Sie)
3格	mir　uns	dir　euch	sich　sich	sich
4格	mich　uns	dich　euch	sich　sich	sich

Er wäscht sich. 彼は（自分の）体を洗う．(Er wäscht ihn. ならば，主語のerと目的語のihnとは別人となる）．
Ich wasche mir die Hände. 私は（自分の）手を洗う．
Oft sah sie auf den leeren Platz neben sich. 何度も彼女は自分の隣の空席に目をやった（sichは3格）．

◆　主語が複数形の場合，einander「お互いに」と同じような相互的な意味をもつことがある：Hans und Peter schlugen sich. = Hans und Peter schlugen einander. ハンスとペーターはなぐりあった．

◆　再帰代名詞の2格が必要な場合には人称代名詞の2格が流用される．ただし3人称の場合には, 単数：seiner selbst/ihrer selbst/seiner selbst 複数：ihrer　selbst のように再帰的意味であることを明示するためにselbstを添える方がよい．

1.2.25. 複合動詞

1.2.24.2. 再帰動詞

再帰代名詞を目的語とする動詞を再帰動詞という．再帰動詞の完了の助動詞は haben．目的語の再帰代名詞は多くは 4 格であるが，3 格の場合もある．

再帰動詞の現在人称変化　→第Ⅲ部　表41

◆　日本の辞書や文法書では再帰代名詞の格の明示のために sich³，sich⁴ などの表記も行われている．本書においても，その表記を採用する．

(a) 再帰代名詞が 4 格の再帰動詞：sich⁴ interessieren 興味を持つ，sich⁴ erkälten 風邪をひく，sich⁴ beeilen 急ぐ，sich⁴ ärgern 腹をたてる，sich⁴ erinnern 思い出す，sich⁴ schämen 恥じる，sich⁴ setzen 座る　など．

(b) 再帰代名詞が 3 格の再帰動詞：sich³ et. aneignen …を我がものにする，sich³ et. einbilden …であると思い込む，sich³ et. vornehmen …を決心する　など．

Beeilen Sie sich, bitte! お急ぎください．Deswegen brauchst du dich nicht zu schämen. そのことで君が恥じる必要はない．Ich habe mich gestern erkältet. 私は昨日風邪をひいてしまった．Ich interessiere mich für Sport. 私はスポーツに関心がある．Ich ärgere mich über den Lärm auf der Straße. 私は路上の騒音に腹をたてている．

◆　上の最後の二例のように再帰代名詞以外に前置詞格目的語［→1.2.38.2.5.］を持つ再帰動詞がある：Sie freute sich sehr über das Geschenk. 彼女はそのプレゼントをとても喜んだ．Die Kinder freuen sich schon auf die Ferien. 子供たちはもう休暇を楽しみにしている．

◆　再帰代名詞が 3 格か 4 格かで意味の異なるものがある：Herr Meyer verbeugte sich vor unseren Gästen und *stellte sich*（4 格）*vor*. マイヤー氏は我々の客にお辞儀をし，自己紹介をした．Ich kann *mir*（3 格）die Szene lebhaft *vorstellen*. 私はその情景をありありと思い浮かべることができる．

1.2.25. 複合動詞

動詞に前綴（前綴の由来は副詞，前置詞，形容詞，名詞，その他さまざまである）がついて出来た派生動詞を複合動詞 zusammengesetztes Verb と呼

ぶ．前綴が分離する分離動詞 trennbares Verb と，分離しない非分離動詞 untrennbares Verb に大別される．

1.2.25.1. 分 離 動 詞

「分離する前綴＋基礎動詞」の形の動詞を「分離動詞」と呼ぶ．この分離する前綴には，独立した単語（副詞・前置詞・形容詞・名詞・動詞など）として用いられるものも多い．

> ab-, an-, auf-, aus-, bei-, da-, ein-, fort-, her-, hin-, mit-, nach-, teil-, vor-, weg-, weiter-, zu-, zurück-, zusammen- など

1) 分離動詞の三基本形

不定詞	過去基本形	過去分詞	
abfahren	fuhr ... ab	abgefahren	発車する
anrufen	rief ... an	angerufen	電話する
einkaufen	kaufte ... ein	eingekauft	買物する

→第Ⅲ部　表27

Der Zug fährt vom Bahnsteig 3 ab. その列車は3番ホームから発車する．
Er kauft für die Reise ein. 彼は旅行のために買物をする．

2) 分離前綴は常にアクセントを持つ．主文の現在・過去，命令形では前綴りが分離して文末に置かれる（例：anrufen）．
　　現　在：Er ruft seinen Onkel an.　彼はおじさんに電話する．
　　過　去：Er rief seinen Onkel an.　彼はおじさんに電話した．
　　命令形：Ruf mich morgen an!　あす私に電話ををください！

3) 副文においては，定動詞が後置されるため，定動詞が文末の前綴と並び，その結果，前綴と分離しなくなってしまう：Er hat gesagt, daß er dich morgen anruft. 彼はあす君に電話すると言っていた．

4) 不定詞の形においても分離しない：Ich muß die Polizei anrufen. 私は警察に電話しなければならない．

5) 過去分詞では，前綴と基礎動詞との間に ge- が置かれ，不定詞の場合と同

1.2.25. 複合動詞

じく一語としてつづけて書く．
Er hat dich schon dreimal an*g*erufen. 彼は君にもう3回も電話した．
6) 不定詞に zu を加えるときには，前綴と基礎動詞の間に zu が入り，つづけて一語のように書かれる．
Du brauchst morgen nicht an*zu*rufen. 君はあす電話をしなくともよい．

◆ frühstücken, langweilen, wetteifern などは名詞 Frühstück, Langweile, Wetteifer から派生したものであって，単一動詞である．従って不定詞に zu を添える場合は *zu* frühstücken と書く．また，過去分詞は *ge*frühstückt.

1.2.25.2. 非分離動詞

アクセントのない前綴 be-, emp-, ent-, er-, ge-, ver-, zer- は決して分離せず，過去分詞には ge- をつけない（→1.2.15.4.）．これらの前綴による複合動詞を「非分離動詞」と呼ぶ（→第Ⅲ部 表27）．
Morgen besuche ich Tante Inge. あす私はインゲおばを訪ねる．Er empfahl mir dieses Hotel. 彼が私にこのホテルを勧めた．Ich werde ihn nie vergessen. 私は彼のことを決して忘れない．Ich habe ihr versprochen, sie zu besuchen. 私は彼女に訪問することを約束した．

1.2.25.3. 分離・非分離の前綴

前綴 durch-, hinter-, über-, um-, unter-, voll-, wider-, wieder- はアクセントがあれば分離して，分離動詞をつくる．アクセントがなければ分離せず，非分離動詞をつくる．
(1) 前綴がアクセントを持つ動詞の例：
（′durchführen：）Er hat seine Pläne durchgeführt. 彼は自分の計画をやり遂げた．｜（′wiederkommen：）Bitte kommen Sie morgen wieder！ 明日またおいでください．
(2) 前綴がアクセントを持たない動詞の例：
（über′nachten：）Wir übernachteten in einem Hotel. 我々はホテルに泊まった．｜（wieder′holen：）Er wiederholte seine Frage. 彼は質問を繰り返した．

◆ wieder- がアクセントなしで用いられるのは wiederholen 一語．

（3） 綴りは同一であるが，前綴のアクセントの有無によって二つの異なる動詞である場合がある．

(ʹübersetzen：船で渡す：) Das Auto wurde mit Hilfe der Fähre übergesetzt. 車はフェリーで対岸に渡された．

(überʹsetzen：翻訳する：) Er übersetzte das Buch ins Japanische. 彼はこの本を日本語に翻訳した（→第Ⅲ部　表27）．

◆　俗に，この二つの übersetzen を一まとめにして，übersetzen は「分離・非分離動詞」と呼ばれることがあるが，この二つは別語であるので，この名称は不適切である．

◆　miß- は非分離の前綴であるが，アクセントを持つ場合がある．また過去分詞や zu つき不定詞の作り方について辞書を注意深く参照する必要がある．mißleiten の例で示すと，それぞれに二通りの形がありうる．

　　過去分詞：mißʹleitet, ʹmißgeleitet
　　zu 不定詞：zu mißʹleiten//ʹmißzuleiten

1.2.26.　非人称動詞

3人称単数の es しか主語とすることのできない動詞を非人称動詞という．この es には指示機能がない．非人称動詞の人称変化は es を主語にする3人称単数の場合しかない（→1.2.36.）．

1.2.26.1.　天候動詞

es regnet（不定詞は regnen）など

不　定　詞	regnen　雨が降る
現　在　形	es regnet
過　去　形	es regnete
現在完了形	es hat ... geregnet
過去完了形	es hatte ... geregnet
未　来　形	es wird ... regnen
未来完了形	es wird ... geregnet haben

1.2.26. 非人称動詞

es regnet　　　雨が降る　　　　　（ただし der Himmel regnet も可能である。この場合は regnen の人称動詞としての用法である。）

es schneit　　　雪が降る
es blitzt　　　　稲光がする　　　　（人称動詞としても可能）
es donnert　　　雷が鳴る　　　　　（人称動詞としても可能）
es hagelt　　　　あられ・雹が降る
es nebelt　　　　霧がかかる　　　　（der See nebelt も可能）
es friert　　　　凍てつく　　　　　（0°以下になる霜や氷の現象）
es dunkelt　　　暗くなる　　　　　（人称動詞としても可能）
es graut　　　　うす明るくなる　　（人称動詞としても可能）
es tagt　　　　　朝になる　　　　　（der Morgen tagt も可能）

◆ 天候動詞の場合の es は，たとえ定動詞倒置になっても省略されることがない．

1.2.26.2. 心理・生理動詞

変化形は天候動詞と同様である．心理・生理の主体者である人間が3格または4格で表される．この3格・4格が文頭に立つと es は消失する．

　　es friert mich/mich friert　私は凍える
　　es freut mich　　　　私はうれしい（「喜ばせる」という人称動詞も可能）
　　es ärgeret mich　　　私は腹が立つ（「怒らせる」という人称動詞も可能）
　　es wundert mich　　　私は不思議だ（人称動詞形も可能）
　　es hungert mich　　　私は空腹だ（今日では普通 ich habe Hunger という）
　　es dürstet mich　　　私は喉がかわく（今日では普通 ich habe Durst という）
　　es graut mir　　　　私はぞっとする
　　es gefällt mir　　　　私は居心地がよい（人称動詞形も可能）
　　es ekelt mir〈mich〉　私は吐き気がする
　◇　es ist mir kalt/mir ist kalt. 私は寒いもこの系列に属する．

1.2.26.3. その他の非人称表現
1) 人称動詞を非人称的に用いることがある．行為の主体を明確に表さず，行為そのものに重点をおく場合である（特に物音の表現に関して）．
　　es klopft　コツコツたたく音がする
　　es klingelt　ベルが鳴る
　　es rauscht in den Bäumen　木立にザワザワと音がする
2) 特定の非人称的熟語
　(a)　es gibt ＋ 4 格「…がある」
　　　In dieser Stadt *gibt es* viele Museen. この町には博物館がたくさんある．
　(b)　es geht ＋ 3 格「…の調子は…である」
　　　Wie geht *es* Ihnen? — Danke, (*es* geht mir) gut. お元気ですか？ ありがとう．［私は］元気です．
　(c)　es handelt sich um ＋ 4 格「…が問題である」
　　　Es handelt sich um die Ehre. 名誉にかかわることである．

1.2.27. 不定詞・分詞

1.2.27.1. 不　定　詞
　動詞は文の主語の人称・数に合わせて語形変化する．これらの変化した語形を「定動詞」または「定形」と呼ぶ．「定動詞」に対して，変化していない動詞の基本形を「不定詞」と呼ぶ．「zu のつかない不定詞」と「zu のついた不定詞」がある．また「過去分詞＋haben/sein」の形の不定詞もあり，それらは「完了不定詞」と呼ばれる．
　　不定詞：hören/zu hören 聞く　kommen/zu kommen 来る
　　完了不定詞：gehört haben/gehört zu haben
　　　　　　　　gekommen sein/gekommen zu sein
1) zu のつかない不定詞の用法
　a) 未来の助動詞（→ 1.2.18.3.）や話法の助動詞（→ 1.2.21.）などとともに本動詞として．
　b) bleiben, gehen, fahren, kommen などとともに：
　　　Er bleibt *liegen*. 彼は横たわったままである．Er geht *einkaufen*. 彼は

1.2.27. 不定詞・分詞

　　　買い物に行く．
　　c) 名詞に相当するはたらき：*Leben* heißt *kämpfen*. 生きるということは戦うということである．
　　d) 命令をあらわす：Alles *aussteigen*！皆様お降りください！
　　e) 中性名詞化して（頭文字を大書）：das *Leben* 生命，das *Sein* 存在．
2) zu のついた不定詞の用法
　　a) 名詞に相当するはたらき（しばしば不定詞句の形で）：Ich habe vergessen, ihm *zu schreiben*. 彼に手紙を書くのを忘れていた．
　　b) [an]statt, ohne, um などとともに：Inge ging, um die Kinder *abzuholen*. インゲは子供たちを迎えに行った．Sie las weiter, ohne den Fehler *zu bemerken*. 彼女はその誤りに気づくことなく，先を読みつづけた．
　　c) 付加語形容詞に相当するはたらき：Die Angewohnheit *zu rauchen* ist ungesund. 喫煙の慣習は不健康である．
　　d) 絶対的用法：*Um die Wahrheit zu gestehen*, ich mag keine Party. ほんとうのことを言えば，私はパーティーが好きではない．
　◆　haben＋zu 不定詞は必然性・可能性をあらわす：Ich habe einen Brief zu schreiben. 私は手紙を一通書かねばならない．ただし Ich habe nichts zu essen.（私は食べるものが何もない）の場合の zu essen は nichts の付加語．
　◆　sein＋zu 不定詞は受動の可能性・必然性をあらわす ［→1.2.23.4.］．

1.2.27.2. 分　　詞

現在分詞と過去分詞がある．「zu のついた現在分詞」の形は「未来受動分詞」と呼ばれることがある．

　　　現在分詞：不定詞＋d 例：hörend, kommend（例外 sein → seiend, tun → tuend）

　　　過去分詞（→1.2.15.）：gehört, gekommen

1) 付加語的用法：現在分詞は継続的な意味を表し，他動詞の過去分詞は受動（の完了）の意味を，sein 支配の自動詞（→1.2.18.1.）では能動の完了の意味をもつ：das *schlafende* Kind 眠っている子供，*siedendes* Wasser 煮え湯；*gemischter* Chor 混声合唱，die *gepflückte* Blume 摘まれた

花；die *verblühte* Blume 萎んだ花，das *eingeschlafene* Kind 眠りこんだ子供

◇ haben 支配の自動詞の過去分詞は，付加語的には用いられない．「咲いた花」という意味で*die *geblühte* Blume とは言わない．同様に，「眠った子ども」という意味で*das *geschlafene* Kind とは言わない．

◇ zu＋他動詞の現在分詞は付加語的にのみ用いられる（文語調）：ein zu verkaufendes Haus 売られるべき家．

この形は「未来受動分詞」と呼ばれることがある．

2) 名詞的用法（形容詞の名詞的用法に準じる）：ein *Reisender* ある旅行者；die *Gefangenen* 捕虜たち．

3) 述語的用法：現在分詞は全く形容詞化したものに限り述語的に用いられる（英語の進行形にあたる語法はない）：Dieser Anblick ist *bezaubernd*. この眺めは魅惑的だ．

4) 副詞的用法：Sie kam *weinend* aus dem Zimmer. 彼女は泣きながら部屋から出て来た．

5) 絶対的用法: Einen Tag ausgenommen, haben wir den ganzen Monat schönes Wetter gehabt. ただ 1 日だけを除いて，ひと月ずっといい天気だった．

6) 過去分詞による命令の表現（→ 1.2.22.2.）

1.2.27.3. 不定詞構文と分詞構文

副文に相当する不定詞構文（不定詞句）：Er versprach ihr, *pünktlich zu kommen.* （＝daß er pünktlich kommt）彼は時間通りに来ると彼女に約束した．

副文に相当する過去分詞構文：*Die Augen weit aufgerissen,* starrte er mich an.（＝Nachdem er die Augen weit aufgerissen hatte, …）目を大きく見開いて，彼は私を凝視した．

副文に相当する現在分詞構文：*Laut um Hilfe schreiend,* lief der Mann durch die nächtlichen Straßen.（＝Indem er um Hilfe schrie, …）大声で助けを求めながら，その男は夜の街を突っ走った．

1.2.28. 副　　　詞（→第5巻）

1.2.28.1. 意味上の分類
1) 時の副詞：jetzt 今, heute きょう, gestern きのう, morgen あす, da その時, schon すでに, oft しばしば；疑問の場合 wann いつ
2) 場所の副詞：hier ここ, dort あそこ, da そこ, oben 上に, unten 下に, rechts 右に, links 左に；疑問副詞 wo どこ
3) 方法の副詞：so そのように, gewiß 確かに, anders 違ったふうに；疑問副詞 wie どのように
4) 原因の副詞：darum それゆえ, daher そこで, also そういうわけで；疑問副詞 warum なぜ

否定の副詞 nicht については→1.2.39.否定

1.2.28.2. 形態上の分類
1) 本来の副詞：hier ここ, dort あそこ, sehr 非常に, immer 常に
2) 副詞として用いられた形容詞：gut よく, schlecht わるく, scharf 鋭く, lange 長く
3) -s, -lich, -weise などの後綴によりつくられた副詞：anders 別様に, freilich もちろん, seitwärts かたわらに, glücklicherweise 幸いにも
4) 合成された副詞：ebenso 同様に, überall いたるところに, geradeaus まっすぐに
5) 副詞句：eines Tages ある日, jeden Tag 毎日, in der Tat 実際に, hin und her あちこちに, immer wieder 幾度も繰り返し, den ganzen Tag hindurch 日がな一日

◇　副詞の比較変化については →1.2.12.2.

1.2.29. 前　置　詞

　前置詞は名詞（あるいは代名詞）の前に置かれるが，そのときの名詞（あるいは代名詞）の格はそれぞれの前置詞によって定まっている．前置詞がこ

の格を定めるはたらきを前置詞の「格支配」と呼ぶ．その格支配には次の4通りがある．

1.2.29.1. 2 格支配

[an]statt …の代わりに，außerhalb …の外側に，innerhalb …の内部に，trotz …にもかかわらず，um…willen …のために，während …の間に，wegen…のため　など．

[*an*]*statt* seiner（od. des Vaters）彼の（父の）代わりに
Trotz des Regens arbeitet er im Garten. 雨にもかかわらず彼は庭仕事をしている．*Um* meiner selbst *willen* habe ich das getan. 自分自身のために私はそれをした．

1.2.29.2. 3 格支配

aus（…の中）から　　außer …以外に　bei …の側に　entgegen …に向かって　gegenüber …に向かい合って　mit …とともに　nach …の方に，…の後で　seit …以来　von …から，…によって，…の，zu …の方へ　など．

◆ entgegen, gegenüber は名詞の後に置かれることもある．nach も「…によれば」という基準をあらわす意味の場合，名詞の後に置かれることが多い：allem Anschein *nach* 見たところ，どう見ても

Er kommt *aus* der Schule. 彼は学校から帰って来る．*Seit* einem Jahr wohne ich mit meinem Bruder. 1年前から私は兄（弟）といっしょに住んでいる．Der Zug fährt von München *nach* Wien. この列車はミュンヒェン発ウィーン行きです．*Nach* dem Essen gehe ich zur Post. 食後に私は郵便局へ行く．Meiner Ansicht *nach* hast du recht. 私の考えでは君は正しい．

1.2.29.3. 4 格支配

bis …まで　durch …を通って　entlang …に沿って　für …のために　gegen …に向かって　ohne …なしに　um …の回りに　をめぐって　など．

◆ bis は普通ほかの前置詞を後に伴い，後の前置詞が格支配をする：bis zum Ufer 岸まで．

— 164 —

für den Staat 国家のために　*ohne* ihn 彼なしに　Der Zug fuhr *durch* einen Tunnel. 列車はトンネルを抜けた．

1.2.29.4.　3・4格支配

an …に接して　auf …の上　hinter …の後　in …の中　neben …の横　über …の上方，…を越えて　unter …の下　vor …の前　zwischen …のあいだ

　3格：静止または運動の場所（wo どこで？に対して答える場合の格）
　　Das Buch liegt *auf dem* Tisch. その本は机の上にある．
　4格：運動の方向（wohin どこへ？に対して答える場合の格）
　　Er legt das Buch *auf den* Tisch. 彼はその本を机の上に置く．
Wo machen Sie diesen Sommer Urlaub? — *Am* Bodensee. この夏はどこで休暇を過ごしますか？ — ボーデン湖畔で過ごします．Wohin fahren Sie in den Ferien? — *An den* Bodensee. この休みにはどこへいらっしゃいますか？ — ボーデン湖畔へ行きます．Die Urlauber schwimmen *im* See, rudern *auf dem* See, und joggen *am* See. 休暇を取った人々が湖の中で泳ぎ，湖の上で舟を漕ぎ，湖畔でジョギングをする．(im＜in dem, am＜an dem →次項)

1.2.29.5.　他の語との融合形

1) 前置詞と定冠詞の融合形：
　　am＜an dem,　ans＜an das,　beim＜bei dem,　durchs＜durch das,
　　im＜in dem,　ins＜in das,　ums＜um das,　vom＜von dem,
　　zum＜zu dem,　zur＜zu der.
2) 人称-，指示-，疑問代名詞などとの融合形（母音で始まる前置詞の場合には -r- が挿入される　→1.2.6.3.）：
　　dabei, dafür, damit, daran, darin, darüber;
　　wobei, womit, wofür, woran, worin, worüber など．

1.2.30.　接　続　詞

語と語，句と句，文と文を結ぶ働きをする．接続詞は並列の接続詞と従属

の接続詞の二つの種類に分けられる：

1.2.30.1. 並列接続詞：
その後に続く文の語順に影響を及ぼさない．

> aber しかし　allein しかるに (aber よりも文章語的)　denn なぜなら
> oder あるいは　[nicht ...,] sondern …ではなくて　und そして

- ◆ aber は文中に置かれることもあるが，denn は接続詞としては必ず文頭に置かれる．

Er geht aus, *aber* sie bleibt zu Hause （..., sie bleibt *aber* zu Hause の配置もありうる）．彼は外出する，だが彼女は家に残る．Wir gehen spazieren, *denn* das Wetter ist schön. 我々は散歩に行く，天気がいいから．Bier *oder* Wein ビールあるいはワイン　heute *oder* morgen きょうかあす　Tag *und* Nacht 昼と夜　Karl geht in die Schule, *und* Hans bleibt zu Hause. カールは学校へ行き，ハンスは家にいる．Ich habe ihm nicht geschrieben, *sondern* (ich habe) mit ihm telefoniert. 私は彼に手紙を書いたのではなくて，彼と電話で話したのだ．

- ◆ nicht (nur)..., sondern (auch) や entweder ... oder などは二つの部分からなっている相関的な接続詞と呼んでもよい．
- ◆ 副詞的接続詞

副詞が接続詞として用いられたものである．従って，これらに始まる文においては定動詞は倒置される．

> also それ故に，so そこで，dann それから，deshalb だから，doch けれど，jedoch けれど

- ◇ これらは本来，副詞であるので，この「副詞的接続詞」という分類に賛成しない立場もある．しかし，いずれにせよ，これらの語が文頭に立てば，その次には定動詞が位置して次に主語という順に続く（→ 1.2.30.3.配語法1．定動詞の位置の1．）．

Der Tee war inzwischen kalt geworden, *so* bestellte ich neuen. 紅茶がその間に冷めてしまった，そこで私はあらたなお茶を注文した．Ich denke, *also* bin ich. 我思う，故に我あり．Diese Bilder sind teuer, *doch* finde ich sie nicht gut. これらの絵は高価である，けれど私はそれらをいいとは思わない (Diese Bilder sind teuer, *doch* ich finde sie nicht gut. という語順もありうる. この場合 doch は並列の接続詞である. aber よりも強い表現となる).

1.2.30.2. 従属接続詞：

これらの接続詞に導かれる文は副文となり，定動詞は文末に置かれる，つまり定動詞後置となる (→ 1.2.30.3. 配語法1. 定動詞の位置の5).

> als …したとき　als ob …であるかのように　bevor …する以前に　bis…まで　da …だから　damit …するために　daß …ということ　indem …しながら　nachdem …のあとで　ob …かどうか　obwohl …にもかかわらず　während …している間に　weil …なので　wenn …ならば，wie …のように

Als sie dort ankam, war es schon Abend. 彼女がそこに着いたときはもう晩であった. *Wenn* es regnete, blieben wir (immer) zu Hause. 雨が降った時は私たちは（いつも）家にいました. *Wenn* es regnet, komme ich nicht. 雨が降ったら私は参りません.

◆ als と wenn の違い：als が過去における一回的な出来事を表すのに対して，wenn は過去の時間帯の中での反復された出来事を表す. 上の例文でいえば「彼女の到着」が過去のある一つの時点での一回限りの出来事であるのに対して，「雨が降った時に私たちが家にいた」という出来事は繰り返し起こったことである.「雨が，幾度か降り」，私たちは「その都度いつも，家にいた」のである. このような wenn は最後の例文の示すように現在時称でも用いられ，「…するならば，その場合にはいつも」というように条件を言い表すこともできる.

Der Anruf kam, *nachdem* sie das Haus verlassen hatte. 電話は彼女が家を出たあとでかかって来た.

◆ nachdem による副文の中の時称はふつう完了形. 主文の出来事の時点よりも前に起こったことを表す.

Sie fährt an die See, *damit* sie sich erholt. 彼女は保養のために海辺に行く（この damit を前置詞＋代名詞の融合形の damit (→ 1.2.6.3.) と混同

せぬこと). Ich weiß, *daß* ich nichts weiß. 私は私が何も知らないということを知っている. Die Kiste war so schwer, *daß* er es nicht tragen konnte. その箱はたいへん重くて，彼が持ち運べないくらいであった.
Ich will lieber in einer Großstadt leben, *weil* ich mehr Berufschancen habe und *weil* ich viel Kontakt mit Menschen habe. 私はむしろ大都市の方に住みたい，職業選択のチャンスが多いから，そして人とのコンタクトが多く持てるから. *Da* ich in einer Großstadt lebe, habe ich viel Kontakt mit Menschen. 私は大都市に住んでいるので，人とのコンタクトが多く持てる.

◆ weil と da の違い：da は，ある事柄を述べる時に，聞き手も知っている別の事柄を理由として挙げるのに用いられる. これに対して，weil はある事柄に対する理由を新たに述べる働きをもつ. 上の例でいうと,「大都市に住みたい」のは何故かという理由が weil を用いて述べられている. 一方，da で始まる例文では「大都市に住んでいる」という聞き手も知っている事柄を理由としてまず述べて，続いてそれから導き出される結論が聞き手に伝えられている (この da を副詞の da「そこで」(→ 1.2.28.1.) と混同せぬこと). 疑問の副詞 warum で尋ねられた疑問文に対しては weil で答える. da を用いることは出来ない.

◆ weil と denn の違い：weil は従属接続詞であるが, denn は並列接続詞である. 従って，導かれる文は weil の場合には従属の副文, denn の場合には並列文であって語順が異なる. 意味の上では，weil が主文に対しての原因・理由などを，因果関係として述べるのに対して，denn は「なぜそう発言するのか」という発言の根拠を述べるものであり，必ずしも因果関係を述べるものではない.

◆ als ob ... のほかに 2 語の組み合わせからなる接続詞には，次のようなものがある：als daß ... , so daß ... , ohne daß ... , als wenn ...

◆ je ... , desto 〈um so〉 ... の構文においては je は従属接続詞, desto は副詞的接続詞である. 従って, je に導かれる文では定動詞後置, desto の後では定動詞倒置となる：*Je* älter er *wird, desto* 〈*um so*〉 geiziger *wird* er. 彼は年をとればとるほど，一層けちんぼうになる.

1.2.30. 接続詞

1.2.30.3. 配 語 法
1．定動詞の位置
　1) 文中で定動詞が文要素を単位として数えて第2位に位置するのが原則である．これはドイツ語の定動詞の位置に関する最重要の原則である．主語が第1位の場合には定動詞が第2位，主語以外のものが先行した場合には定動詞＋主語の順に入れ換えて，定動詞が第2位に位置するという原則は破られない．

　　　　Er *liest* heute das Buch.　　（主語が第1位の場合）
　　　　Das Buch *liest* er heute.　　（目的語が第1位の場合）
　　　　Heute *liest* er das Buch.　　（副詞が第1位の場合）

◆　主語が第1位で定動詞が第2位の場合を定動詞正置または定形正置，主語と定動詞が入れ換った語順を定動詞倒置または定形倒置と呼ぶことがある．

　2) 疑問詞のない疑問文においては定動詞が第1位に立つ．この疑問文はja, nein, doch で答えることができる．
　　　Liest er das Buch? *Ja*, er liest es.

　3) 疑問詞のある疑問文では疑問詞が第1位，定動詞が第2位を占める．このとき疑問詞が主語であるなら，主語が第1位を占めるが，疑問詞が主語でないならば主語は第3位に立つことになる．
　　　Was liest er?/*Welches* Buch *liest* er?/*Warum liest* er das Buch?/*Wann liest* er das Buch?/*Wer* wohnt hier?

　4) Sie に対する命令の場合には定動詞が第1位に立つ（→1.2.22.1.）．
　　　Kommen Sie bitte herein!

　5) 副文においては定動詞が文末に位置する．この語順を定動詞正置・定動詞倒置と区別して定動詞後置または定形後置と呼ぶ．副文を導く成分である従属接続詞・関係代名詞・関係副詞などで始まり，文末の定動詞で終わるこの配置を「枠」に例えて「枠構造」（→1.1.4.) Rahmenbau と呼ぶことがある．

　　　　Er liest das Buch, *wenn* er Zeit *hat*.
　　　　　　　　　　　└‑‑枠構造‑‑┘

　6) 副文が文頭に立つと，主文は定動詞で始まり，いわゆる定動詞倒置と

なる．つまり副文の全体が第1位を，そして，主文の定動詞が第2位を占めるわけである．→前項1）

　　　Wenn er Zeit hat, *liest*　er das Buch.
　　　‾‾‾‾‾‾‾‾‾‾‾‾‾‾‾‾
　　　　　第1位　　　第2位

2．名詞と代名詞の位置

　3格目的語と4格目的語については，普通，いずれも名詞であれば，3格目的語の方が先に，いずれも代名詞であれば4格目的語の方が先に，そして名詞と代名詞との組み合わせであれば代名詞の方が先に置かれる．

　　Ich gebe dem Jungen das Buch.
　　Ich gebe es dem Jungen.
　　Ich gebe ihm das Buch.
　　Ich gebe es ihm.

　ただし，情報価値の高い方が後に置かれるので4格目的語＋3格目的語の語順となる場合もある．

　　Ich gebe das Buch einem Jungen.

　　この例文の場合定冠詞つきの名詞は聞き手にとって既知の情報であり，不定冠詞つきの名詞は新しい情報である．従って，das Buch よりも einem Jungen のほうが聞き手にとって情報の価値が高いのである．

3．nicht の位置

　文全体を打ち消す nicht は原則として文末に，一部分を打ち消す nicht はその打ち消される部分の直前に置かれる．

　　Er schreibt den Brief *nicht*.
　　Er kommt heute *nicht*.
　　Er kommt *nicht* heute, sondern morgen.
　　Es ist *nicht* alles Gold, was glänzt.

　文末に置かれなければならない成分がある場合には，文全体を打ち消す場合であっても，nicht は文末に置かれる成分の直前に置かれる．

　　Er ist *nicht* krank.（述語内容詞は文末）
　　Er wird *nicht* Lehrer.（同上）
　　Er spielt *nicht* Klavier.（動詞と緊密に結びつく目的語は文末）
　　Er fährt nicht nach Benlin.（副詞的補足語は文末）

1.2.30. 接続詞

　　Er kann *nicht* schwimmen.（助動詞と結びついた不定詞は文末）
　　Er reist heute *nicht* ab.（分離動詞の前綴は文末）
　　Ich weiß, daß er *nicht* arbeitet.（副文の定動詞は文末）
4．いわゆる「二重不定詞」の語順について
　話法の助動詞が本動詞の zu のつかない不定詞をともなう場合，その過去分詞は，不定詞と同形になる：Er hat Deutsch lesen *können*. 彼はドイツ語を読むことが出来た．このような「zu のない不定詞＋不定詞と同形の過去分詞」の連続を「二重不定詞」と呼ぶことがある．この「二重不定詞」は必ず文末に位置するという原則がある．この「二重不定詞が文末」という原則は，副文における「定動詞後置」の原則よりも優先する．従って，「私は彼がドイツ語を読むことができたのを知っている」という場合には, Ich weiß, daß er Deutsch *hat lesen können*. となる．すなわち従属接続詞 daß に導かれた副文の文末に置かれるべき定動詞 hat が，「二重不定詞」lesen können の直前に位置するわけである．
　未来完了形の Er wird Deutsch haben *lesen können*. 「彼はドイツ語を読むことが出来たであろう」において，完了の haben が lesen können の前に置かれるのも，この原則によるものである．
　以下に，このような構文の実例を，Hermann Hesse の作品の一つ *Narziß und Goldmund* 1930 の中から示す：
　1) Aber wie soll ich vergessen, was ich gestern abend *habe sehen müssen*? でも私がきのうの晩に目撃しなければならなかったことは，どうして忘れられましょうか？
　　この文で副文を導いているのは，先行詞のない関係代名詞 was である．「私がきのうの晩に目撃したこと」ならば was ich gestern abend gesehen habe となるが，過去分詞 müssen が加わったために habe sehen müssen の語順になっている．
　2) O Mutter! O wie war es möglich gewesen, daß er sie *hatte vergessen können*. おお母よ，おお，彼が母を忘れることが出来たなどということが，どうして可能だったのだろうか！
　　この文では副文を導くのは従属接続詞 daß であり，話法の助動詞の過去分詞は können である．時称が 1) では現在完了，この 2) では過去完了という違いはあるが 1) と同じ構文である．

— 171 —

第Ⅱ部　記述編

3) Es ist so traurig, daß ich nie *werde dir gehören dürfen.* 私があなたのものになることが決して許されないだろうということは，大変悲しいことです．

　この文の daß 以下の時称は未来で，定動詞は未来の助動詞 werden である．dir gehören が緊密なまとまりであるために werden は dir gehören の前に位置する．なお，dürfen は過去分詞ではなく，不定詞であるから，この文には純粋な文字通りの「二重不定詞」を認めることができる．

4) (der alte Mann) zeigte ihm ein Schreibpult, das er sich *hatte bauen lassen*, ... （その老人は）彼に自分のために作らせた書き物机を示した．

　この文中の使役の助動詞 lassen も不定詞と同形の過去分詞である．→ 1.2.21.4

5) (die Säulen ...) eben jener Kirche, in deren schwarzes Portal er seinen Freund Narziß neulich *hatte verschwinden sehen* － wann doch? まさにあの教会(の円柱)，その教会の黒い門の中へ彼の友ナルツィスが消えて行くのを彼は最近見たのだったが － それは一体いつのことだったか？

　知覚動詞 sehen も話法の助動詞や使役の助動詞と同様にこの文に見られるように不定詞と同形の過去分詞をつくる．→ 1.2.21.4.

　二重不定詞にさらにもう一つの不定詞が加わる，三重不定詞というべき場合においても同様の構文があらわれることがある．

6) Göldchen, mein armer kleiner Junge, ich werde dich am Ende doch *müssen hängen sehen.* 私のかわいそうなゴルトムントちゃん，私はあなたが結局は縛り首にされるのを見なければならないでしょう．

　これは副文ではないが，定動詞である未来の助動詞 werden とともに，枠をつくり，そのために後置されなければならないのは不定詞 müssen である．しかしながら，その不定詞 müssen は先の原則に従って二重不定詞である hängen sehen の前に位置している．

　しかし，三重不定詞の場合には枠構造の原則が優先する配置もある．

7) Ich will keine Rache an dir nehmen ; ich hätte klüger sein und einen so jungen Menschen nicht in die Nähe meiner Töchter *kommen lassen sollen.* 私はお前に復讐するつもりはない．私はもっと賢くなければならなかったのだ．こんなに若い男を娘たちのそばに来させるべきではなかった

— 172 —

のだ．
　ここでは不定詞と同形の過去分詞 sollen が文末に位置して定動詞 hätte とともに枠を作り，二重不定詞 kommen lassen がその枠を閉じる sollen の前に置かれている．

1.2.31. 間投詞（感嘆詞）

　間投詞は強い感情などの表現のために用いられるが，文の要素とはみなされず文の外に立つ．文の前か後か，あるいは文の中に置かれる．
　Pfui, Ruprecht, *pfui*, o schäme dich！ぺっ，ループレヒト，ぺっ，おお恥を知るがいい．
　間投詞には本来のものと，他の品詞を転用したものとがある．
1) 本来の間投詞
   a) 感情を表すもの：oh！, ei！（一般に），juchhe！, heisa！（歓び），ach！, au！（苦痛），hoho！（驚き），aha！（同意），bäh！, pfui！（嫌悪・非難）
   b) 注意をうながすもの：he！, heda！, hallo！（呼びかけ）；pst！, sch！（静粛を命じるとき）；brr！, oha！（馬をとめるとき "どうどう"）
   c) 擬音：ticktack！（時計）；bimbam！（鐘・鈴），patsch！（水音），bums（物の落ちる音）
   d) 動物の鳴き声：wau wau！（犬），miau！（猫），mäh！（羊），kikeriki！（雄鶏），quak quak！（蛙）など．
2) 他の品詞を転用した間投詞
   a) 名詞を転用したもの：Donnerwetter！, mein Gott！（驚異）など．
   b) 動詞を転用したもの：bewahre！とんでもない，bitte！どうぞ，halt！止まれなど．
   c) 副詞を転用したもの：auf！さあ，fort！先を続けよ，vorwärts！進めなど．

1.2.32. 複　合　文

1.2.32.1. 文の接合

　主語が一つで，述語も一つの文を単一文 einfacher Satz と呼ぶ．単一文を

他の単一文と接合する仕方に二通りある．
1) **並列的接合**：二つ以上の単一文が対等の関係で接合される形式．並列の接続詞を用いる場合と接続詞なしで単一文が単に並べられるだけの場合がある．どちらも重文/対結文/文結合 Satzverbindung/Satzverknüpfung/Satzreihe と呼ばれる．

Die Blumen blühen auf der Wiese, *und* die Vögel singen im Walde.
花は野に咲き，鳥は森で囀る．
Die Sommerwochen vergingen schnell und leicht, das Semester war schon im Ausklingen (*Hesse*). 夏の週ははやく軽やかに過ぎた，夏学期はすでに終わろうとしていた．

2) **従属的接合**：二つの単一文がつながる際に一方の単一文が主文 Hauptsatz となり，他方の単一文がその主文の構成要素となる構造．複合文/付結文 Satzgefüge と呼ばれる．

主文の構成要素となった単一文は主文に従属している（→1.1.4. Hypotaxe 従属）．この従属している単一文を副文 Nebensatz と呼ぶ．下の例では副文は主文の4格目的語に相当している．

Ich weiß, daß er morgen nach Deutschland fährt.
私は，彼があすドイツへ行くことを知っています．

1.2.32.2. 導 入 語

副文を主文に結びつける語を導入語 Einleitewort という．導入語には次のようなものがある：

a) 従属接続詞：
Sie nimmt ein Taxi, *weil* sie in Eile ist.
彼女は急いでいるのでタクシーに乗ります．
b) 関係代名詞・関係副詞：
Ich kenne den Jungen, *der* dort Fußball spielt.
私は，あそこでサッカーをしている少年を知っています．
Die Stadt, *wo* wir wohnen, liegt am See.
私たちが住んでいる町は湖畔にあります．
　c) 疑問代名詞・疑問副詞：
Ich weiß nicht, *was* sie dem Vater geschenkt hat.

私は，彼女が父に何をプレゼントしたのか知りません．
Sie fragte ihn, *woher* er das Geld genommen habe.
その金をどこから手に入れたのかと，彼女は彼に尋ねた．

1.2.33. 文の種類

1.2.33.1. 内容からみた文の種類

1) 平叙文／叙述文 Aussagesatz：
Johannes Gutenberg erfand die Buchdruckerkunst.
ヨハネスグーテンベルクが印刷術を発明した．
2) 疑問文 Fragesatz：
   a) 決定疑問 Entscheidungsfrage （ja/nein によって答えることができる）：
   Hast du Zeit? 　　　　　　　君は暇がありますか？
   ― Ja, ich habe Zeit. 　　　　はい，暇です．
   　 Nein, ich habe keine Zeit. 　いいえ，暇ではありません．
   Hast du keine Zeit? 　　　　　君は暇ではありませんか？
   ― Doch, ich habe Zeit. 　　　いいえ，暇です．
   　 Nein, ich habe keine Zeit. 　はい，暇ではありません．
   ◆ 決定疑問文の音調は上昇調である．口語では平叙文の語順をとることもあるが，その場合も音調は上昇調である．
   ◆ 疑問文が否定文であって，答えが肯定である場合には答えの文は doch で始まる．
   ◆ 間接疑問文の場合には従属接続詞 ob で導く：Er fragte mich, ob ich Zeit hatte. 私に時間があるかどうかを彼は私に尋ねた．
   ◆ ob で始まる副文のみを，疑問文の上昇の音調とともに，疑問文として用いることもある：Ob Peter heute kommt? ペーターが今日，来るかどうか？（ich frage Sie「あなたに尋ねているのです」の省略と説明される）
   b) 補足疑問 Ergänzungsfrage （wer, was, wann, wo, wie, warum などの疑問詞に導かれる疑問文）：
   Wer ist da? そこにいるのは誰だ？ ― Ich [bin es.] 私です．

◇　音調は下降調である．しかし，南ドイツでは，このような疑問詞で始まる疑問文にも上昇の音調があらわれることがある．

◇　間接疑問文の場合には，疑問詞が従属接続詞の働きをする：Ich fragte, wer da war.

　c) 選択疑問 Alternativfrage（答を oder で結んだ語句から選ばせる形式：

　　Möchten Sie lieber Bier oder Wein?　ビールとワインのどちらになさいますか？

3) 命令文 Befehlssatz：

　Komm her!　こちらにお出で！

　Ruf mich bitte abends an!　どうか，晩に私に電話をして下さい．

　Seien Sie vorsichtig!　用心してください！

◆　間接話法の命令文の際には話法の助動詞 sollen, mögen が用いられる．→ 1.2.20.5.

4) 願望文 Wunschsatz：

　Wenn ich dir doch helfen könnte!　君を助けてあげられるとよいのだが！

5) 感嘆文 Ausrufesatz：

　Wie warm die Sonne scheint!　太陽が何と暖かいことか．

　Was für ein dummer Kerl (er ist)!　彼は何という馬鹿な奴（であること）か．

　Welch großer〈welcher große〉Erfolg!　何という大成功か．

1.2.33.2.　構成からみた文の種類

1) 文の結合に着目した区分：

　　文 ｛ 単一文 einfacher Satz
　　　　複合文 komplexer Satz ｛ 文結合 Satzverbindung
　　　　　　　　　　　　　　　　狭義の複合文 Satzgefüge
　　　　　　　　　　　　　　　　複雑複合文 Periode

2) 定動詞の位置に着目した区分：

文 { 前額文 Stirnsatz （定動詞が文頭に位置する）
中核文 Kernsatz （定動詞が二番目に位置する）
緊張文 Spannsatz （定動詞が文末に位置する）

1.2.33.3. 話者の態度からの分類

肯定文 affirmativer Satz と打ち消しの否定文 negierter Satz とに二分することができる．→1.2.39.否定

1.2.34. 文の構成要素

伝統的な文法では Syntax 統語論のことを Satzlehre 文章論と呼ぶ．文章論では，ふつう文を構成する要素を五つ（主要素4と副要素1）に分ける．伝統的な文法の代表格は Fr. Blatz: *Neuhochdeutsche Grammatik* 2 Bde. 1895/1896 3. Aufl. Karlsruhe である．

文の要素 {
  主要素 {
    主語（Subjekt）
    述語（Prädikat u. Prädikativum）
    目的語（Objekt）
      4格の目的語（Akkusativobjekt）
      3格の目的語（Dativobjekt）
      2格の目的語（Genitivobjekt）
      前置詞格の目的語（Präpositionalobjekt）
    状況語（Adverbiale）
      場所の状況語（Lokaladverbiale）
      時の状況語（Temporaladverbiale）
      様態の状況語（Modaladverbiale）
      原因の状況語（Kausaladverbiale）
      目的の状況語（Finaladverbiale）
      条件の状況語（Konditionaladverbiale）
      認容の状況語（Konzessivadverbiale）
  }
  副要素　付加語（Attribut）
}

第II部　記述編

　伝統的な統語論の特色の一つは，動詞のなかには完全な述語として働くことができないものがあると考えたことである。完全な述語になることができない動詞は Kopula（繋辞/連辞）と呼ばれ，Kopula を補う名詞，形容詞，その他類似の働きをする品詞は Prädikativum（述語内容詞/客語補充詞）と呼ばれた。つまり伝統的な統語論によると，次のそれぞれの例文の場合，動詞は Kopula であって，イタリック体の部分全体で述語をなしている。

　　Die Lerche *ist ein Vogel.*　　ヒバリは鳥である
　　Der Himmel *ist blau.*　　空は青い
　　Mein Sohn *wird Arzt.*　　私の息子は医者になる
　　Ich *bleibe dein Freund.*　　僕はいつまでも君の友人だ
　　Das *scheint* mir *der beste Weg zu sein.*　　私にはそれが最善の方法のように思われる

　伝統的な統語論は，これら五つの文の要素（主語，述語，目的語，状況語および付加語）にそれぞれ相応して副文が分類されると考えた。すなわち
主語的副文（Subjektsatz）
　　Ob sie kommen werden, steht dahin.　　彼らが来るかどうかは未定だ。
述語的副文（Prädikatsatz）
　　Johannes Gutenberg war es, *der die Buchdruckerkunst erfunden hat.*
　　印刷術を発明したのはヨハネス・グーテンベルクであった。
目的語的副文（Objektsatz）
　　Wer einmal lügt, dem glaubt man nicht.　　一度嘘をついた者は信用されない。（3格目的語の代わりをする副文）
　　Ich weiß nicht, *wo er sich befindet.*　　私は彼の居所を知らない。（4格目的語の代わりをする副文）
　　Ich erinnere mich nicht daran, *daß ich dies gesagt habe.*　　私はこんなことを言った覚えはない。（前置詞格の目的語の代わりをする副文）
状況語的副文（Adverbialsatz）
　　Er lebt, *wo es ihm gefällt.*　　彼は気に入ったところに住む。（場所の状況語的副文）
　　Als die Sonne aufging, verließen die Reisenden ihr Nachtquartier.
　　太陽が昇ったとき，旅行者たちは宿を去った。（時の状況語的副文）
　　Sie schwiegen, *anstatt daß sie sich beklagten.*　　彼らは不平を言わないで，

1.2.34. 文の構成要素

黙っていた．（方法の状況語的副文）

Wir sind nicht so parteiisch, *wie du glaubst.* 私たちは，君が思うほど，えこひいきがひどいわけではない．（様態の状況語的副文）

Mancher unterläßt nur deshalb eine böse Handlung, *weil er die Folgen fürchtet.* 多くの人が悪事を働かないのは，ただその結果を恐れるからである．（原因の状況語的副文）

Notiere dir meine Telefonnummer, *damit du sie nicht wieder vergißt.* また，忘れることのないように，私の電話番号を書き留めておきなさい．（目的の状況語的副文）

Wenn wir keine Karten fürs Theater bekommen, gehen wir ins Kino. もしも芝居の切符が手に入らなければ，私たちは映画に行こう．（条件の状況語的副文）

Obwohl es regnete, machten sie einen Ausflug. 雨が降っていたにもかかわらず，彼らは遠足に出かけた．（認容の状況語的副文）

付加語的副文（Attributsatz）

Die Hoffnung, *daß wir uns wiedersehen werden,* erleichtert die Trennung. 再会の希望が別れをたやすくしてくれる．（名詞的な付加語的副文）

Der Baum, *der keine Früchte trägt,* wird umgehauen. 実のならない樹は切り倒される．（形容詞的な付加語的副文）

伝統的な統語論は言語学よりはむしろ，古典的な形式論理学の上に立てられている．このことが，今日，伝統的な統語論についてさまざまな不満が生じ，批判がなされる原因になっている．

形式論理学の中心は判断であるが，その判断は主辞と賓辞からなる．それらは統語論において主語と述語という文要素としての名称を得た．それらは文要素をまず分類して後に与えられた名称なのではない．

自然言語による陳述のなかには，主辞と賓辞だけではなく，それ以外の概念を伴っているものがある．そこで，文要素として目的語と状況語を加えざるを得なかった．このとき，目的語は格という形式を基準にして分類されたのに対して，状況語は時や場所などのような内容を基準にして分類された．伝統的な統語論の文要素の分類が統一的な基準によって行われていないという批判を受ける理由は，ここから来ている．

伝統的な統語論は，最後に文要素を補う要素として付加語を導入したが，

この由来からも明らかなように，付加語は主語，述語，目的語，状況語と対等に並べられうる文要素ではなくて，文要素の部分にすぎない．また，伝統的統語論は ein alter Baum と言うとき，alter だけが付加語なのか，それとも ein alter が付加語なのかも明らかにしていない．

　伝統的な統語論によると，Ich denke an dich. に含まれる an dich は「前置詞格の目的語」であるが，Ich hänge das Bild an die Wand. の中の an die Wand は「状況語」である．前置詞格の目的語と状況語の区別も，実践においてはしばしば困難に直面する．(Duden の文法によると前者の an dich は前置詞格目的語 Präpositionalobjekt，後者の an die Wand は空間の補足語 Raumergänzung であって，ともに動詞の義務的成分である補足語 Ergänzung とされている．→ 1.1.4. Valenz)

　Er ist schön. に含まれる schön は述語内容詞であって，述語の一部分にすぎない．ところが Er singt schön. の中の schön は状況語という独立した文要素とみなされる．このような片手落ちもまた，伝統的統語論が形式論理学の考え方を言語に当てはめた結果である．

1.2.35. 副　　　文（→第 9 巻）

1.2.35.1. 副文の役割

主語となる：
　　　Wer leicht glaubt, wird leicht betrogen.
　　　信じやすい者は騙されやすい．

述語内容詞となる：
　　　Das Wahlergebnis war, *wie man vermutet hatte.*
　　　選挙の結果は前から予想されていた通りであった．

目的語となる（先行詞 es が立つ場合もある）：
　　　Sie weiß schon, *was er getan hat.*
　　　彼が何をしたかを彼女はもう知っている．
　　　Ich kann (es) Ihnen nicht versprechen, *daß ich Sie morgen besuche.*
　　　あすあなたをお訪ねすることを約束はできません．

状況語となる：

1.2.35. 副　文

Der Anruf kam, *nachdem ich das Haus verlassen hatte.*
私が外出したあとで，電話がかかって来た．

付加語となる：

Das Buch, *das er gekauft hat,* ist sehr interessant.
彼が買った本は大変興味あるものである．

1.2.35.2. 副文の位置

副文の主文に対する位置には次の三通りが区別される．

前置文：副文＋主文

Wer andern eine Grube gräbt, fällt selbst hinein.
他人に対して穴を掘る者は自らがおちいる ＝ 人をのろわば穴二つ．

中置文：主文の中に副文が割り込む形になる．

Haben Sie schon, *was Sie suchten,* gefunden?
あなたは探していたものを，もう見つけましたか？

後置文：主文＋副文

Sein Wunsch ist, *daß die Tochter Musik studiert.*
彼の望みは，娘が音楽を専攻することである．

1.2.35.3. 副文相当の不定詞構文・分詞構文 → 1.2.27.3.

不定詞構文：

daß や damit などで導かれる副文の主語が主文の主語と一致する場合には，副文の内容は不定詞文で表されることが多い．

Ich kann (es) Ihnen nicht versprechen, *Sie morgen zu besuchen.*
あすあなたをお訪ねすることを約束はできません．

Ich ging, *um ihn abzuholen.*
私は彼を迎えに行った．

分詞構文：

方法ないし同時進行を表す副文も，その主語が主文の主語と一致する場合には，副文の内容は分詞構文で表されることが多い．

Laut um Hilfe schreiend （＝Indem sie laut um Hilfe schrie), lief sie durch die nächtlichen Straßen.

大声で助けを求めながら，彼女は夜の街をつっ走った．
Die Augen weit aufgerissen, starrte sie mich an.
目を大きく見開いて，彼女は私を凝視した．

1.2.36. es の用法

1) 指示的用法
   a) 中性名詞単数を受ける (→1.2.6.1.)：
   Dort steht ein kleines Kind. *Es* hat einen großen Blumenstrauß．
   あそに小さな子どもが立っている．その子は大きな花束を持っている．
   b) 性・数にかかわりなく既出の名詞，述語内容詞，また前文の内容を受ける：
   Ich bin Student, und er ist *es* auch. 私は大学生だ．彼もそうだ．
   Er ist reich; ich bin *es* nicht. 彼は裕福だが，私はそうではない．
   Inge liebt ihn. Alle wissen *es*. インゲは彼が好きだ．みんなはそれを知っている．
   c) 後続の名詞・代名詞・副文などを先取りする：
   Es passierte gestern ein Unfall auf dieser Straße. (＝Ein Unfall passierte gestern auf dieser Straße.) 昨日この通りで事故があった．
   Es ist niemand gekommen. (＝Niemand ist gekommen.) 誰も来なかった．
   Es war einmal ein König. むかしむかし一人の王様がありました．
   ◇ 以上，三例の es には，また非人称動詞の場合の es と同様の性質を認めることもできる．→次項2) 形式的用法 b)
   Es freut mich, daß ich Sie kennenlernen darf 〈..., Sie kennen zu lernen〉．あなたと知り合いになれて私はうれしい．
2) 形式的用法
   a) 非人称動詞 (→1.2.26.) および非人称的表現の主語となる：
   Es ist heiß. 暑い．
   Es wird Sommer. 夏になる．
   Es gibt noch viel zu tun. まだ，しなければならないことが沢山あ

1.2.37. 省略 Ellipse

る.
- b) 通常の動詞を非人称動詞のように用いて，文を非人称化することがある. 文頭に es が文法上の主語 grammatisches Subjekt としてあらわれ，定動詞の後に，真の主語が現れる. 動詞の数は真の主語に従う.
  Es irrt der Mensch, solang er strebt. Goethe 人間は努力する限り迷うものである. *Es* scheinen die alten Weiden so grau. Goethe 古い柳の木がそのように灰色に見える.
- c) 自動詞の受動文を作るときの主語となる (→ 1.2.23.3.)：
  Es wird bei uns sonntags nicht gearbeitet. 私たちのところでは日曜日には働かない.
- d) 自動詞を非人称的再帰動詞とする場合の主語となる：
  Es tanzt sich gut in diesem Saal. この広間は踊りよい.
- e) 形式上の4格目的語として (少数の熟語的表現で)：
  Er hat *es* gut. 彼はうまくやっている.
  Ich habe *es* eilig. 私は急いでいる.
  Sie hat *es* weit gebracht. 彼女はたいそう成功した.
  Ich bin *es* satt. 私はもうあきあきした.

◇ この最後の文例の es は元来は2格であった.

1.2.37. 省略 Ellipse

本来，存在すべき文要素が欠如すると，文法的でない非文が出来るが，それらが，文脈や状況によって補われて理解される場合には非文とならず，適格な表現として機能することがある．その様な場合を「省略」と呼ぶ．表現が簡潔になるため，省略形の方が省略されない場合よりも適格の度合いが高いことさえある．
1) 「省略」に次の二つを区別することができる：a) 共通成分のうちの一つの省略，b) (共通成分ではない) 一つの成分の省略．
   a) 共通成分のうちの一つの省略：
   Sie schreibt (die Artikel) und er korrigiert die Artikel. 彼女は論文を書き，彼は (その論文を) 修正する．(共通の目的語)
   Sie beschäftigt sich mit französischer Literatur und (französ-

sischer) Geschichte. 彼女はフランス文学とフランス史の研究をしている．（共通の付加語）

der alte (Kanzler) und der neue Kanzler 旧の首相と新しい首相（共通の被付加語）；

（この場合定冠詞をも略して der alte und neue Kanzler とすると新旧の首相が同一人物であることになる）

Ein- und Ausgang（＜Eingang und Ausgang）入口と出口（共通の述語成分）

◆ 冠詞や形容詞はそれらが付加する名詞の性が異なり，従って形も異なる場合には一方を省略することができない：

ein alter Mann oder *eine alte* Frau 一人の年をとった男あるいは一人の年をとった女

sehr geehrte Frau Müller, *sehr geehrter* Herr Müller（手紙の冒頭で）大変尊敬申しあげる Müller 奥様，Müller 様

ただし，性が異なっていても，その違いが形の上にあらわれなければ省略可能になる：

mit *großem* Fleiß und (*großem*) Geschick 大なる勤勉さと巧みさとをもって

die Versorgung *des* Hauses und (*des*) Gartens 家と庭の手入れ

meine Brüder und (*meine*) Schwestern 私の兄弟たちと姉妹たち

（この場合，名詞の数は共通でなければならない．従って*meine Brüder und Schwester は不可）

◆ 代名詞の語形が共通であっても，格が異なれば省略出来ない：

Ich suchte die Geschenke, *die* ich versteckt hatte, aber *die* von meinen Kindern bereits entdeckt worden waren. 私は私が隠しておいた贈り物を探したが，それは私の子供たちによって発見されてしまっていた．（最初の関係代名詞 die は 4 格，あとの die は 1 格）

◆ 不定詞の前につける zu は重複していても省略できない：

Es begann *zu* stürmen und *zu* schneien. 嵐が吹き，雪が降り始めた．

b) 一つの成分の省略：

(Ich) Danke schön! 大変ありがとう．

1.2.37. 省略 Ellipse

(Wollen wir) Wetten, daß ich recht habe? 私が正しいことを賭けようか？
Mein Vater ist 80 Jahre (alt). 私の父は80歳である．
Berühren der Ware (ist) verboten. 品物に触ること厳禁．
(Du) kannst ja mitkommen. 君も一緒に来ていいよ．

2) その他，重要なものに次のような場合がある：
 a) 本動詞の省略
  話法の助動詞が方向を表す副詞(句)とともに用いられた場合の本動詞：
  Die kleine Tochter muß spätestens um 7 Uhr ins Bett (gehen).
 b) 必須の成分の省略
  Das Huhn legt (Eier). 鶏は（卵を）産む．
 c) 後置されるべき副文中の完了の助動詞（とくに詩文や物語において）：
  Ach! denkt das Veilchen, wär ich nur/Die schönste Blume der Natur,/Ach! nur ein kleines Weilchen,/Bis mich das Liebchen abgepflückt (hat)/Und an dem Busen matt gedrückt (hat)
  Goethe: *Das Veilchen* 菫は考える，ああ！ もしも私が，ただ/自然の中の最も美しい花ならば/ああ！ ただ，ほんのちょっとの間だけでも/あのいとしい児が私を摘み取ってしまうまで/そして私を胸にぎゅっと押しつけてしまうまで．ゲーテ「菫」
  Zwei sollen, wie einige sagen, sich verspätet und zurückgekommen sein, wovon aber das eine blind, das andere stumm gewesen (ist), also daß das blinde den Ort nicht hat zeigen können, aber wohl erzählen, wie sie dem Spielmann gefolgt wären; das stumme aber den Ort gewiesen (hat), ob es gleich nichts gehört (hat). Brüder Grimm: *Die Kinder zu Hameln* 二人は，幾人かが言うように，遅れてしまって，戻って来たのだそうだ．その二人のうちの一人は目が見えず，他方は口がきけなかった．そういうわけで，目の見えない方は場所を示すことはできなかったが，子供たちがその笛吹き男について行った様子を語ることができた；口のきけない方は，何も聞こえなかったのだが，その場所を示したのである．グリム兄弟「ハーメルンの子どもたち」

3) 一語文 Einwortsatz
    一語文もドイツ語の文法の枠組みの中では省略として説明される：
    (Ich brauche) Hilfe!
    (Dort ist) Feuer!
    (Kommen Sie) Herein!
    (Das ist) Wunderbar!
    次の例は一語文ではないが，省略とみなすことができる：
    Guten Tag!, Herzlichen Glückwunsch zum Geburtstag!, Gutes neues Jahr!（いずれも Ich wünsche Ihnen/dir などの省略が想定される）
    (Habe/Haben Sie) Vielen Dank!

1.2.38. 格と用法

1．格支配
  動詞，形容詞，前置詞はその目的語の格についても，それぞれきまった格を要求する．このことを格支配 Rektion という．その支配を受ける格は2格・3格・4格であるが，それが特定の前置詞との結びつきであるとき，その前置詞つき名詞（あるいは代名詞）の形を前置詞格 Präpositionalkasus と呼ぶことがある．

2．格の用法
 1) 1格
    主語，述語内容詞，および呼びかけは1格である：
    Die Erde ist *ein Planet*.　地球は1個の惑星である．
    Guten Morgen, *Herr Meier*!　お早うございます，マイヤーさん．
 2) 2格
    a) 2格支配の動詞(bedürfen 必要とする，gedenken 心に思うなど)，2格支配の形容詞(kundig 精通している，bedürftig 必要とする)，2格支配の前置詞（→1.2.29.1.）の目的語は2格である．ただし，動詞や形容詞の2格支配の用法は古風である：Er bedarf *der Erholung*. 彼は休養を必要とする．
    b) 2格の名詞は付加語として用いられる：der Hut *meines Vaters* 私の父の帽子(所有) der Tanz *der Kinder* 子供たちの踊り(行為者) die

1.2.38. 格と用法

Entdeckung *Amerikas* アメリカの発見（目的語）ein Glas *guten Weines* 1杯のよい酒（部分）
  c) 2格の名詞は副詞句として状況語に用いられる：*eines Tages* ある日 *eines Abends* ある晩のこと　*meines Wissens* 私の知るところでは．
  d) 2格の名詞はまれに述語内容詞としても用いられる：
  Er ist *guten Mutes.* 彼は上機嫌である．Sie ist *anderer Meinung.* 彼女は違った意見だ．
3) 3格
  a) 3格支配の動詞，形容詞，前置詞（→ 1.2.29.2.）の目的語は3格である：Sein Sohn hilft *ihm.* 彼の息子が彼に助力する．Ich gebe *ihm* ein Buch. 私は彼に一冊の本を与える（英語のいわゆる間接目的語）．Der Tod hat *ihm* die Frau genommen. 死が彼から妻を奪った．（「から」という離奪を意味する3格）Sie ist *ihrer Tante* sehr ähnlich. 彼女はおばによく似ている．
  b) 利害，所有，関心，判断者などをあらわす（→ 1.1.4. freier Dativ）：
  Öffnen Sie *mir* die Tür！（私のために）ドアをあけてください．
  Ich klopfe *ihm* auf die Schulter. 私は彼の肩をたたく．
  Das ist *mir* ein Rätsel. それは私には謎だ．
4) 4格
  a) 4格支配の動詞，形容詞，前置詞（→ 1.2.29.3.）の目的語は4格である：
  Die Mutter liebt *ihre Kinder.* 母は子供たちを愛する．Jeden Freitagabend trifft er *Freunde* im Lokal. 金曜の晩にはいつも彼は（ビアホールなどの）店で友人たちに会う．Ich bin Ihnen *vielen Dank* schuldig. 私はあなたに厚くお礼を申しあげねばなりません．
  ◆ ドイツ語では4格を目的語とする動詞が他動詞である．lieben「愛する」，treffen「会う」は他動詞である．一方，helfen「助ける」は3格を目的語とするから他動詞ではなく自動詞である．
  b) 4格の名詞は副詞句として状況語になる：*den ganzen Tag* 一日中，*nächsten Sonntag* 次の日曜日に，Wir sind schon *einen Monat* in München. 我々はもうすでに一ケ月ミュンヒェンにいる．
  c) （文中の他の語の支配を受けない）絶対的4格：

— 187 —

Er ging, *die Hände* auf dem Rücken, im Zimmer auf und ab.　彼は両手をうしろに，部屋の中を歩きまわった．
Da kam die Bäuerin heraus, *einen Eimer in der Hand*, den stellte sie unter den Strahl und ließ ihn vollaufen.　(H.Hesse)　そこへ農婦が出て来た，手に桶を抱えて．その桶を彼女は噴水のもとに置き，水をいっぱい満たした．
　　d) 決まり文句として挨拶などに：
Guten Tag! こんにちは, Herzlichen Glückwunsch zum Geburtstag! 誕生日おめでとう, Gutes neues Jahr! 新年おめでとう, Vielen Dank! 有難う．→1.2.37.の3) 一語文
　5) 前置詞格
　　a) 動詞の前置詞格支配の場合：Er wartet *auf Antwort*.　彼は返事を待つ．Die Eltern achten *auf die Kinder*.　両親はこどもたちに気をつける．Das Mädchen träumt *von bunten Blumen*.　少女は色とりどりの花の夢を見る．
　　b) 形容詞の前置詞格支配の場合：reich ⟨arm⟩ an et. …に富んだ⟨乏しい⟩　stolz auf et. …を誇りにしている．

1.2.39.　否　　定

　否定 Negation とは命題を打ち消すことである．言い換えれば，主語と述語の結びつきがないと表明することである．ドイツ語においては，命題を打ち消すために 1)肯定文 affirmativer Satz に nicht を加える形式か，2)否定詞 kein などによる形式かのいずれかの方法で否定の表現，つまり否定文 negierter Satz がつくられる．また形式上は肯定文であっても，接続法IIや否定の動詞によって命題を否定する表現もある．
　1) 肯定文を nicht で打ち消す (nicht は文全体ではなく，文の一部，あるいは語を打ち消すこともある，全文否定と部分否定)：
　　　肯定文：　Ich kann schwimmen.　私は泳ぐことができる．
　　　否定文：　Ich kann *nicht* schwimmen.　私は泳ぐことができない．
　　　部分否定：Er kommt, aber *nicht* heute und morgen.　彼は来る，しかし，今日や明日ではない．

1.2.39. 否定

文中における nicht の位置については→ 1.2.30.3.

2) nicht 以外の否定詞には次のようなものがある：

不定代名詞　niemand, nichts, kein (kein は否定冠詞と呼ばれることもある→ 1.2.3.2.)

否定の副詞　nein, nie, niemals, nirgends, nirgendswo, nirgendswohin, nirgendswoher, keinesfalls, keineswegs など．

相関的接続詞　weder ... noch ..., 前置詞 ohne, 否定を意味する前綴 un-, in- など，否定を意味する後綴 -los, -frei, -arm など．

◆　kein と nicht の使い分けについて

不定冠詞つきの名詞，あるいは無冠詞の名詞の否定には kein が用いられる：

Ich habe *keinen* Hunger/*keine* Zeit/*kein* Geld/*keine* Kinder.

しかし Auto fahren（車を運転する）や Schreibmaschine schreiben（タイプライターを打つ）などの固定的表現の場合には nicht を用いる：

Ich kann nicht Auto fahren./Sie kann nicht Schreibmaschine schreiben.

3) 接続法 II による非現実の表現は意味の上では否定を含んでいる．従って次のような表現は否定詞を含んでいないにもかかわらず，意味は否定である：

Wenn ich ein Vöglein *wär'*, *flög'* ich zu dir.　もしも私が鳥ならば君のところに飛んで行くのに．（＝私は鳥ではないので，君のところに飛んで行かない．）

Sie ist zu krank, als daß sie das Bett verlassen *könnte*.

（＝Sie ist zu krank, um das Bett zu verlassen.）彼女は容態が悪くて床を離れることができない．

4) 否定を含意する動詞は目的語となる daß 文や不定詞構文の命題を打ち消すことになるので，そこに否定詞が含まれていないにもかかわらず否定の意味となる：

Seine Frau *verhinderte,* daß er noch mehr trank.　彼の奥さんは彼にそれ以上飲ませなかった．

Er *bestritt* heftig, daß er das gesagt habe.　彼はそうは言わなかったと強硬に主張した．

◆ 否定の意味を含んでいる動詞には上の例に示した verhindern 妨げる, bestreiten 否認する, 反論する以外にも次のようなものがある： ablehnen 拒絶する, negieren 否定する, verbieten 禁止する, sich weigern 拒否する など．

1.2.40. 文法上の一致 → 1.1.4. Kongruenz

1) 人称に関して
   a) 同じ文の中の二つの主語が1人称と3人称である場合は，あわせて1人称複数（wir）として扱われる．
   b) 同じ文の中の二つの主語が1人称と2人称である場合も，1人称複数として扱われる．
   c) 同じ文中の二つの主語が2人称と3人称である場合は，あわせて2人称複数（ihr）の扱いとなる．
      weder ... noch ... による結合の場合にも ihr として扱う：
      Weder du noch mein Mitarbeiter (=ihr) *habt* die Aufgabe endgültig gelöst. 君も，また私の協力者も，いずれも課題を片付けてしまってはいない．
   d) 同じ文中の二つの主語が接続詞 oder あるいは entweder ... oder で結ばれている場合は，動詞の人称はその動詞に近い方の語に一致する：Entweder du oder *ich muß* die Arbeit fertigstellen. 君か私かのどちらかがその仕事を仕上げねばならない．
   e) 同じ文中の二つの主語の一方が打ち消され，他方が肯定されている場合は動詞の人称は肯定された主語の人称に一致する：Nicht er, *du mußt* mich besuchen. 彼ではなく，君が私を訪問してくれなければならない．
2) 数に関して
   a) 二つの単数の主語が並列の接続詞で結ばれている動詞は通常複数：
      Die Mutter und das Kind *warteten* auf dem Bahnsteig. 母親と子どもがプラットホームで待っていた．
      しかし nicht nur ... sondern auch で結ばれていると動詞は単数：
      Nicht nur er, sondern auch seine Frau *war* im Urlaub. 彼だけでは

1.2.40. 文法上の一致

なくて彼の妻もまた休暇中であった．
　weder ... noch ...　で結ばれていると単数/複数のどちらも可能：
Weder der Chirurg noch der Internist *konnte/konnten* ihm helfen.
外科医もまた内科医も彼を手伝うことができなかった．
Damals *konnte* ihm weder der Chirurg noch der Internist helfen.
当時外科医もまた内科医も彼を助けることが出来なかった．
b) 単数の主語が並列の接続詞で結ばれていても，次の場合には動詞は単数になる．
　ⅰ) 一つの概念と感じられる場合：
Lust und Liebe *war* ihm vergällt. 愛欲は彼には苦いものであった．
　ⅱ) 算数の足し算において：
Drei und drei *ist* sechs. 3たす3は6．
　ⅲ) 作品のタイトルである場合：
„Schneewittchen und die sieben Zwerge" *wird* auch heute noch oft gelesen. 「白雪姫と七人の小人」は今日でもなお，よく読まれている．
　ⅳ) 主語の位置には単数の主語があり，複数の主語が後から追加される場合：
Das Rathaus *kam* in Sicht und die neuen Hochhäuser. 市役所が見えてきた，それからまた新しい高い建物も．
　ⅴ) 名詞化された不定詞である場合：
Das Laufen und Springen *machte* den Kindern Spaß. 走ったり跳ねたりするのが子どもたちには楽しかった．
c) 主語が接続詞で結ばれないで，単数名詞を並べたにすぎない場合，主語＋動詞の語順の場合は動詞は複数：
Wildesel, Steinbock, Gemse, Hase *lebten* im Bereich der Steppe. 野生のろば，アイベックス，アルプスかもしか，野うさぎがステップの領域に生息していた．
　…＋動詞＋主語（抽象名詞）の語順の場合は動詞は単数：
In seiner Gesinnung *lag* schon die Schuld, die Sünde, das Verbrechen. 彼の心の中には過ち，罪，犯罪の念があった．
d) 単数の主語が oder で結ばれている場合は単数：
Er oder sie *geht* heute einkaufen. 彼か彼女のどちらかが今日買い物

— 191 —

に行く．

e) 単数の主語と複数の主語が oder で結ばれている場合は動詞は複数：
Günter oder seine Kameraden *haben* die Aufgabe gelöst. ギュンターか彼の仲間かがその課題を片づけたのだ．

f) 二つの主語の一方が肯定され，他方が否定されている場合，動詞は肯定された主語の数に一致する：
Nicht seine Fähigkeiten, sondern seine Ausdauer *hat* ihm geholfen. 彼の能力ではなくて，彼の忍耐が彼を助けたのだ．

g) 主語が ein Haufen Äpfel のように複数名詞と同格に置かれた単位を表す単数名詞である場合，動詞は単数/複数のどちらも可能：
Ein Haufen Äpfel *lag/lagen* in der Verkaufsstelle. 一山の林檎が販売所にあった．

ただし，一般には，それがまとまっているという意識が強いときには単数形が，その構成要素の一つ一つが個々に意識されているときには複数形が用いられる：
Eine Menge Kohlen *wurde* geliefert. 沢山の石炭が供給された．
Eine Menge Bücher *wurden* gekauft. 沢山の本が買われた．

h) Eine Menge Holz のように単位を表す名詞も単数形で，その物質名も単数形のときには動詞は単数形が用いられる：
Eine Menge Holz *wurde* geliefert. 沢山の木材が供給された．

i) 200 Gramm Fleisch のように単位を表す名詞の方が複数形で，その物質名が単数形の場合には，動詞は単数形/複数形のどちらも可能：
200 Gramm Fleisch *war/waren* für diese Mahlzeit vorgesehen. 200グラムの肉がその食事のために予定されていた．

j) eine große Anzahl dieser Bücher のように量を表す単数名詞に限定名詞が2格の（あるいは前置詞つきの）複数形でつづく場合は動詞は単数形：
Eine große Anzahl dieser Bücher *wurde* geliefert. これらの書籍が多数，納入された．

ただし，量を表す単数名詞に複数形の限定名詞が同格の形で続く場合には動詞は複数形が可能：
Eine Menge wunderbare Bücher *lagen* im Schaufenster. すばらし

1.2.40. 文法上の一致

い書籍が多数ショウウインドウにあった．
限定名詞が単数形でも量を表す名詞が複数ならば動詞は複数形：
Große Mengen von Obst *wurden* geliefert. 大量の果物が供給された．

k) A＝Bの文型で，AあるいはBのどちらかが複数であると動詞は複数形：
Ein Drittel des Urlaubs *waren* Regentage. 休暇の3分の1は雨の日であった．
Diese Prüfungen *sind* für ihn eine Bewährung. これらの試験は彼にとって有能であることの証明であった．

◇ 「犬が尻尾を振る」という場合，「犬」が単数ならば，もちろん「尻尾」も単数である：Der Hund wedelt mit *dem Schwanz*.
　　もしも「犬」が複数ならば，論理的には「尻尾」も複数であるはずだが，こういう場合には「尻尾」は単数のままである：Die Hunde wedeln mit *dem Schwanz*. もしも「尻尾」を複数にすると，それぞれの犬に複数の尻尾があるような感じになるからである．以下の例においても同様の理由で単数形が用いられている：
Alle hoben *die Hand*. みんなは手を挙げた．
Viele haben damals *ihr Leben* verloren. 多くの人がそのとき生命を失った．

3) 性に関して

a) A＝Bの文型で主語が人物である場合，主語の名詞の性と述語内容詞の名詞の性は通常一致する：Petra ist *Besitzerin* eines Hauses. ペトラは一軒の家の持ち主だ．
Karl ist *Besitzer* eines Hauses. カールは一軒の家の持ち主だ．
Sie gilt als *beste Kundin* dieses Ladens. 彼女はこの店の最良の顧客と見なされている．

b) ただしHerr der Lage sein「その場の主導権を握っている」のような慣用表現においては一致しないのが普通：
Sie ist *Herr* der Lage. 彼女が主導権を握っている．
Frau Meier ist *ein Freund* der Ordnung. マイヤー夫人は整理整頓の好きな人である．

 c) 一致に揺れのある場合がある：
  Frau Schmidt war *Zeuge/Zeugin* dieses Unfalls. シュミット夫人はこの事故の目撃者であった．
  Sie ist *die Erbin/der Erbe* eines großen Vermögens. 彼女は大きな遺産の相続人である．
  Diese Frau war *meine Nachbarin/mein Nachbar.* この婦人は私の隣人であった．
 d) 主語が中性名詞ならば通常，男性形が用いられる．ただし当該の人物が女性ならば女性形も可能：
  Das Kind ist *ein Dieb*. この子は泥棒だ．
  Dieses Mädchen ist *kein Dieb/keine Diebin*. この少女は泥棒ではない．
 e) Fräulein, Mädchen などを人称代名詞，関係代名詞で受ける場合には中性で受けるのが普通である．
4) 格に関して
 a) als～ 「…として」の形式を用いる場合には次のような一致が見られる：
  Ich als guter Freund rate es dir. 親友として私は君にそれを忠告する．
  Ich rate es *dir als gutem Freund*. 私は親友である君にそれを忠告する．
 b) bei einer Frau *wie Sie/Ihnen* 「あなたのようなご婦人」の場合には wie Ihnen が Frau の3格に一致した形であるが，wie Sie も可能である．
◆ 関係代名詞の先行詞が人称代名詞の ich, wir; du, ihr である場合，関係代名詞の人称は3人称であるが，その性は，その人物の性に従う．数も人称代名詞の数に従う．この際に，先行詞の人称代名詞を関係代名詞の後に，繰り返すことがある．繰り返した場合には，その定動詞の人称は，繰り返された代名詞の人称に一致させ，繰り返されない場合には三人称とする：
Ich, *der* ⟨*die*⟩ ich schon zehn Jahre hier *wohne*, kenne die Stadt gut.
Ich, *der* ⟨*die*⟩ schon zehn Jahre hier *wohnt*, kenne die Stadt gut.

1.2.41. 補充法 Suppletivwesen, Suppletivismus

ここにすでに十年住んでいる私はこの町をよく知っている．→ 1.2.10.
1.

1.2.41. 補充法 Suppletivwesen/Suppletivismus

補充法とは，語形変化形の体系に欠除した部分を別の語の変化形で補うことを言う．言い換えれば，一つの Paradigma の中の一部を別の異なる語の形で，いわば「つぎはぎ」することである．いわゆる不規則変化の体系は補充法によっていることが多い．屈折語 (→ 1.1.4.Sprachtypen) であるインド・ヨーロッパ系の言語の語形変化のシステムの中でも，使用頻度の高い基礎的な語に，この現象がよく見受けられ，ギリシア語などは，それが多いことで知られている．

例1　動詞 sein の現在変化形 ich bin, du bist と，er ist, wir sind, ihr seid, sie sind とは異なった動詞の変化形であり，それらは互いに欠如を補い合っている．さらに過去形の war や過去分詞 gewesen は，またそれとは別の動詞の変化形であった（この動詞の不定詞は名詞化されて das Wesen として残っている）．ドイツ語で「存在」を表す動詞はこのように三種の語による補充法で成り立っている．なお，ドイツ語の gehen, ging, gegangen は同一語の変化であるが，英語の go, gone と went とは異語の補充法である．　　　　　(→第III部　表53)

例2　形容詞 gut の比較級，最上級 besser, best も異なる語の変化形による補充法である．

例3　副詞 gern の比較級 lieber, 最上級 am　liebsten や bald の比較級 eher, 最上級 am ehesten も補充法によるものである．

例4　人称代名詞 ich と2格以下の meiner, mir, mich；er, ihm, ihn と2格の seiner なども別語による補充法である．

第III部　変　化　表

目　次

　　　ドイツ語文法変化概念図表　198
表1　性・数・格変化の諸類型　200
表2　定冠詞・指示代名詞(付加語的用法)
　　　　202
表3　指示代名詞(名詞的用法), 関係代名詞
表4　疑問代名詞, 関係代名詞 wer, was
表5　指示代名詞 dieser
表6　疑問代名詞, 関係代名詞 welcher
表7　所有代名詞（名詞的用法）meiner
表8　不定冠詞，数詞 ein
表9　所有代名詞（付加語的用法）mein
　　　の型　203
表10　所有代名詞の語幹一覧表
表11　人称代名詞 ich, du, er 等
表12　再帰代名詞 sich 等
表13　不定代名詞 man, jemand, etwas 等
表14　形容詞の弱変化　204
表15　同　　　強変化
表16　同　　　混合変化
表17　形容詞および副詞の比較［変化］
表18　名詞変化の類型　205
表19　名詞の強変化Ⅰ.〔同尾式〕Vater
　　　等
表20　同　強変化Ⅱ.〔e 式〕Sohn 等
表21　同　強変化Ⅲ.〔er 式〕Kind
　　　等
表22　同　弱変化 Löwe 等　206
表23　同　混合変化 Staat 等
表24　同　特殊変化 Herz 等
表25　同　外来名詞の変化 Hotel 等
表26　同　固有名詞 Amerika 等
表27　動詞の三基本形　207
表28　現在形・Ⅰ式現在・命令法　208

表29　過去形・Ⅱ式現在
表30　不定詞・分詞　210
表31　現在形・Ⅰ式現在・命令法
表32　過去形・Ⅱ式現在
表33　現在完了形（Ⅰ式過去を含む）
表34　過去完了形（Ⅱ式過去を含む）
表35　未来形　211
表36　未来完了形（Ⅰ式未来完了を含
　　　む）
表37　第Ⅰ条件法（würde＋不定詞）
表38　第Ⅱ条件法(würde＋過去不定詞)
表39　助動詞による拡張パターン
表40　受動態　212
表41　再帰動詞
表42　動詞の三基本形.
　　　強変化1.a. ei － ie － ie　213
表43　同　1.b. ei － i － i　214
表44　同　2.a. ie － ō － ō　215
表45　同　2.b. ie － ō － ō
表46　同　3.a. i － a － u　216
表47　同　3.b. i － a － o　217
表48　同　3.c. e － a － o
表49　同　4.　e － o － o　218
表50　同　5.　e(i) － a － e
表51　同　6.　a － u － a　219
表52　同　7.　□ － ie － □
表53　特殊の不規則動詞 sein 等　220
表54　いわゆる混合変化動詞
　　　brennen ほか　222
表55　bringen, denken 等
表56　過去現在動詞　223
表57　強変化と弱変化が混用される動詞
　　　backen, melken 等　224

第Ⅲ部　変化表

ド イ ツ 語 文 法

動詞変化 は人称・数・時称・法・態が基礎になる。全ての動詞がみなこれら五つの規定要素による全変化に応じうるわけではない．枠でかこまれたものは助動詞を用いて表現されるが，その助動詞にはやはり枠外の語形変化しかありえない．

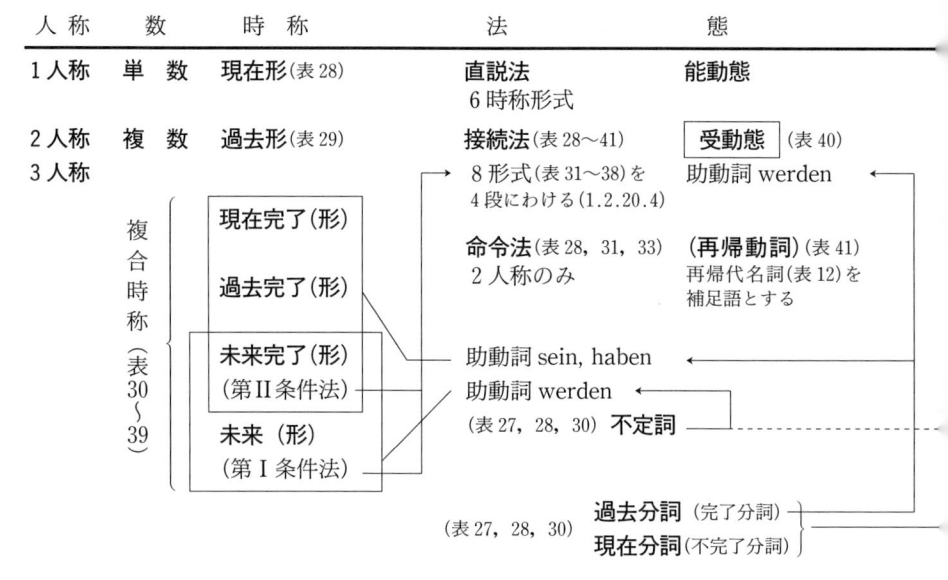

人称	数	時称	法	態
1人称	単数	現在形(表28)	直説法　6時称形式	能動態
2人称	複数	過去形(表29)	接続法(表28〜41)	**受動態** (表40)
3人称			8形式(表31〜38)を4段にわける(1.2.20.4)	助動詞 werden
		複合時称(表30〜39) { 現在完了(形) / 過去完了(形) / 未来完了(形)(第Ⅱ条件法) / 未来(形)(第Ⅰ条件法) }	命令法(表28, 31, 33)　2人称のみ	**(再帰動詞)** (表41) 再帰代名詞(表12)を補足語とする
			助動詞 sein, haben	
			助動詞 werden	
			(表27, 28, 30) **不定詞**	
			(表27, 28, 30)　**過去分詞** (完了分詞)	
			現在分詞 (不完了分詞)	

（注意）
1) 複合動詞(表27)　分離・非分離による活用方式の異同．
2) 非人称動詞(→1.2.26.)　3人称単数のみ．
3) 話法の助動詞(特殊の変化)
　　およびそれに似た用法のもの　　}過去分詞のはたらきをする〔不定詞〕
　　(表56 および 1.2.21.)

不変化詞 副詞，前置詞，接続詞，間投詞（間投詞は文の構成要素ではないので，前三者の不変化詞とは区別することがある）．副詞には比較〔変化〕をするものがあるが(表17)，性・数・格の語形変化とは別の現象で，造語法に類するものである．変化詞の中でも基数詞は ein 以外は変化しない（zwei, drei は時たま変化することがある）．

第Ⅲ部　変化表

変 化 概 念 図 表 (→ 1.1.1.3)

|名詞的品詞の変化| では性・数・格が基礎になる。
性または数が語形の上で区別されず，一つの形で包括的に表わされることもあり，別にまた，人称の問題をあわせ考えるべきものもある．

性	数	格	(人称)
男性	単数	1格(主格)	1人称
女性	複数	2格(属格)	2人称
中性		3格(与格)	3人称
		4格(対格)	

［語形変化の諸類型については表1を参照せよ］

→ 名　　詞 (表18〜26)　　原則として性は各語できまっている．一部接尾辞の付加による性と変化方式の変動．

人称代名詞(表11)　　　　再帰代名詞(表12)　　　所有代名詞(表7, 9, 10)
不定代名詞(表13)　　　　　　　　　　　　　　　不定冠詞(表8)
指示代名詞(表2, 3, 5)　──┐関係代名詞(表3, 4, 6)　定冠詞(表2)
疑問代名詞(表4, 6) ───┘　　　　　　　　　　数詞(→ 1.2.13)

→ 形　容　詞 (表14, 15, 16) ──┐比較〔変化〕(表17)
→ 〔副　詞〕 ────────┘
　　　　　　　　　　　　　　　　多くの形容詞は**原級**から**比較級**，**最上級**をつくる．
　　　　　　　　　　　　　　　　本来の副詞のうちごく少数が比較変化をする．
　　　　　　　　　　　　　　　　(表17)

強・弱・混合変化：
名　　詞　変化は原則として各語できまっている(表18〜25)．
形　容　詞　各語いずれも条件によって強・弱混合変化する(表14, 15, 16)．
動　　詞　原則として各語で変化はきまっているが，一部，強・弱両様に変化するものがある．動詞の混合変化というのは種々問題がある(表42〜57)．

第III部　変化表

表1　性・数・格変化の諸類型

いわゆる定冠詞類		c.（いわゆる不定冠詞類）
a. 定冠詞，および指示代名詞 der の付加語的用法（→表2） 指示代名詞 der の名詞的用法； 関係代名詞 der （→表3） 疑問代名詞 関係代名詞 　wer, was 　（女性および複数の型を欠く 　［→表4］）	b. 指示代名詞 dieser の型 （→表5，→表6） jener, solcher, welcher, jeder, aller, mancher ほか不定数詞の独立（名詞的）用法 einer ⎫ keiner ⎪ 所有代名詞 ⎬ 独立名詞的用法 meiner ⎪ deiner ほか ⎭ （→表7） 形容詞の強変化 （→表15　男性・中性単数2格に注意）	不定冠詞・数詞 ein （→表8　複数を欠く） 否定冠詞 kein （→表9　本文1.2.7.1 複数もある） 所有代名詞の付加語的用法 mein dein sein ihr unser euer Ihr　等 （→表9）
⎛人称代名詞3人称 er, sie, es；sie の変化（表 ⎝11）はこの類の変化と根元的に関連がある．⎞⎠		

各々の語につき性・数・格の変化がある．

第III部　変化表

d. (前の語に主たる変化をゆだねたもの) 形容詞の弱変化 (en 式→表 14) その他 derjenige derselbe (→ 1.2.8.3) der mein[ig]e 等 der eine (以上→表 14)	e. 名詞の弱変化 (en 式→表 22)	f. 人称代名詞 (→表 11) 3 人称については左の a 欄末参照． 3 人称単数に限り性の区別がある． ich と wir, du と ihr はみな個別の語である． Sie は 3 人称複数 sie の転用である．	不定代名詞・不定数詞の変化は種々ある（表 13）
弱変化（いわゆる en 式）は歴史的にみて名詞（→表 22．古くは単数女性も en 語尾をとった）と形容詞に共通のものである．		再帰代名詞（表 12．sich 以外は人称代名詞と同形．）	
形容詞 混合変化 (→表 16) その他 ein solcher (→ 1.2.8.2) ein jeder 等	名詞 強変化 I．同尾式（→表 19） II．e 式（→表 20） III．er 式（→表 21） 混合変化 (→表 23) その他		
	原則として各語により性はきまっており，数と格の変化がある．		

第III部　変化表

表2　定冠詞（→1.2.3.1.），指示代名詞（付加語的用法→1.2.8.1.1.）

	男　性 （その）男	女　性 （その）婦人	中　性 （その）子供	複数（各性共通） （その）子供達
1.	**der** Mann	**die** Frau	**das** Kind	**die** Kinder
2.	**des** Mann[e]s	**der** Frau	**des** Kind[e]s	**der** Kinder
3.	**dem** Mann[e]	**der** Frau	**dem** Kind[e]	**den** Kindern
4.	**den** Mann	**die** Frau	**das** Kind	**die** Kinder

表3　指示代名詞（名詞的用法→1.2.8.1.2.），関係代名詞（→1.2.10.1.）

1.	der	die	das	die
2.	dessen	deren	dessen	deren（derer）
3.	dem	der	dem	denen
4.	den	die	das	die

表4　疑問代名詞（→1.2.9.1.），関係代名詞（→1.2.10.2.）：wer, was

1.	wer　誰		was　何	werは単数男性の型，wasは単数中性の型であるが，意味上は性，数の区別なく，一般にwerは人，wasは物に関して用いられる。
2.	wessen		(wessen)	
3.	wem		───	
4.	wen		was	

表5　指示代名詞（→1.2.8.2.）dieser

	男　性	女　性	中　性	複数（各性共通）
1.	die**ser**　この	die**se**	die**ses**	die**se**
2.	die**ses**	die**ser**	die**ses**	die**ser**
3.	die**sem**	die**ser**	die**sem**	die**sen**
4.	die**sen**	die**se**	die**ses**	die**se**

表6　疑問代名詞（→1.2.9.2.），関係代名詞 welcher（→1.2.10.1.）

関係代名詞としては2格を用いず，

1.	welch**er**　どの	welch**er**	welch**es**	welch**e**
2.	welch**es**	welch**er**	welch**es**	welch**er**
3.	welch**em**	welch**er**	welch**em**	welch**en**
4.	welch**en**	welch**e**	welch**es**	welch**e**

表7　所有代名詞 meiner 等（名詞的用法→表1のb，および1.2.7.2.）

	男　性	女　性	中　性	複　数
1.	mein**er**　私のもの	mein**e**	mein**es**	mein**e**
2.	mein**es**	mein**er**	mein**es**	mein**er**
3.	mein**em**	mein**er**	mein**em**	mein**en**
4.	mein**en**	mein**e**	mein**es**	mein**e**

表8　不定冠詞（→1.2.3.2），数詞（→1.2.13.1.）ein

	男　性 ある男	女　性 ある婦人	中　性 ある子供	複数欠 男達
1.	ein　Mann	ein**e**　Frau	ein　Kind	……　Männer
2.	ein**es**　Mannes	ein**er**　Frau	ein**es**　Kindes	……　Männer
3.	ein**em**　Mann	ein**er**　Frau	ein**em**　Kind	……　Männern
4.	ein**en**　Mann	ein**e**　Frau	ein　Kind	……　Männer

第III部　変化表

表9　所有代名詞（付加語的用法）mein の型（→ 1.2.7.1.）

	男性	女性	中性	複数（各性共通）
	私の夫	私の妻	私の子	私の子供達
1.	mein　　Mann	meine　　Frau	mein　　Kind	meine　　Kinder
2.	mein**es**　Mann**es**	mein**er**　Frau	mein**es**　Kind**es**	mein**er**　Kinder
3.	mein**em**　Mann	mein**er**　Frau	mein**em**　Kind	mein**en**　Kinder**n**
4.	mein**en**　Mann	meine　　Frau	mein　　Kind	meine　　Kinder

表10　所有代名詞の語幹一覧表

	1人称	2人称	3人称
単数	mein　私の	dein　君の/ (Ihr)　あなたの	sein　ihr　sein 彼の　彼女の　それの
複数	unser　私達の	euer　君達の/ (Ihr)　あなた方の	ihr　彼等の

unser, euer の...er は変化語尾ではなくその後に語尾がつく

表11　人称代名詞（→ 1.2.6.1.）ich, du, er 等

		1人称	2人称	3人称
単数	1.	ich 私	du 君　　/(Sie) あなた	er 彼　　sie 彼女　　es それ
	2.	meiner	deiner　/(Ihrer)	seiner　ihrer　　seiner
	3.	mir	dir　　　/(Ihnen)	ihm　　ihr　　　ihm
	4.	mich	dich　　/(Sie)	ihn　　sie　　　es
複数	1.	wir 私	ihr 君達/(Sie) あなた方	sie 彼等
	2.	unser	euer　　/(Ihrer)	ihrer
	3.	uns	euch　　/(Ihnen)	ihnen
	4.	uns	euch　　/(Sie)	sie

2格 meiner, deiner, seiner... 等の語形は一定である。（表9と混同しないこと。）　2人称敬称 Sie は3人称複数 sie の転用である。

表12　再帰代名詞（→ 1.2.24.1.）sich 等

		1人称	2人称	3人称
単数	2.	meiner	deiner　/(Ihrer)	男性　　　　　　女性　　　　　　中性
	3.	mir	dir　　　/(*sich*)	seiner (selbst)　ihrer (selbst)　seiner (selbst)
	4.	mich	dich　　/(*sich*)	*sich*　　　　　*sich*　　　　　*sich*
				sich　　　　　*sich*　　　　　*sich*
複数	2.	unser	euer　　/(Ihrer)	ihrer (selbst)
	3.	uns	euch　　/(*sich*)	*sich*
	4.	uns	euch　　/(*sich*)	*sich*

表13　不定代名詞（→ 1.2.14.1.）man, jemand, etwas 等

	ある人	誰か	誰も…ない	各人	ある物	何もない
1.	man/einer	jemand	niemand	jedermann	etwas	nichts
2.	eines	jemandes	niemandes	jedermanns	etwas	nichts
3.	einem	jemand(em)	niemand(em)	jedermann	etwas	nichts
4.	einen	jemand(en)	niemand(en)	jedermann	etwas	nichts

第III部　変化表

形容詞の性・数・格変化
表14　弱変化（→1.2.11.1.）

	男　性	女　性	中　性	複数（各性共通）
1.	**der** gut*e* ──	jene gut*e* ──	dieses gut*e* ──	solche gut*en* ──
2.	**des** gut*en* ──	jener gut*en* ──	dieses gut*en* ──	solcher gut*en* ──
3.	**dem** gut*en* ──	jener gut*en* ──	diesem gut*en* ──	solchen gut*en* ──
4.	**den** gut*en* ──	jene gut*e* ──	dieses gut*e* ──	solche gut*en* ──

derjenige, derselbe　なども（→1.2.8.3.）

表15　強変化（→表1のb）（→1.2.11.2.）

1.	gut**er** Wein	küh**le** Luft	kalt**es** Wasser	gut**e** Weine
2.	gut*en* Wein**es**	küh**ler** Luft	kalt*en* Wasser**s**	gut**er** Weine
3.	gut**em** Wein	küh**ler** Luft	kalt**em** Wasser	gut*en* Wein**en**
4.	gut*en* Wein	küh**le** Luft	kalt**es** Wasser	gut**e** Weine

表16　混合変化（→1.2.11.3.）

1.	ein alt**er** ──	eine alt*e* ──	ein alt**es** ──	alte meine alt*en*
2.	ein**es** alt*en* ──	ein**er** alt*en* ──	ein**es** alt*en* ──	alter meiner alt*en*
3.	ein**em** alt*en* ──	ein**er** alt*en* ──	ein**em** alt*en* ──	alt*en* meinen alt*en*
4.	ein**en** alt*en* ──	eine alt*e* ──	ein alt**es** ──	alte meine alt*en*

ein solcher, ein jeder　など．

表17　形容詞および副詞の比較[変化]（→1.2.12.1.～2.）

原　級	比較級	最上級
reich（豊かな）	reicher	reichst
heiß（熱い）	heißer	heißest
alt（古い，老いた）	älter	ältest
müde（疲れた）	müder	müdest
edel（高貴な）	ed(e)ler	edelst
hoch（高い）	höher	höchst
groß（大きい）	größer	größt
nah(e)（近い）	näher	nächst
gut（よい）	*besser*	*best*
viel（多くの）	*mehr*	*meist*
wenig（僅少の）	→ *weniger* → *minder*	*wenigst* *mindest*
副詞（形容詞は副詞的にも用いられるものが多い）		
schön（美しく）	*schöner*	am *schönsten*
本来の副詞のうちごく少数が比較変化をする		
oft（しばしば）	*öfter*	am *öftesten*
bald（じきに）	*eher*	am *ehesten*
gern（喜んで）	*lieber*	am *liebsten*
wohl（よく）	*besser*	am *besten*
	絶対的最上級	aufs──*ste*

第III部　変化表

名詞の変化　（→表1のe）
表18　名詞変化の類型（1.2.5.1.）

		強 変 化			弱 変 化		混合変化
		I．(同尾式) 男・中　女	II．(e式) 男・中　　女	III．(er式) 男・中	男	女	男・中
単数	1. 2. 3. 4.	——　—— ——s　—— ——　—— ——　——	——　　—— ——[e]s　—— ——[e]　—— ——　　——	—— ——[e]s ——[e] ——	—— ——[e]n ——[e]n ——[e]n	—— —— —— ——	—— ——[e]s ——[e] ——
複数	1. 2. 3. 4.	(¨)　—— (¨)　—— (¨)n　—— (¨)　——	(¨) e (¨) e (¨) en (¨) e	¨ er ¨ er ¨ ern ¨ er	——[e]n ——[e]n ——[e]n ——[e]n	——[e]n ——[e]n ——[e]n ——[e]n	——[e]n ——[e]n ——[e]n ——[e]n

表19　強変化I．〔同尾式〕（→1.2.5.）

	男　性		中　性		女　性	
	おじ	父	少女	修道院		母
1.	der Onkel	Vater	das Mädchen	Kloster	die	Mutter
2.	des Onkels	Vaters	des Mädchens	Klosters	der	Mutter
3.	dem Onkel	Vater	dem Mädchen	Kloster	der	Mutter
4.	den Onkel	Vater	das Mädchen	Kloster	die	Mutter
1.	die Onkel	Väter	die Mädchen	Klöster	die	Mütter
2.	der Onkel	Väter	der Mädchen	Klöster	der	Mütter
3.	den Onkeln	Vätern	den Mädchen	Klöstern	den	Müttern
4.	die Onkel	Väter	die Mädchen	Klöster	die	Mütter

女性は Mutter, Tochter のみ．
共に複数で変音する．

表20　強変化II．〔e式〕（→1.2.5.4.）

	日	息子	年	いかだ	知識	夜
1.	der Tag	Sohn	das Jahr	Floß	die Kenntnis	Nacht
2.	des Tages	Sohnes	des Jahres	Floßes	der Kenntnis	Nacht
3.	dem Tag[e]	Sohn[e]	dem Jahr[e]	Floß[e]	der Kenntnis	Nacht
4.	den Tag	Sohn	das Jahr	Floß	die Kenntnis	Nacht
1.	die Tage	Söhne	die Jahre	Flöße	die Kenntnisse	Nächte
2.	der Tage	Söhne	der Jahre	Flöße	der Kenntnisse	Nächte
3.	den Tagen	Söhnen	den Jahren	Flößen	den Kenntnissen	Nächten
4.	die Tage	Söhne	die Jahre	Flöße	die Kenntnisse	Nächte

表21　強変化III．〔er式〕：変音しうるものは必ず変音する．（→1.2.5.5.）女性の例なし．

	霊・精神	神	子供	家
1.	der Geist	Gott	das Kind	Haus
2.	des Geistes	Gottes	des Kindes	Hauses
3.	dem Geist	Gott	dem Kind[e]	Haus[e]
4.	den Geist	Gott	das Kind	Haus
1.	die Geister	Götter	die Kinder	Häuser
2.	der Geister	Götter	der Kinder	Häuser
3.	den Geistern	Göttern	den Kindern	Häusern
4.	die Geister	Götter	die Kinder	Häuser

第III部　変化表

表22　弱変化[n式]（→ 1.2.5.6.）　中性の例なし

	男　性	中　性	女　性
	学生　　　ライオン		ドア　　　学校
1.	der Student　Löwe		die Tür　Schule
2.	des Studenten　Löwen		der Tür　Schule
3.	dem Studenten　Löwen		der Tür　Schule
4.	den Studenten　Löwen		die Tür　Schule
1.	die Studenten　Löwen		die Türen　Schulen
2.	der Studenten　Löwen		der Türen　Schulen
3.	den Studenten　Löwen		den Türen　Schulen
4.	die Studenten　Löwen		die Türen　Schulen

表23　混合変化（→ 1.2.5.7.）　女性の例なし

	国家　　　湖	耳　　　　眼	
1.	der Staat　See	das Ohr　Auge	
2.	des Staates　Sees	des Ohres　Auges	
3.	dem Staat[e]　See	dem Ohr[e]　Auge	
4.	den Staat　See	das Ohr　Auge	
1.	die Staaten　Seen	die Ohren　Augen	
2.	der Staaten　Seen	der Ohren　Augen	
3.	den Staaten　Seen	den Ohren　Augen	
4.	die Staaten　Seen	die Ohren　Augen	

表24　特殊変化（→ 1.2.5.8.）

	名前	心臓	主人
1.	der Name[n]	das Herz	der Herr
2.	des Namens	des Herzens	des Herrn
3.	dem Namen	dem Herzen	dem Herrn
4.	den Namen	das Herz	den Herrn
1.	die Namen	die Herzen	die Herren
2.	der Namen	der Herzen	der Herren
3.	den Namen	den Herzen	den Herren
4.	die Namen	die Herzen	die Herren

表25　外来名詞の変化（→ 1.2.5.8.〜9.）

	ホテル	博物館	イエス　　キリスト
1.	das Hotel	Museum	Jesus　Christus
2.	des Hotels	Museums	Jesu　Christi
3.	dem Hotel	Museum	Jesu　Christo
4.	das Hotel	Museum	Jesum　Christum
1.	die Hotels	Museen	［または全格
2.	der Hotels	Museen	Jesus Christus］
3.	den Hotels	Museen	固有名詞
4.	die Hotels	Museen	

表26　固有名詞（→ 1.2.5.10.）

ルイゼ（女子名）
Luise
Luise[n]s
Luise[n]
Luise[n]

Luisen
Luisen
Luisen
Luisen

アメリカ
Amerika
Amerikas
Amerika
Amerika

ネーデルランド
die Niederlande
der Niederlande
den Niederlanden
die Niederlande

同語ないし同形の語で性・変化・意味を異にするものがある（→ 1.2.4.3.）

第III部　変化表

動詞の変化

（複合動詞については→1.2.15.4.）

表27　動詞の三基本形（→1.2.15．詳細は→表42以下）

i. 不定詞	ii. 直説法過去形	iii. 過去分詞（完了分詞）		
hören（聞く）	hörte	gehört		規則動詞
arbeiten（働く）	arbeitete	gearbeitet		
studieren（研究する）	studierte	studiert	弱変化	
kennen（知る）	kannte	gekannt		
(nennen 名づける, rennen 駆ける, brennen 燃える)			混合変化 いわゆる	
senden（送る） → sendete		gesendet〔規則的〕		不規則動詞
(wenden 回す) → sandte		gesandt		
denken（考える）	dachte	gedacht		
(bringen もたらす, dünken 思われる)				
haben（持っている）	hatte	gehabt		
binden（結ぶ）	band	gebunden	異母音 おのおの	
schwimmen（泳ぐ）	schwamm	geschwommen		
nehmen（取る）	nahm	genommen		
geben（与える）	gab	gegeben	同母音 iとiiiが	強変化
fallen（落ちる）	fiel	gefallen		
lassen（させる）	ließ	gelassen		
fliegen（飛ぶ）	flog	geflogen	同母音 iiとiiiが	
treiben（駆りたてる）	trieb	getrieben		
schneiden（切る）	schnitt	geschnitten		
werden（成る）	wurde	[ge]worden〔おのおの異母音〕		
gehen（行く）	ging	gegangen		
stehen（立っている）	stand	gestanden		特殊の動詞
tun（する）	tat	getan		
wissen（知っている）	wußte	gewußt		
(話法の助動詞 dürfen, können, mögen, müssen, sollen, wollen)				
sein（ある）	war	gewesen		

[複合動詞] (1.2.15.4) (1.2.25)		
ge′fallen　（気に入る）	gefiel	gefallen
er′kennen　（認める）	erkannte	erkannt
′ausmachen　（解決する）	machte aus	ausgemacht
′übersetzen　（渡す）	setzte über	übergesetzt
über′setzen　（翻訳する）	übersetzte	übersetzt
′vorenthalten　（保留する）	enthielt vor	vorenthalten

be-, emp-, ent-, er-, ge-, ver-, zer- (miß-) その他アクセントのない前綴をもつ複合動詞．および後綴-ieren, -eien のつく外来動詞は過去分詞に ge- を追加しない．

第III部　変化表

動詞単独形の変化

表28　直説法**現在形**（→ 1.2.16.）・接続法 I 式現在（→ 1.2.20.1.）・**命令法**

		聞く	さすらう	名づける	もたらす	来る	見る
不定詞 (1.2.27)		hören	wandern	nennen	bringen	kommen	sehen
過去分詞（完了分詞）		gehört	gewandert	genannt	gebracht	gekommen	gesehen
現在分詞（不完了分詞）		hörend	wandernd	nennend	bringend	kommend	sehend

			語尾	hören	wandern	nennen	bringen	kommen	sehen
現在形	直説法	ich	— e	höre	wand[e]re	nenne	bringe	komme	sehe
		du	— [e]st	hörst	wanderst	nennst	bringst	kommst	siehst
		er, sie, es	— [e]t	hört	wandert	nennt	bringt	kommt	sieht
		wir	— [e]n	hören	wandern	nennen	bringen	kommen	sehen
		ihr	— [e]t	hört	wandert	nennt	bringt	kommt	seht
		sie(Sie)	— [e]n	hören	wandern	nennen	bringen	kommen	sehen
	接続法（I式現在）	ich	— e	höre	wandere	nenne	bringe	komme	sehe
		du	— est	hörest	wanderest	nennest	bringest	kommest	sehest
		er, sie, es	— e	höre	wandere	nenne	bringe	komme	sehe
		wir	— en	hören	wander[e]n	nennen	bringen	kommen	sehen
		ihr	— et	höret	wanderet	nennet	bringet	kommet	sehet
		sie(Sie)	— en	hören	wander[e]n	nennen	bringen	kommen	sehen
	命令法	(du)	— [e]	höre	wand[e]re	nenne	bringe	komm	sieh[e]
		(ihr)	— [e]t	hört	wandert	nennt	bringt	kommt	seht

表29　直説法**過去形**（→ 1.2.17.）接続法 II 式現在（→ 1.2.20.2.）

			語尾	hören	wandern	nennen	bringen	kommen	sehen
過去形	直説法	ich	—	hörte	wanderte	nannte	brachte	kam	sah
		du	— [e]st	hörtest	wandertest	nanntest	brachtest	kamst	sahst
		er, sie, es	—	hörte	wanderte	nannte	brachte	kam	sah
		wir	— [e]n	hörten	wanderten	nannten	brachten	kamen	sahen
		ihr	— [e]t	hörtet	wandertet	nanntet	brachtet	kamt	saht
		sie(Sie)	— [e]n	hörten	wanderten	nannten	brachten	kamen	sahen
	接続法（II式現在）	ich	(¨) e	hörte	wanderte	nennte	brächte	käme	sähe
		du	(¨) est	hörtest	wandertest	nenntest	brächtest	kämest	sähest
		er, sie, es	(¨) e	hörte	wanderte	nennte	brächte	käme	sähe
		wir	(¨) en	hörten	wanderten	nennten	brächten	kämen	sähen
		ihr	(¨) et	hörtet	wandertet	nenntet	brächtet	kämet	sähet
		sie(Sie)	(¨) en	hörten	wanderten	nennten	brächten	kämen	sähen

弱変化過去の接尾辞 te をとるものは，それぞれ点線以下を人称語尾としておく．

◇　規則動詞（1.2.15.1.）の過去形は直説法（→ 1.2.17.1.）・接続法（→ 1.2.20.2.[II式現在]）とも同形である．

第Ⅲ部　変化表

		複合時称の助動詞 (→1.2.18.)			過去現在動詞（表→56）の直・現・語尾は強変化動詞の直・過・語尾である．		
			受動の助動詞				
取る	する	成る	持っている	ある		好む・願望等	知っている
nehmen	tun	werden	haben	sein		mögen	wissen
genommen	getan	[ge]worden	gehabt	gewesen		gemocht	gewußt
nehmend	tuend	werdend	habend	seiend		……	wissend
nehme	tue	werde	habe	bin	—	mag	weiß
nimmst	tust	wirst	hast	bist	—st	magst	weißt
nimmt	tut	wird	hat	ist	—	mag	weiß
nehmen	tun	werden	haben	sind	—en	mögen	wissen
nehmt	tut	werdet	habt	seid	—t	mögt	wißt
nehmen	tun	werden	haben	sind	—en	mögen	wissen
nehme	tue	werde	habe	sei		möge	wisse
nehmest	tuest	werdest	habest	sei[e]st		mögest	wissest
nehme	tue	werde	habe	sei		möge	wisse
nehmen	tuen	werden	haben	seien		mögen	wissen
nehmet	tuet	werdet	habet	seiet		möget	wisset
nehmen	tuen	werden	haben	seien		mögen	wissen
nimm	tu[e]	werde	hab[e]	sei		………	wisse
nehmt	tut	werdet	habt	seid		………	wißt

古形単数 ward しかない ↓　　　wollen 以外の話法の助動詞には命令法なし

nahm	tat	wurde	hatte	war	mochte	wußte
nahmst	tatest	wurdest	hattest	warst	mochtest	wußtest
nahm	tat	wurde	hatte	war	mochte	wußte
nahmen	taten	wurden	hatten	waren	mochten	wußten
nahmt	tatet	wurdet	hattet	wart	mochtet	wußtet
nahmen	taten	wurden	hatten	waren	mochten	wußten
nähme	täte	würde	hätte	wäre	möchte	wüßte
nähmest	tätest	würdest	hättest	wärest	möchtest	wüßtest
nähme	täte	würde	hätte	wäre	möchte	wüßte
nähmen	täten	würden	hätten	wären	möchten	wüßten
nähmet	tätet	würdet	hättet	wäret	möchtet	wüßtet
nähmen	täten	würden	hätten	wären	möchten	wüßten

◇　直説法現在変化→1.2.16., →直説法過去変化→1.2.17., →話法の助動詞→1.2.21., 接続法→1.2.20., →命令法→1.2.22.

第III部　変化表

能動態変化のまとめ

表 30　不定詞・分詞　　強変化，sein 支配の例　　　　弱変化，haben 支配の例

		強変化，sein 支配の例	弱変化，haben 支配の例
不　定　詞		(zu) kommen 来る	(zu) hören 聞く
過去不定詞（完了不定詞）		gekommen (zu) sein	gehört (zu) haben
過　去　分　詞（完　了　分　詞）		gekommen	gehört
現　在　分　詞（不完了分詞）		kommend	hörend

表 31　現在形　直説法　/接続法　/命令法　　　　直説法　/接続法　/命令法

		I式現在			I式現在		
現在形	ich	komme	/ komme		höre	/ höre	
	du	kommst	/ kommest	/ komm [du]!	hörst	/ hörest	/ hör [du]!
	er, sie, es	kommt	/ komme		hört	/ höre	
	wir	kommen	/ kommen		hören	/ hören	
	ihr	kommt	/ kommet	/ kommt [ihr]!	hört	/ höret	/ hört [ihr]!
	sie (Sie)	kommen	/ kommen	/ (kommen Sie)!	hören	/ hören	/ (hören Sie!)

表 32　過去形・II式現在

		II式現在			II式現在	
過去形	ich	kam	/ käme		hörte	/ hörte
	du	kamst	/ kämest		hörtest	/ hörtest
	er, sie, es	kam	/ käme		hörte	/ hörte
	wir	kamen	/ kämen		hörten	/ hörten
	ihr	kamt	/ kämet		hörtet	/ hörtet
	sie (Sie)	kamen	/ kämen		hörten	/ hörten

表 33　現在完了形

		I式過去			I式過去		
現在完了形	ich	bin	/ sei gekommen		habe	/ habe gehört	
	du	bist	/ seiest ………	/ sei gekommen!	hast	/ habest ……	/ habe gehört!
	er, sie, es	ist	/ sei ………		hat	/ habe ……	
	wir	sind	/ seien ………		haben	/ haben ……	
	ihr	seid	/ seiet ………	/ seid gekommen!	habt	/ habet ……	/ habt gehört!
	sie (Sie)	sind	/ seien ………	/ (seien Sie gek.!)	haben	/ haben ……	/ (haben Sie geh.!)

表 34　過去完了形

		II式過去			II式過去	
過去完了形	ich	war	/ wäre gekommen		hatte	/ hätte gehört
	du	warst	/ wärest ………		hattest	/ hättest ……
	er, sie, es	war	/ wäre ………		hatte	/ hätte ……
	wir	waren	/ wären ………		hatten	/ hätten ……
	ihr	wart	/ wäret ………		hattet	/ hättet ……
	sie (Sie)	waren	/ wären ………		hatten	/ hätten ……

第III部　変化表

表35　未来形

		直説法	/接続法		直説法	/接続法	
		I式未来			I式未来		
未来形	ich	werde	/ werde	kommen	werde	/ werde	hören
	du	wirst	/ werdest	……	wirst	/ werdest	……
	er, sie, es	wird	/ werde	……	wird	/ werde	……
	wir	werden	/ werden	……	werden	/ werden	……
	ihr	werdet	/ werdet	……	werdet	/ werdet	……
	sie (Sie)	werden	/ werden	……	werden	/ werden	……

表36　未来完了形

		I式未来完了			I式未来完了		
未来完了形	ich	werde	/ werde	gekommen sein	werde	/ werde	gehört haben
	du	wirst	/ werdest	……	wirst	/ werdest	……
	er, sie, es	wird	/ werde	……	wird	/ werde	……
	wir	werden	/ werden	……	werden	/ werden	……
	ihr	werdet	/ werdet	……	werdet	/ werdet	……
	sie (Sie)	werden	/ werden	……	werden	/ werden	……

表37　第I条件法（würde＋不定詞）

		II式未来		II式未来	
第一条件法	ich	würde	kommen	würde	hören
	du	würdest		würdest	
	er, sie, es	würde	……	würde	……
	wir	würden	……	würden	……
	ihr	würdet	……	würdet	……
	sie (Sie)	würden	……	würden	……

表38　第II条件法（würde＋過去不定詞）

		II式未来完了		II式未来完了	
第二条件法	ich	würde	gekommen sein	würde	gehört haben
	du	würdest	……	würdest	……
	er, sie, es	würde	……	würde	……
	wir	würden	……	würden	……
	ihr	würdet	……	würdet	……
	sie (Sie)	würden	……	würden	……

a) 完了の助動詞に sein をとるのは，自動詞のうち，おおむね場所の移動と状態の変化を表わすもの，および bleiben, sein などである．その他は自動詞も他動詞も haben をとる．

b) 文法上の時称形（Tempus）と実際上の時（Zeit），言いかえれば，伝統的名称と個々の事例の時間的意味は一致しないことが多い．特に接続法の各形式と実際上の時間関係については 1.2.20.4. 参照のこと．

表39　文法的説明がまちまちな，助動詞による拡張パターン

Jetzt *wird* er schon gestorben sein.　今はもう彼は死んでしまっているだろう（sterben の未来完了形）

……（kann）……かも知れない ｜
……（muß）……にちがいない ｝＜話法の助動詞の現在形＋過去不定詞＞と説明される．

Damals *wird* er schon gestorben gewesen sein.　当時彼はもう死んでしまっていただろう（この形式には名称がない）

第Ⅲ部　変化表

受動態　（→ 1.2.23.）

（werden を助動詞とする．太字であらわしてあるのがそれである）

受動の不定詞 gerettet (zu) werden 救われる．過去不定詞 gerettet worden (zu) sein.

表40　3人称・単数（er, sie, es）の例

	直説法				接続法		
現在形	er **wird**	gerettet			**werde**	gerettet	
過去形	er **wurde**	gerettet			**würde**	gerettet	
現在完了形	er ist	gerettet	**worden**		sei	gerettet	**worden**
過去完了形	er war	gerettet	**worden**		wäre	gerettet	**worden**
未来形	er wird	gerettet	**werden**		werde	gerettet	**werden**
未来完了形	er wird	gerettet	**worden** sein		werde	gerettet	**worden** sein
第Ⅰ条件法 er				würde	gerettet	**werden**
第Ⅱ条件法 er				würde	gerettet	**worden** sein

a) 人称・数・時称・法はすべて助動詞 werden の変化によってきまる．
b) 受動の助動詞としての werden の過去分詞は ge- のつかない worden である．

再帰動詞　（→ 1.2.24.）

（sich getrauen は4格再帰のこともある）

表41　4格 sich⁴ freuen 喜ぶ　3格 sich³ getrauen あえてする

		直説法	接続法		直説法	接続法	
現在形	ich	freue	/ freue	mich	getraue	/ getraue	mir
	du	freust	/ freuest	dich	getraust	/ getrauest	dir
	er	freut	/ freue	sich	getraut	/ getraue	sich
	wir	freuen	/ freuen	uns	getrauen	/ getrauen	uns
	ihr	freut	/ freuet	euch	getraut	/ getrauet	euch
	sie (Sie)	freuen	/ freuen	sich	getrauen	/ getrauen	sich

以下 er の場合を代表とする

過去形	er	freute	/ freute	sich⁴	getraute	/ getraute	sich³
現.完.	er	hat	/ habe	sich gefreut	hat	/ habe	sich getraut
過.完.	er	hatte	/ hätte	sich gefreut	hatte	/ hätte	sich getraut
未来形	er	wird	/ werde	sich freuen	wird	/ werde	sich getrauen
未.完.	er	wird	/ werde	s. gefr. haben	wird	/ werde	s. getraut haben
条.Ⅰ.	er		würde	sich freuen		würde	sich getrauen
条.Ⅱ.	er		würde	s. gefr. haben		würde	s. getraut haben

a) 命令法 Freu dich! 喜べ．Freut euch! (Freuen Sie sich!)
b) 4格再帰が普通，3格再帰は比較的少なく，2格再帰はまれである．
c) 再帰代名詞のほかに補われる語句に注意せよ（→ 1.2.24.2.◆）

第Ⅲ部　変化表

弱変化の規則動詞をのぞく三基本形の分類（表 27 に略記）

動詞変化の整理
○弱変化動詞（schwache Verben）の典型：sagen 言う　sagte gesagt
○強変化動詞（starke Verben）の典型：binden 結ぶ　band gebunden
○特殊変化の動詞（Anomalien）の例：sein ある，いる，である war gewesen
○動詞の混合変化（gemischte Konjugation）の例：bringen もたらす
　brachte gebracht

強変化，弱変化などというのはヤーコプ・グリム（Jacob Grimm）のはじめた分類上の呼称である．通常，弱変化動詞すなわち規則動詞と考えられがちであるが，弱変化動詞の中にも不規則な変化をするものがいろいろある（注意．英語の say, make, hear は不規則変化であるが，それに相当するドイツ語の sagen, machen, hören は規則的に変化する）．

表 42

強変化（表 27 中の分類は便宜的．また本表以下の ＊つきのものは後述「表 57」の混合の場合参照）

1.a.　　　　　　　ei — ie — ie

bleiben 留まる	blieb	geblieben
gedeihen 栄える	gedieh	gediehen
leihen 貸す	lieh	geliehen
meiden 避ける	mied	gemieden
preisen 誉める	pries	gepriesen
reiben こする	rieb	gerieben
reihen 仮に縫い付ける	rieh	geriehen
scheiden 分ける	schied	geschieden
scheinen 輝く	schien	geschienen
schreiben 書く	schrieb	geschrieben
schreien 叫ぶ	schrie	geschrie[e]n
schweigen 黙る	schwieg	geschwiegen
speien つばを吐く	spie	gespieen
steigen 登る	stieg	gestiegen
treiben 追い立てる	trieb	getrieben

— 213 —

weisen 指し示す	wies	gewiesen
zeihen 咎める	zieh	geziehen

表 43

1.b.   **ei — i — i**   子音の表記に注意

befleißen 努める	befliß	beflissen
beißen 嚙む	biß	gebissen
*bleichen 色褪せる	blich	geblichen
gleichen 似ている	glich	geglichen
*gleißen 輝く	gliß	geglissen
gleiten 滑る	glitt	geglitten
greifen つかむ	griff	gegriffen
*keifen 大声で罵る	kiff	gekiffen
kneifen つねる	kniff	gekniffen
*kneipen つねる	knipp	geknippen
*kreischen 金切り声をあげる	krisch	gekrischen
leiden 苦しむ	litt	gelitten
pfeifen 笛を吹く	pfiff	gepfiffen
reißen 引き裂く	riß	gerissen
reiten 馬に乗る	ritt	geritten
scheißen 糞をする	schiß	geschissen
schleichen 忍び歩く	schlich	geschlichen
schleifen 研ぐ	schliff	geschliffen
*schleißen 毟り取る	schliß	geschlissen
schmeißen 放り投げる	schmiß	geschmissen
schneiden 切る	schnitt	geschnitten
schreiten 歩く	schritt	geschritten
*spleißen 割る	spliß	gesplissen
streichen 撫でる	strich	gestrichen
streiten 争う	stritt	gestritten
weichen よける	wich	gewichen

第Ⅲ部　変化表

表 44

2．a.　　　　　　ie ― o ― o　（o が長母音 ō の場合）

biegen 曲げる	bog	gebogen
bieten 提供する	bot	geboten
fliegen 飛ぶ	flog	geflogen
fliehen 逃げる	floh	geflohen
frieren 凍る	fror	gefroren
kiesen 選ぶ（＞küren）	kor	gekoren
＊klieben 割る	klob	gekloben
schieben 押す	schob	geschoben
＊schnieben 鼻息をたてる	schnob	geschnoben
＊stieben 飛び散る	stob	gestoben
verlieren 失う	verlor	verloren
wiegen 目方がある, はかる	wog	gewogen
ziehen 引く	zog	gezogen

注　もと kiesen, liegen. triegen であった動詞

＊küren 選ぶ	kor	gekoren
lügen（＜mhd. liegen）嘘をつく	log	gelogen
trügen 騙す（＜mhd. triegen）	trog	getrogen

なお, saugen（→表 57）, saufen も歴史的に此の 2 の類とされる．

| ＊saugen 吸う | sog | gesogen |
| saufen がぶ飲みする | soff | gesoffen |

表 45

2．b.　　　　　　ie ― o ― o　（o が短母音 ŏ の場合）　子音の表記に注意

fließen 流れる	floß	geflossen
genießen 楽しむ	genoß	genossen
gießen 注ぐ	goß	gegossen
kriechen 這う	kroch	gekrochen
riechen 臭う	roch	gerochen
schießen 射つ	schoß	geschossen
schliefen さっと入る	schloff	geschloffen

― 215 ―

第Ⅲ部　変化表

schließen 閉じる	schloß	geschlossen
sieden 沸騰する	sott	gesotten
sprießen 芽を吹く	sproß	gesprossen
triefen 滴り落ちる	troff	getroffen
verdrießen 不愉快にする	verdroß	verdrossen

注　特例　　　　i － o － o　（不定詞の幹母音 i も短母音である例）

klimmen よじ登る	klomm	geklommen
	(klimmte	geklimmt)
glimmen 微かに光る	glomm	geglommen

この２語は，本来はつぎの３．に類する動詞であるが，今日の変化からすれば，この２の部類の特例のような外見である．

表 46

３．この部類は i － a － u, i － a － o, e － a － o の３種の組替えで現れる．この３．の部類と，表 49 の４．の部類とは変動がはげしい．

３.a.　　　　　　**i － a － u**

binden 結ぶ	band	gebunden
dingen やとう	dang	gedungen
dringen つきすすむ	drang	gedrungen
empfinden 感じる	empfand	empfunden
finden 見出す	fand	gefunden
gelingen 成功する	gelang	gelungen
klingen 鳴り響く	klang	geklungen
mißlingen 失敗する	mißlang	mißlungen
ringen 格闘する	rang	gerungen
schinden 虐待する	schand	geschunden
schlingen 巻き付ける	schlang	geschlungen
schwinden 消える	schwand	geschwunden
schwingen 揺れる	schwang	geschwungen
singen 歌う	sang	gesungen
sinken 沈む	sank	gesunken
springen 跳ねる	sprang	gesprungen
stinken 悪臭を放つ	stank	gestunken

第Ⅲ部　変化表

trinken 飲む	trank	getrunken
winden 巻く	wand	gewunden
wringen 絞る	wrang	gewrungen
zwingen 強いる	zwang	gezwungen

注　特例

| schrinden ひびが入る | schrund | geschrunden |

表 47

3.b.　　　　i — a — o

beginnen 始める	begann	begonnen
gewinnen 獲得する	gewann	gewonnen
rinnen 流れる	rann	geronnen
schwimmen 泳ぐ	schwamm	geschwommen
sinnen 思案する	sann	gesonnen
spinnen 紡ぐ	spann	gesponnen

表 48

3.c.　　　　e — a — o

befehlen 命ずる	befahl	befohlen
bergen 隠す	barg	geborgen
bersten 割れる	barst	geborsten
brechen 破れる	brach	gebrochen
empfehlen 勧める	empfahl	empfohlen
erschrecken 驚く	erschrak	erschrocken
gelten 通用する	galt	gegolten
helfen 助ける	half	geholfen
nehmen 取る	nahm	genommen
schelten 叱る	schalt	gescholten
sprechen 話す	sprach	gesprochen
stechen 刺す	stach	gestochen
*stecken ささっている	stak	(gesteckt)
stehlen ぬすむ	stahl	gestohlen
sterben 死ぬ	starb	gestorben
treffen 当たる	traf	getroffen

第Ⅲ部　変化表

verderben 駄目になる	verdarb	verdorben
werben 募集する	warb	geworben
werden なる	(ward) wurde	geworden
werfen 投げる	warf	geworfen

注　現今の kommen, rächen, gebären などもこの部類に入れる．（もと ahd. queman ; mhd. rechen, gebern）

kommen 来る	kam	gekommen
rächen 復讐する	rach	gerochen
gebären 生む	gebar	geboren

表 49

4.　　　　　　　e － o － o

bewegen 動かす	bewog	bewogen
dreschen 脱穀する	drosch (drasch)	gedroschen
fechten 戦う	focht	gefochten
flechten 編む	flocht	geflochten
heben 持ち上げる	hob	gehoben
*pflegen 行う	pflog	gepflogen
quellen 湧き出る	quoll	gequollen
*scheren 刈る	schor	geschoren
*schmelzen とける	schmolz	geschmolzen
schwellen 腫れる	schwoll	geschwollen

注　（もと mhd. swern, gern, wegen, leschen）

schwären 膿む	schwor	geschworen
*gären 発酵する	gor	gegoren
*wägen 熟考する	wog	gewogen
löschen 消える	losch	geloschen

表 50

5.　　　　　　　e(i) － a － e

essen 食べる	aß	gegessen
fressen 喰らう	fraß	gefressen
（veressen の収縮）		
geben 与える	gab	gegeben

第Ⅲ部　変化表

genesen 治る	genas	genesen
geschehen 起こる	geschah	geschehen
lesen 読む	las	gelesen
messen 計る	maß	gemessen
sehen 見る	sah	gesehen
treten 歩む	trat	getreten
vergessen 忘れる	vergaß	vergessen

現今の bitten, sitzen, liegen,（wesen）なども元来はこの部類に入る．

bitten 願う	bat	gebeten
sitzen 座っている	saß	gesessen
liegen 横たわっている	lag	gelegen
(wesen) ある，…である	war (＜mhd. was)	gewesen（→表53）

表 51

6.　　　　　　**a — u — a**

*backen（パンを）焼く	(buk)	gebacken
graben 掘る	grub	gegraben
fahren 行く	fuhr	gefahren
laden 積む	lud	geladen
*schaffen 創造する	schuf	geschaffen
schlagen 打つ	schlug	geschlagen
tragen 運ぶ	trug	getragen
wachsen 成長する	wuchs	gewachsen
waschen 洗う	wusch	gewaschen

表 52

7.　　$\left.\begin{array}{c} a \\ au \\ ei \\ o \\ u \end{array}\right\} -ie- \left\{\begin{array}{c} a \\ au \\ ei \\ o \\ u \end{array}\right.$

この最後のグループは，4世紀の資料が残っているゴート語では語頭の部分を重ねて過去形を作る特殊の動詞群で，**反復動詞**（reduplizierende Verba）というものであったが，ドイツ語にはそれほど古い時代の例証がなく，普通の強変化動詞のような姿をしている．過去形の幹

— 219 —

母音が全て ie に統一され，そして不定詞と過去分詞がおなじ母音を示すのが特徴である．

blasen 吹く	blies	geblasen
braten 焼く	briet	gebraten
fallen 落ちる	fiel	gefallen
halten 保つ	hielt	gehalten
＊hauen 打つ	hieb	gehauen
heißen 称する	hieß	geheißen
lassen させる	ließ	gelassen
laufen 走る	lief	gelaufen
raten 忠告する	riet	geraten
rufen 呼ぶ	rief	gerufen
schlafen 眠る	schlief	geschlafen
stoßen 突く	stieß	gestoßen
注 fangen 捕える	fing	gefangen
hangen 掛っている	hing	gehangen

という2例の過去形も，もとは mhd. vie[nc]（＝fie[nc]），hie[nc]であり，2語ともこの部類に属するものである．

表53　特殊の不規則動詞 sein 等

gehen, stehen, tun ならびに wollen や sein なども，それぞれ特殊の事情のある動詞である．

　古語の時代に，語尾のつなぎ方が直接で，他と異なっていた動詞．

gehen 行く	ging	gegangen
stehen 立っている	stand	gestanden
tun する	tat	getan

もともと希求法形だったものが普通にもちいられてきた動詞．

wollen 欲する	wollte	gewollt

（ただし今日では，そのような由来とは別に，他の話法の助動詞と同様に取り扱われる．）

補充法（Suppletivwesen → 1.2.41.）といって，異なる語のつぎあわせで用いられる動詞（英語では go went gone も）．

第Ⅲ部　変化表

不定詞	直説法現在形	直説法過去形	過去分詞
sein（印欧語基*es） 存在する， …である	ist　（英語 is［am は s sind　音脱落, are は s> seid　r の転訛］）		
（英 be） 印欧語基*bhū	bin bist		（英語 been）
（wesen 強変化動詞， 中性名詞化で現役： das Wesen）		war ／英 was ＼ waren ＼ were ／ (s>r の転訛→ Rhotazismus)	gewesen

混合変化

動詞の混合変化というのは名詞や形容詞の場合と違って話が少し面倒である．次のような種々の現象が問題になる．

1．日本で習慣的にドイツ語の混合変化動詞といっている brennen, kennen, nennen, rennen, その他 a＞e というウムラウトに関わる特殊の弱変化動詞（→表 54）．（強変化の要件であるアプラウトとは無関係）
2．bringen もたらす　　　brachte　　　　　gebracht
　　古い bringen—branc という強変化と，-te による弱変化方式の混合．
3．wissen わかっている　　wußte　　　　　gewußt
　　過去現在動詞 Präteritopräsens といって，元来，強変化過去形であったものが「現在」として用いられ，意味上の「過去」を弱変化動詞になぞらえて接尾辞 -te によってつくったもので，話法の助動詞もこれに類する．
4．backen パンを焼く　　　backte　　　　　gebacken
　　　　　　　　　　　　　(buk)
　　gären 発酵する　　　　gor　　　　　　gegoren
　　　　　　　　　　　　　(gärte)　　　　(gegärt)
　　melken 乳をしぼる　　melkte　　　　　gemolken
　　　　　　　　　　　　　(molk)　　　　(gemelkt)

などのように，真に強変化と弱変化が混用される動詞．ドイツ語圏やオランダ語圏で，強変化と弱変化が混在する動詞といえば，本来的にはこの種のものが考えられるのである．

上記の 1 の類：過去形の接続法（Ⅰ式現在）の幹母音はウムラウト（→ 62・

72 ページ）によりeとなる．現代語で他の通常の動詞ならäという文字（名称はエー[ɛː]）で書かれる場合で，発音は同じ [ɛ] である：brennte[ˈbrɛntə].

表54　いわゆる混合変化動詞

	直説法/接続法	
brennen 燃える	brannte/brennte	gebrannt
kennen 知る	kannte/kennte	gekannt
nennen 名づける	nannte/nennte	genannt
rennen 駆ける	rannte/rennte	gerannt
senden 送る ⟶	sandte/sendete	gesandt
	sendete/sendete	gesendet

（意味によっては変化が固定する．「放送する」は弱変化．）

| wenden 向ける ⟶ | wandte/wendete | gewandt |
| | wendete/wendete | gewendet |

（haben は弱変化動詞で，英語の have と同様に語形のなまりが激しい語である．brannte＞brennte, kannte＞kennte と同じく，接続法過去形で hatte＞hätte という i-Umlaut をおこすので，これも混合変化に加えるという考え方もある．）

表55　**bringen, denken 等**

以上は古語の時代にあった後続音節の母音 i の影響で，a[a] が e[ɛ] に変音している場合で，弱変化動詞の特殊の現象であるが，前記2の，

　　　　　　　　　　直説法/接続法

| 　bringen もってくる | brachte/brächte | gebracht |

などは母音交替と歯音接尾辞-te の使用が混在している場合で，その意味では真の強・弱混合変化動詞である．（なお...[n]g＞...ch というふうに子音が変容しているが，文法上の語形変化に際して，子音要素が変質するこの種の現象を grammatischer Wechsel［→47ページ］という．）外形上同様の変化をするものがある．

denken 考える	dachte	gedacht
dünken 思われる	deuchte	gedeucht
（現今は規則的に	dünkte	gedünkt）

前記3：　過去現在動詞（Präteritopräsentia）といって，元来，強変化過去形

— 222 —

であったものが「現在」に用いられ，別に弱変化動詞になぞらえて-te による過去形を作った一群がある．古くはほかにもこのような動詞が若干あった．

表56　過去現在動詞

	直説法/接続法	
wissen	wußte/wüßte	gewußt
dürfen	durfte/dürfte	gedurft (dürfen)
können	konnte/könnte	gekonnt (können)
mögen	mochte/möchte	gemocht (mögen)
müssen	mußte/müßte	gemußt (müssen)
sollen	sollte/sollte	gesollt (sollen)
[wollen	wollte/wollte	gewollt (wollen)]

この中，wollen は由来の上で（→表53），また wissen は zu つきの不定詞と共に用いられるという点で特殊であるが，語形変化の上では sollen があらゆる変化形を通じて幹母音が常に o であって，全然変わりがないという点で際立っている．なお，sollen 以外，直説法現在で単数と複数に weiß—wissen のような母音の変動があるのも，古くは強変化動詞の過去形で単・複数の幹母音を変えるものが多かったのと同様の現象である．

　注　強・弱変化の混在ではなく，あくまでも強変化であるが，次のように過去形の幹母音に（ならびに接続法におけるそのウムラウト表記にも）種々異同の見受けられるものがある．これは中高ドイツ語 (Mittelhochdeutsch 中期高地ドイツ語) の時代まで，強変化過去の単数形・複数形の間に母音交替（Ablaut）をするものが多かったことと関係があると考えられる．

befehlen 命ずる	befahl	befähle/beföhle
bergen 隠す	barg	bärge/bürge
gelten 通用する	galt	gälte/gölte
gewinnen 獲得する	gewann	gewänne/gewönne
heben 持ち上げる	hob/hub	höbe/hübe
helfen 助ける	half	hälfe/hülfe
rinnen 流れる	rann	ränne/rönne
schwören 誓う	schwor/schwur	schwöre/schwüre

前記4： 以下，強変化と弱変化の混在する動詞をあげておくが，時代，地域，意味，その他種々の要因で異同がありうる問題なので，これが絶対的な選択というわけではないし，ドイツ語圏の著者たちの書物でも若干異同がある．

表57　強変化と弱変化が混用される動詞

backen パンを焼く	backte (buk)	gebacken
bersten 割れる	barst/(borst) (berstete)	geborsten
bleichen 色が褪せる	bleichte (blich)	gebleicht (geblichen)
dingen 雇う	dingte (dang)	gedingt (gedungen)
fragen 問う	fragte (frug)	gefragt
gären 発酵する	gor (gärte)	gegoren (gegärt)
gleißen 輝く	gleißte (gliß)	gegleißt (geglissen)
gleiten 滑る	glitt (gleitete)	geglitten (gegleitet)
glimmen ほのかに光る	glomm (glimmte)	geglommen (geglimmt)
hauen 打つ	hieb (haute)	gehauen (gehaut)
keifen 大声で罵る	keifte (kiff)	gekeift (gekiffen)
klieben 割る	kliebte (klob)	gekliebt (gekloben)
klimmen よじ登る	klomm (klimmte)	geklommen (geklimmt)

— 224 —

第Ⅲ部　変化表

kneipen つねる，つまむ	kneipte (knipp)	gekneipt (geknippen)
kreischen 金切り声をあげる	kreischte (krisch)	gekreischt (gekrischen)
krimpen (布を)縮ませる	krimpte	gekrimpt (gekrumpen)
küren (＜kiesen) 選ぶ	kürte (kor)	gekürt (gekoren)
mahlen 粉を挽く	mahlte	gemahlen
melken 乳を搾る	melkte (molk)	gemolken (gemelkt)
reihen 仮に縫い付ける	reihte (rieh)	gereiht (geriehen)
salzen 塩味をつける	salzte	gesalzen (gesalzt)
saugen (乳を)吸う	sog (saugte)	gesogen (gesaugt)
schallen 響く	schallte (scholl)	geschallt (geschollen)
scheiben 転がす	schob scheibte	geschoben gescheibt
scheren 刈る	schor (scherte)	geschoren (geschert)
schinden 虐待する	schindete (schund)	geschunden
schleißen 毟り取る	schliß (schleißte)	geschlissen (geschleißt)
schnauben 鼻息をたてる	schnaubte (schnob)	geschnaubt (geschnoben)
schnieben 鼻息をたてる	schniebte (schnob)	geschniebt (geschnoben)

— 225 —

第Ⅲ部　変化表

schrecken 驚く	schrak (schreckte)	geschrocken (geschreckt)
schroten 粗挽きにする	schrotete	geschrotet (geschroten)
schwären 膿む	schwärte (schwor)	geschwart (geschworen)
sieden 沸騰する	sott (siedete)	gesotten (gesiedet)
spalten 割る	spaltete	gespalten (gespaltet)
spleißen 割る	spliß (spleißte)	gesplissen (gespleißt)
sprießen 芽をふく	sproß (sprießte)	gesprossen
stieben 飛び散る	stob (stiebte)	gestoben (gestiebt)
triefen 滴り落ちる	triefte (troff)	getrieft (getroffen)
wägen 熟慮する	wog (wägte)	gewogen (gewägt)
weben 織る	webte (wob)	gewebt (gewoben)
winken 合図する	winkte	gewinkt (gewunken)

注　強変化と弱変化の関連性

　例えば stecken「i. ささっている, t. さしこむ」などのように，自動詞と他動詞とがあるものは，自動詞の方が強変化，他動詞が弱変化というのが本来的な姿である．他動詞から他動詞を作る場合でも，Kausativといって使役関係の生ずる場合が多い：trinken 飲む＞tränken 飲ませる．歯音接尾辞 Dentalsuffix（独-te，英-ed）による弱変化というのはゲルマン語派独自の特殊変化法であり，強変化の自動詞がもとで弱変化の

他動詞ができ，別々の語として存在すると考えるべき場合が少なくない．sitzen「すわ(ってい)る」＞setzen「すえる，おく」，liegen「横たわ(っている)」＞legen「横たえる」などのように，不定詞ですでに音形が違うのが普通である．hängen も「掛かっている」という自動詞は hangen (—hing —gehangen 強変化)が本来の形で，それから派生した他動詞が弱変化の hängen なのであるが，今日では不定詞が混同されがちになってしまったのである（→表 52 の注）．

参考文献

Blatz, Fr.: *Neuhochdeutsche Grammatik.* 2 Bde. Karlsruhe 1895/96.
Paul, H.: *Kurze deutsche Grammatik. Auf Grund der fünfbändigen deutschen Grammatik* eingerichtet von Stolte, H. Tübingen 1951.
Dal, I.: *Kurze deutsche Syntax.* Tübingen 1962.
Schmidt, W.: *Grundfragen der deutschen Grammatik.* Berlin 1967.
Erben, J.: *Deutsche Grammatik.* Frankfurt a. M. 1968.
Brinkmann, H.: *Die deutsche Sprache. Gestalt und Leistung.* Düsseldorf ^{2}1971.
Duden: *Grammatik der deutschen Gegenwartssprache.* (*Duden* Bd. 4) 3., neu bearbeitete und erweiterte Aufl. bearb. von P. Grebe u. a. Mannheim 1973.
Duden: *Grammatik der deutschen Gegenwartssprache.* (*Duden* Bd. 4) 4., völlig neu bearbeitete und erweiterte Aufl., hrsg. und bearb. von G. Drosdowsky u. a. Mannheim 1984.
Helbig, G./Buscha, J.: *Deutsche Grammatik. Ein Handbuch für den Ausländerunterricht.* Berlin ^{12}1989.
Bünting, K.-D.: *Einführung in die Linguistik.* Athenäum-Verlag ^{9}1981.
　邦訳　カール＝ディーター・ビュンティング:『言語学入門』(千石喬・三城満禧・川島淳夫訳) 白水社 1977．
Helbig, G.: *Geschichte der neueren Sprachwissenschaft. Unter dem besonderen Aspekt der Grammatiktheorie.* Leipzig 1970.
　邦訳　ヘルビヒ『近代言語学史』:(岩崎・早川・千石・三城・川島訳) 白水社 1973．
Linke, A./Nussbaumer, M./Portmann, P. R. (Hrsg.): *Studienbuch Linguistik,* Max Niemeyer 1991
G. Helbig/W. Schenkel: *Wörterbuch zur Valenz und Distribution deutscher Verben.* Leipzig 1969.
U. Engel/H. Schumacher: *Kleines Valenzlexikon deutscher Verben.* Tübingen 1976.

Eisenberg, P.: *Die neue Rechtschreibung.* Braunschweig 1996.
Duden: *Rechtschreibung der deutschen Sprache.* (*Duden* Bd. 1) hrsg. von Dudenredaktion. Mannheim ²¹1996.
Hermann, U.: *Die neue deutsche Rechtschreibung.* völlig neu bearbeitet und erweitert von Götze, L. Gütersloh 1996.
相良守峯：『ドイツ語学概論』博友社 1965．
塩谷　饒：『ドイツ語の諸相』大学書林 1988．
E. ヘンチェル/H. ヴァイト『現代ドイツ文法の解説』（西本美彦・高田博行・河崎　靖訳）同学社 1994
服部四郎：『音聲學』岩波全書 第2刷 1952．
内藤好文：『ドイツ語音声学序説』大学書林 1958．
塩谷　饒：『ドイツ語発音の研究』三修社 1959．
天沼　寧・大坪一夫・水谷　修：『日本語音声学』くろしお出版 修正第28刷 1994．
泉井久之助：「格について」『言語の構造』紀伊国屋書店 1967（この中の55-72頁）
フィルモア：『格文法の原理』（田中春美・船城道雄訳）三省堂 1975．
泉井久之助：「言語における性について」『言語』Vol. 7 No. 6 大修館書店 1978．
野本菊雄：「日本語の性と数」『言語』Vol. 7 No. 6 大修館書店 1978．
Lewandowski, Th.: *Linguistisches Wörterbuch.* 3 Bde. Heidelberg 1973.
Bußmann, H.: *Lexikon der Sprachwissenschaft.* Stuttgart ²1990.
川島淳夫他編：『ドイツ言語学辞典』紀伊国屋書店 1994．
亀井孝・河野六郎・千野栄一編：『言語学大辞典』三省堂，とくに第2巻(1989)の項目「ドイツ語」(1189-1214頁　橋本郁雄氏による)および第6巻『術語編』(1996)．

事項の索引

ア

あいまい母音 Schwa-Laut/Murmelvokal ……………………88
アクセント Akzent ……………35
アステリスク Asteriskus/Sternchen ……………………………73
アスペクト Aspekt ……………37
ach の音 Ach-Laut ……………33
アポストロフ Apostroph……………37

イ

異音 Allophon ……………4, 35
異化 Dissimilation ……………41
位格 Lokativ ……………27, 54
意義素 Semem ……………68
異形 Variante ……………78
異形態 Allomorph ……………35
依存関係 Abhängigkeit ………30, 74
イタリック体の kursiv ……………52
一語文 Einwortsatz (→一項文) ……………………42, 70, 186
一項文 eingliedriger Satz ………42
1価 einstellig/einwertig ………75
1格 (＝主格) Nominativ ………55
1格 (の用法) ……………186
一致 Kongruenz ……………50
　〜(格に関して) ……………194
　〜(数に関して) ……………190
　〜(性に関して) ……………193
　〜(人称に関して) ……………190
ich の音 Ich-Laut ……………48
意味 Bedeutung ……………39
意味論 Semantik ……………4
意味構文 Synesis ……………71
咽頭 Rachen/Pharynx ……………82
イントネーション Intonation………49
因由的な kausal ……………50
引用符 Anführungszeichen ………49

ウ

ヴァレンツ Valenz ……………74
ウムラウト Umlaut ……………72

オ

応答詞 Antwortpartikel ………57
大文字 Majuskel ……………86
音 Laut ……………2, 52
音位転換 Metathese……………54
音韻論 Phonologie ……………3, 58
音象徴 Lautsymbolik ……………53
音声 Laut ……………52, 82
音声学 Phonetik ……………3, 58
音素 Phonem……………3, 58
　〜(ドイツ語の)……………85
　〜(日本語の)……………86
音の脱落 Elision ……………42
音論 Lautlehre ……………53

— 230 —

カ

解題成分→レーマ
外来語 Fremdwort ……………45
外来名詞の変化方式 …………109,206
格 Kasus ……………………26,50
　〜（フィンランド語の）……………27
　〜（ラテン語の）………………27
格支配 Rektion…………………61,186
格助詞（日本語の）………………28
過去 Präteritum ………………60
過去完了 Plusquamperfekt …………58
過去完了形 ………………138,141
過去現在動詞 Präteritopräsens ……60
過去分詞 Partizip Perfekt ……57,161
括弧 Klammer ……………49,50
活動動詞 Tätigkeitsverb…………9,71
活用 Konjugation ……………5,51
仮定法 Suppositiv …………23,71
関係代名詞 Relativpronomen
　………………13,62,119,202
関係の3格 Dativ der Beziehung …44
関係副詞 Relativadverb ………62,120
関係文 Relativsatz ……………62
冠詞 Artikel ……………6,15,37,202
干渉 Interferenz ………………49
冠詞類 Artikelwort ……………15
関心の3格 ethischer Dativ ………45
間接疑問文 ………………144
間接命令文 ………………144
間接話法 indirekte Rede………61,144
感嘆符 Ausrufezeichen ……………49

感嘆詞→間投詞
感嘆文 Ausrufesatz/Ausrufungssatz
　………………………39,63,176
間投詞 Interjektion ……6,19,49,173
願望文 Wunschsatz ………63,80,176
慣用句 Phraseologismus ……………58
完了 Perfekt ……………………58
完了的 pefektiv ………………58

キ

気管 Luftröhre ………………82
帰結的（な）terminativ ………35,71
基数 Kardinalzahl …………15,50,123
擬声の間投詞に由来する動詞………19
擬声擬態（語）Lautmalerei ……53
偽装主文 verkappter Hauptsatz …78
偽装副文 verkappter Nebensatz …78
基礎語 Grundwort ……………47
規則動詞・不規則動詞という分け方
　………………………128
規定語 Bestimmungswort …………40
起動的（な）inchoativ/ingressiv
　………………………34,48
機能動詞 Funktionsverb …………9,45
機能動詞構造 Funktionsverbgefüge
　………………………45
基本文型 Satzbauplan ……………63
義務的 obligatorisch …………55,66
疑問代名詞 Interrogativpronomen
　………………12,49,117,202
疑問符 Fragezeichen ……………49
疑問文 Fragesatz ………44,63,175

事項の索引

逆ウムラウト Rückumlaut …………62
客語補充詞→述語内容詞
逆成 Rückbildung………………62
強意詞 Intensivpartikel …………57
共演成分 Aktant/Ergänzung/Mitspieler/Stelleninhaber…33,54,65,69
共成 Zusammenbildung …………80,97
強調的 intensiv ………………35,49
強変化動詞 ………………129,213
強変化の stark ………………69,213
　　名詞の強変化 ……………107
　　形容詞の強変化 …………121
　　動詞の強変化 ……………129
曲用 Deklination ………………5,40
緊張文 Spannsatz ………63,68,177

ク

句 Phrase ………………………2,58
空位 leere Stelle ………………65,74
空位占有者 Stelleninhaber（→共演成分）……………………………65
空間の補足語 Raumergänzung ……66
具格 Instrumentalis ………………49
具体名詞 Konkretum……………11,51
唇 Lippen/Labia …………………82
屈折 Flexion/Beugung …………40,44
屈折語 flektierende Sprache…5,44,68
句読点 Interpunktionszeichen………49
句読法 Interpunktion ……………49

ケ

繋辞→コプラ

形式語 Formwort ………………7,44,49
継続的な durativ ………………41
形態素 Morphem ………………55
形態論 Morphologie/Formenlehre
　…………………………………4,55
形容詞 Adjektiv/Eigenschaftswort
　………………………6,14,33,42,121
弱変化 …………………………121,204
強変化 …………………………121,204
混合変化 ………………………121,204
名詞的用法 ……………………122
述語的用法 ……………………122
形容詞の比較変化 ……………122,204
結果的な resultativ ………………62
結合価 Valenz/Fügungswert/Wertigkeit ………………………………65,74
結合能力 Fügungspotenz…………74
決定疑問 Entscheidungsfrage…42,175
原級 Positiv ………………………59
現在 Präsens ………………………60
現在完了 Perfekt Präsens …………58
現在完了形 ……………………138,140
現在形（直説法）………………133,139
現在分詞 Partizip Präsens
　…………………………57,60,161
原型 Grundform …………………47
言語の類型 Sprachtyp……………68
懸壅垂→口蓋垂

コ

語 Wort ………………………2,79
後域 Nachfeld…………………55,69

事項の索引

行為者 Agens（→動作主）……………33
行為者 Aktant（→共演成分 Ergänzung）………………………33,65
行為動詞 Handlungsverb/Tätigkeitsverb……………………………47
口蓋垂 Zäpfchen/Uvula ……………82
効果的 effektiv………………………41
口腔 Mundraum ……………………82
硬口蓋 harter Gaumen/Palatum …82
合成 Kommposition/Zusammensetzung ………………………50,80,96
後置 Endstellung/Postposition/Poststellung ……………………59,63
後置詞 Postposition …………………59
後置文 …………………………………181
膠着語 agglutinierende Sprache
………………………………5,33,68
肯定文 affirmativer Satz ……177,188
後綴 Suffix ……………………… 70,97
喉頭 Kehlkopf/Pharynx ……………82
声 Stimme ……………………………82
後方照応的 kataphorisch ………13,50
呼格 Vokativ …………………………79
語幹 Wortstamm ………………69,80,97
国際音声学会 International Phonetic Association …………………82
国際音声字母 International Phonetic Alphabet……………………82
語形変化→屈折
語形変化表 Paradigma ………………56
語順 Wortstellung …………………80
語中音 Inlaut ………………………49

語中音消失 Synkope ………………71
語中音添加 Epenthese ………………42
語頭音 Anlaut ………………………36
語頭音消失 Aphärese ………………37
語尾 Endung ……………………42,97
コプラ Kopula ……………………52,178
コプラ動詞 kopulatives Verb ……52
語末音 Auslaut ………………………39
語末音脱落 Apokope ………………37
語末音添加 Epithese ………………42
小文字 Minuskel ……………………86
固有名詞 Eigenname/Nomen proprium …………11,42,55,106,110
語用論 Pragmatik …………………4,60
孤立語 isolierende Sprache …5,50,68
コロン Kolon, Doppelpunkt ………49
混合変化動詞 ……………………129,221
混成 Kontamination…………………52
コンテクスト→文脈
コンマ Komma ………………………49

サ

再帰代名詞 Reflexivpronomen
……………………13,61,154,203
再帰的な reflexiv/rückbezüglich
…………………………………61,62
再帰的用法 …………………………153
再帰動詞 reflexives Verb
………………………61,154,212
最上級 Superlativ……………………70
在来語→本来語
作為相 Faktitiv/Kausativ …………43

— 233 —

作為〈相〉の faktitiv ……………44
ザクセン２格 sächsischer Genitiv …62
３格（＝与格）Dativ/Wemfall ……40
３格支配の前置詞 …………………164
３格の用法 …………………………187
３格目的語 Dativobjekt ……………66
三基本形（動詞の）…………………128
三基本形（複合動詞の）……………133
３・４格支配の前置詞 ……………165

シ

子音 Konsonant …………51, 82, 83
歯茎 Zahndamm/Alveolum…………82
指呼 Dexis……………………………40
時刻 …………………………………126
示差的 distinktiv ……………………41
指示代名詞 Demonstrativpronomen
 …………………………12, 41, 114, 202
辞書 Lexikon, Wörterbuch ……………4
時称 Tempus ……………………23, 71
 〜（ドイツ語の）…………………133
事象動詞 Vorgangsverb …………9, 79
辞書の見出し語や語幹という意識の問
 題 …………………………………116
持続的（な）durativ/kontinuativ/kursiv ………………………33, 41, 52
舌 Zunge ……………………………82
実用論 Pragmatik ……………………60
自動詞 Intransitiv …………………9, 49
自動詞の受動文→非人称受動
斜格 casus obliquus/obliquer Kasus
 …………………………………40, 56

弱変化動詞 …………………………129
借入（語）Entlehnung ………………42
借入語 Lehnwort ……………………53
弱変化・強変化・混合変化という分け
 方 …………………………………129
弱変化の schwach …………………68
 名詞の弱変化 ………………105, 108
 形容詞の弱変化 …………………121
 動詞の弱変化 ……………………129
借用語→借入語
集合名詞 Kollektivum/Sammelname
 ………………………11, 50, 63, 106
自由七科 septem artes liberales ……7
自由七芸 die Sieben Freien Künste…7
終出的 egressiv………………………42
従属 Subordination/Unterordnung
 …………………………………70, 74
従属関係 Hypotaxe/Subordination
 …………………………………48, 70
従属接続詞 Subjunktion …18, 70, 167
終動相の terminativ …………………71
自由な３格 freier Dativ ………44, 67
自由な添加語 freie Angabe/freie Umstandsangabe ……………………66
重文 Satzverbindung/Satzreihe
 ……………………………63, 68, 174
主格（＝１格）Nominativ …………55
縮小形 Diminutiv/Verkleinerungsform
 ………………………………41, 79
縮小的 deminutiv/diminutiv……35, 41
主語 Subjekt ………8, 66, 70, 177, 180
主語動詞 subjektives Verb ………9, 70

主語文 Subjektsatz …………70
主題 Thema …………71
主題提示部分→主題
述語 Prädikat …………8, 59, 177
述語的な prädikativ …………59
述語内容詞 Prädikativum/Prädikativ
　…………59, 170, 178, 180
受動（態）Passiv/Leideform
　…………24, 58, 151, 212
受動的表現 …………153
受動の形式 …………151
主文 Hauptsatz …………47, 63, 174
状況語 Adverbiale …………177, 180
状況の副詞 Modaladverb …………54
条件文 Konditionalsatz/Bedingungssatz …………40, 50
小数 …………125
状態受動 Zustandspassiv …………153
状態動詞 Zustandsverb …………9, 80
焦点化詞 Fokuspartikel …………57
省略 Ellipse …………42, 183
省略記号 Auslassungszeichen/Auslassungspunkt/Apostroph …………37, 39, 49
省略語→短縮語
叙述文 Aussagesatz（＝平叙文）
　…………39, 63, 175
序数 Ordinalzahl …………15, 56, 123
女性 Femininum …………25, 44
助動詞 Hilfsverb/Hilfszeitwort …………8, 47
所有代名詞 Possessiv/Possessivpronomen …………13, 59, 203
付加語的用法 …………113

名詞的用法 …………114
述語的用法 …………114
所有の3格 possessiver Dativ …………44, 58
深層格 …………28
心態詞 Abtönungspartikel …………57
シンタクス Syntax（＝統語論，統辞論）…………4, 71, 177
シンタグマ Syntagma（＝統合関係）
　…………71
シンタグマ的 syntagmatisch …………71
心理・生理動詞 …………159

ス

数 Numerus …………21, 26, 55
数詞 Zahlwort …………6, 15, 80, 123, 202
数字の筆記体 …………125

セ

性 Genus …………25, 47
生起動詞 Geschehensverb …………9
正書法 Orthographie/Rechtschreibung
　…………56, 61
声帯 Stimmbänder …………82
正置 Grundstellung …………63
声門 Stimmritze/Glottis …………82
声門閉鎖音 Kehlkopfverschlußlaut
　…………50, 85
西暦年数 …………126
接合のs Fugen-s …………45, 97
接合要素 Fugenelement …………97
接辞 Affix …………33, 97
舌尖 Zungenspitze/Apex …………82

接続詞 Konjunktion ……6,17,51,165
接続法 Konjunktiv…………23,51,141
接続法Ⅰ Konjunktiv Ⅰ ……141,150
接続法Ⅰ式現在 …………………141
接続法過去 ………………………142
接続法現在 ………………………141
接続法Ⅱ Konjunktiv Ⅱ…23,141,189
接続法Ⅱ式現在 …………………142
接中辞 Infix ………………48,97
接頭辞 Präfix ………………60,97
舌背 Zungenfläche/Dorsum ………82
接尾辞 Suffix ………………70,97
セミコロン Semikolon …………49
前域 Vorfeld ………………69,79
前額文 Stirnsatz ……………63,177
先行詞 Bezugswort ………………40
選択疑問 Alternativfrage …………176
前置詞 Präposition………6,16,60,163
前置詞格 Präpositionalkasus ……186
前置詞格の用法 …………………188
前置詞句 Präpositionalphrase ……60
前置詞格目的語 Präpositionalobjekt
 ………………………………66
前置文 Vordersatz ……………79,181
前綴 Präfix/Vorsilbe ……60,79,97
顫動音 Zitterlaut …………80,84
全文否定 …………………………188
前方照応的 anaphorisch ………13,36

ソ

噪音 Geräusch …………………82
相関語 Korrelat …………………52

相関詞→相関語
造語 Wortbildung…………………80
総合文 Periode …………………58
造語法と性 ………………………102
造語論 Wortbildungslehre…………4
双数 Dual …………………21,41
双対文→総合文
挿入語句 Einschaltung …………42
側面音 Lateral/Seitenlaut …52,68,84
属格（＝2格） Genitiv …………47

タ

態 Genus des Verbs/Genera verbi
 ………………………………23,47
対格 Akkusativ/Wenfall（＝4格）
 ………………………………33
対結文 Satzverbindung（→重文）
 ………………………………63,68,174
体験話法 erlebte Rede……………61
代替不定詞 Ersatzinfinitiv …147,149
代名詞 Pronomen …………6,12,60
代名詞の指示の仕方………………13
多義（性） Mehrdeutigkeit/Doppel-
 deutigkeit …………………54
多義語 Polysem …………………58
多義性 Polysemie …………………58
奪格 Ablativ ………………27,28
ダッシュ Gedankenstrich …………49
他動詞 Transitiv …………9,72
単一文 einfacher Satz……63,173,176
短縮語 Kurzwort …………………52
単数 Singular ………………21,68

男性 Maskulinum ………25,54
単母音 Monophthong ………55

チ

知覚動詞 Verba sentiendi …………78
中域 Mittelfeld ………54,69
中核文 Kernsatz ………63,177
中間態 Medium ………54
抽象名詞 Abstraktum ……11,33,106
中性 Neutrum………25,55
中置文 ………181
中動（ギリシア語の）………25
中動態→中間態
調音位置 Artikulationsstelle ………82
調音器官 Artikulationsorgane ……82
調音方式 Artikulationsart …………82
直示 Deixis ………40
直示的 deiktisch ………13,40
直説法 Indikativ………23,48,133
直説法過去形 ………136,208
直説法現在形 ………133,208
直接話法 direkte Rede …………61
直格 casus rectus ………56

テ

定関係代名詞 ………119
定冠詞 der bestimmte Artikel
………15,98,202
定形→定動詞
提題→主題
定動詞 Finitverb ………8,44
〜後置………63,167,169
〜正置………63,169
〜倒置 ………49,63,166,169
定動詞形 finite Verbform ………44
テキスト Text ………2
点 Punkt ………49
添加語 Angabe ………36
天候動詞 Witterungsverb …9,79,159
展述→レーマ
伝達動詞 Verba dicendi …………78
点的な punktuell ………33,60
転母音→母音交替

ト

ドイツ文字 Fraktur………86
同音異義 Homonymie ………48
同音異義語 Homophon ………48
同音同形異義語 Homonym ……48
同化 Assimilation………39
同格 Apposition ………37
同義語 Synonym ………71
同形異義語 Homograph ………47
統合関係 Syntagma ………71
統合的 syntagmatisch ………71
統語論 Syntax（＝シンタクス）
………4,71,177
動作主 Agens ………24,33
動作受動 Vorgangspassiv ………153
動作態様 Aktionsart ………33
動作名詞 Nomen actionis………11,55
動詞 Verb/Verbum/Zeitwort
………6,8,78,80
動詞定形→定動詞形

事項の索引

動詞の三基本形 ……………128, 207
動詞付加の adverbial ……………33
統辞論→統語論
倒置 Inversion/Gegenstellung …49, 63
同定 1 格 Gleichsetzungsnominativ
　………………………………66
同定 4 格 Gleichsetzungsakkusativ
　………………………………66
導入語 Einleitewort ……………174
時の temporal ……………………71
時の補足語 Zeitergänzung ………66

ナ

内容語 Inhaltswort ……………7, 48
軟口蓋 weicher Gaumen/Velum……82

ニ

2 価 zweistellig/zweiwertig ………75
2 格（＝属格） Genitiv ……………47
2 格支配の前置詞 ………………164
2 格の用法 ………………………186
2 格目的語 Genitivobjekt …………66
二義性 Doppeldeutigkeit …………41
二重母音 Diphthong/Doppellaut …41
二重不定詞 ………………………171
入始的な→起動的な
任意的 fakultativ ………………44, 66
人称 Person ……………………20, 58
人称代名詞 Personalpronomen
　………………………12, 58, 112, 203
人称代名詞の 2 格 ………………112
人称動詞 Personale ……………9, 58

認容文 Konzessivsatz ……………52

ノ

能動（態） Aktiv …………24, 35, 210
能動文 ……………………………152
のどひこ→口蓋垂

ハ

歯 Zähne/Dentes …………………82
配語法 ……………………………169
ハイフン Bindestrich ……………49
破擦音 Affrikata/Affrikate ……33, 84
弾き音 Flap ………………………84
場所の添加語 Lokalangabe ………53
場所の補足語 Lokalergänzung/Raum-
　ergänzung……………………53, 61
派生（語）Ableitung/Derivation
　………………………………33, 41, 97
発音 Aussprache …………………39
発語→発話
発話 Äußerung ……………………39
場面内指示 Deixis ………………40
張り枠文→緊張文
破裂音 Explosiv(laut)/Plosiv(laut)
　………………………………43, 58, 84
反義語 Antonym …………………36
反対語→反義語
判断者の 3 格 Dativ des Maßstabs
　………………………………44
反復相の iterativ …………………50
範例 Paradigma …………………56
範例的→連合的

事項の索引

ヒ

鼻音 Nasallaut ……………55,84
比較 Steigerung/Komparation ……69
比較級 Komparativ …14,50,122,123
比較変化 Komparation ……………50
鼻腔 Nasalraum ………………82
非現実話法 Irrealis ………50,143,145
被行為者 Patiens ………………58
日付 ………………………126
否定 Negation ……………55,188
否定冠詞 Verneinungsartikel ………15
否定の意味の動詞 ………………189
否定の副詞 ………………189
否定文 negierter Satz ………177,188
被動作主 Patiens ………………58
非人称受動 unpersönliches Passiv
　………………………153
非人称動詞 Impersonale/unpersönliches Verb………9,10,48,73,158
非文法的 ungrammatisch …………73
非分離動詞 untrennbares Verb …157
非分離の前綴 ………………157
品詞 Wortart/Redeteil ………5,61,79
品詞（ドイツ語の）………………6
品詞の転換 Wortartwechsel/Konversion ………………52,79

フ

付加語 Attribut ……39,177,179,181
複合→合成
複合時称 ………………138
複合文（広義の）komplexer Satz/zusammengesetzter Satz
　………………63,68,173,176
複合文（狭義の/＝付結文）Satzgefüge
　………………63,67,173,176
複合名詞の性と変化 ………………111
複雑複合文 Periode ………………176
副詞 Adverb ………6,16,33,163
副詞的接続詞………………18,166
副詞的な adverbial ………………33
副詞の比較変化 ………………123,204
複数 Plural/Mehrzahl ………21,58
副文 Nebensatz
　………55,63,167,169,174,180
付結文 Satzgefüge ………63,67,174
普通名詞 Gattungsbezeichnung/Appelativum ………………11,37,47
物質名詞 Stoffname/Kontinuativum
　………………11,52,70,106
不定冠詞 der unbestimmte Artikel
　………………15,98,202
不定関係代名詞 was ………………119
不定関係代名詞 wer ………………119
不定形 infinite Form ………8,48
不定詞 Infinitiv………………48,160
不定詞構文 ………………162,181
不定数詞 ………………127
不定代名詞 Indefinitpronomen
　………………13,48,126,189,203
部分否定 ………………188
部分文 Teilsatz ………………71
不変化詞 Partikel ………………57

事項の索引

フラクトゥーア Fraktur ……………87
ふるえ音→顫動音(せんどうおん)
文 Satz ……………………2, 63
文域 Stellungsfeld ………………69
文結合(＝重文) Satzverbindung
　……………………63, 68, 174, 176
文肢 Satzglied………………65, 67
分詞 Partizip………………57, 161
分詞構文 Partizipialkonstrukution
　…………………………58, 162, 181
文章論 Satzlehre (→シンタクス, 統語論, 統辞論)……………………177
分数 Bruchzahl……………15, 125
文のタイプ Satztyp…………68, 175
文副詞 Satzadverb→Modalwort …63
文法 Grammatik ……………2, 7, 47
文法上の性の変動・不確定 ………103
文法的交替 grammatischer Wechsel
　………………………………………47
文法範疇 grammatische Kategorie
　………………………………………20
文脈 Kontext ……………………52
文脈外的 exophorisch＝deiktisch …13
文脈内的 endophorisch ……………13
分離する前綴 ……………………156
分離動詞 trennbares Verb ………156
分離・非分離の前綴 ………………157

ヘ

閉鎖音 Verschlußlaut (＝破裂音)
　………………………43, 58, 79, 84
平叙文 Aussagesatz…………39, 175

並列 Parataxe, Koordination …52, 56
並列(の)接続詞………………17, 166
弁別的 distinktiv …………………41
変母音 Umlaut ……………………72

ホ

母音 Vokal ………………79, 82, 83
母音交替 Ablaut …………………30
　〜(現代ドイツ語における)……130
母音混和 Brechung ………………40
母音転換→母音交替
法 Modus, Aussageweise ……23, 39, 55
抱合語 inkorponierende Sprache
　………………………………5, 49, 68
補充法 Suppletivwesen/Suppletivismus ……………………………70, 195
補足語 Ergänzung …………43, 66
補足疑問(文) Ergänzungsfrage
　………………………………43, 175
補文 Teilsatz………………63, 71
本動詞 Hauptverb, Vollverb ……8, 79
本来語 Erbwort …………………43

マ

前綴(まえつづり)→前綴(ぜんてつ)
摩擦音 Frikativ, Reibelaut …45, 61, 84

ミ

みかけの主文→偽装副文
みかけの副文→偽装主文
未完了過去 Imperfekt ……………48
未完了的 imperfektiv ……………48

脈絡→文脈
未来 Futur ………………………… 46
未来完了形 …………………………… 139
未来形 ………………………………… 138
未来受動分詞 ………………………… 162

ム

無冠詞 Nullartikel ………………… 99
無声（の）stimmlos ………… 70,82

メ

名詞 Substantiv ……………… 6,10,70
名詞の性 ……………………… 25,47,99
名詞の変化
　強変化（同尾式）………………… 107
　強変化（-e 式）……………… 107,205
　強変化（-er 式）……………… 107,205
　弱変化（-n 式）……………… 108,206
　混合変化 ……………………… 108,206
　特殊変化 ……………………… 108,206
名詞付加の adnominal ……………… 33
名詞変化の通則 ……………………… 106
名詞類 Nomen ……………………… 55
命令的表現 …………………………… 151
命令文 Befehlssatz ………… 40,63,176
命令法 Imperativ ………… 23,48,150

モ

目的語 Objekt, Ergänzung
　………………………… 55,177,180
目的文 Finalsatz …………………… 44

ユ

融合形（前置詞と定冠詞との）…… 165
融合形（前置詞と人称代名詞などとの）
　…………………………………… 113,165
融合形（前置詞と疑問代名詞 was と
　の）……………………………… 117,165
有声（の）stimmhaft …………… 70,82

ヨ

要求文 Aufforderungssatz ……… 39,63
様相 Modalität ……………………… 54
様態（＝様相）Modalität ………… 54
様態の（＝話法の）modal ………… 54
様態の添加語 Modalangabe ……… 54
様態の副詞 Modaladverb ………… 54
様態の補足語 Artergänzung ……… 66
与格（＝3格）Dativ ……………… 40
4格（＝対格）Akkusativ ………… 33
4格支配の前置詞 ………………… 164
4格目的語 Akkusativobjekt ……… 66
4格の用法 ………………………… 187

ラ

ラテン文字 Antiqua ……………… 86

リ

利害の3格 Dativus des Interesses,
　Dativus commodi/incommodi …… 44
流音 Liquida/Liquidlaut ………… 85
理由の補足語 Begründungsergänzung
　…………………………………………… 66

両数（＝双数）Dual ················41

ル

類義語 Synonym ·····················71
類推 Analogie ························35

レ

レーマ Rhema ························62
連結された syndetisch················71
連結されていない asyndetisch ······39
連結動詞→コプラ動詞················52
連合関係 Paradigma ················56

連合的 paradigmatisch ···········56
連辞→コプラ

ワ

枠構造 Klammer/Rahmenbau
　··································50,60,169
話法 Rede ····························61
話法の modal ························54
話法詞 Modalwort ···············16,54
話法の助動詞 Modalverb ······54,146

目録進呈　落丁本・乱丁本はお取替えいたします。

平成12年 4 月10日　　Ⓒ第 1 版発行
平成12年 7 月10日　　　第 2 版発行

〈ドイツ語文法シリーズ〉1
ドイツ語文法研究概論

著　者	寿　潤彦
	長　逸
	崎　政入
	浜乙野　政
発行者	佐藤　政人

発行所
株式会社 大学書林
東京都文京区小石川 4 丁目 7 番 4 号
振替口座　　00120-8-43740
電話　東京 (03) 3812-6281〜3番
郵便番号112-0002

ISBN4-475-01490-5　　写研・横山印刷・文章堂製本

浜崎長寿・乙政　潤・野入逸彦編集
「ドイツ語文法シリーズ」
第Ⅰ期10巻内容（※は既刊）

第1巻
※「ドイツ語文法研究概論」　　　浜崎長寿・乙政　潤・野入逸彦

第2巻
「名詞・代名詞・形容詞」　　　浜崎長寿・橋本政義

第3巻
「冠詞・前置詞・格」　　　成田　節

第4巻
「動詞」　　　浜崎長寿・野入逸彦・八本木　薫

第5巻
※「副詞」　　　井口　靖

第6巻
「接続詞」　　　村上重子

第7巻
「語彙・造語」　　　野入逸彦・太城桂子

第8巻
「発音・綴字」　　　野入逸彦

第9巻
※「副文・関係代名詞・関係副詞」　　　乙政　潤・橋本政義

第10巻
「表現・文体」　　　乙政　潤

― 目 録 進 呈 ―